服务行政理论与制度研究

On the Theory and System of Service Administration

蔡乐渭 著

中国社会科学出版社

图书在版编目(CIP)数据

服务行政理论与制度研究/蔡乐渭著.—北京:中国社会科学出版社,2016.12
(中国社会科学博士后文库)
ISBN 978-7-5161-9465-2

Ⅰ.①服…　Ⅱ.①蔡…　Ⅲ.①国家行政机关—社会服务—研究—中国
Ⅳ.①D630.1

中国版本图书馆 CIP 数据核字(2016)第 308832 号

出 版 人	赵剑英
责任编辑	许　琳
责任校对	郝阳洋
责任印制	王　超

出　　版	中国社会科学出版社
社　　址	北京鼓楼西大街甲 158 号
邮　　编	100720
网　　址	http://www.csspw.cn
发 行 部	010 - 84083685
门 市 部	010 - 84029450
经　　销	新华书店及其他书店

印刷装订	北京君升印刷有限公司
版　　次	2016 年 12 月第 1 版
印　　次	2016 年 12 月第 1 次印刷

开　　本	710×1000　1/16
印　　张	18.75
插　　页	2
字　　数	330 千字
定　　价	70.00 元

第五批《中国社会科学博士后文库》编辑委员会及编辑部成员名单

序　言

　　博士后制度在我国落地生根已逾30年，已经成为国家人才体系建设中的重要一环。30多年来，博士后制度对推动我国人事人才体制机制改革、促进科技创新和经济社会发展发挥了重要的作用，也培养了一批国家急需的高层次创新型人才。

　　自1986年1月开始招收第一名博士后研究人员起，截至目前，国家已累计招收14万余名博士后研究人员，已经出站的博士后大多成为各领域的科研骨干和学术带头人。这其中，已有50余名博士后当选两院院士；众多博士后入选各类人才计划，其中，国家百千万人才工程年入选率达34.36%，国家杰出青年科学基金入选率平均达21.04%，教育部"长江学者"入选率平均达10%左右。

　　2015年年底，国务院办公厅出台《关于改革完善博士后制度的意见》，要求各地各部门各设站单位按照党中央、国务院决策部署，牢固树立并切实贯彻创新、协调、绿色、开放、共享的发展理念，深入实施创新驱动发展战略和人才优先发展战略，完善体制机制，健全服务体系，推动博士后事业科学发展。这为我国博士后事业的进一步发展指明了方向，也为哲学社会科学领域博士后工作提出了新的研究方向。

　　习近平总书记在2016年5月17日全国哲学社会科学工作座谈会上发表重要讲话指出：一个国家的发展水平，既取决于自然科学发展水平，也取决于哲学社会科学发展水平。一个没有发达的自然科学的国家不可能走在世界前列，一个没有繁荣的哲学社会科学的国家也不可能走在世界前列。坚持和发展中国特色社会主义，需要不断在实践和理论上进行探索、用发展着的理论指导发展着的实践。在这个过程中，哲学社会科学具有不可替代的重要地位，哲学社会科学工作者具有不可替代的重要作用。这是党和国家领导人对包括哲学社会科学博士后在内的所有哲学社会科学领域的研究者、工作者提出的殷切希望！

中国社会科学院是中央直属的国家哲学社会科学研究机构，在哲学社会科学博士后工作领域处于领军地位。为充分调动哲学社会科学博士后研究人员科研创新积极性，展示哲学社会科学领域博士后优秀成果，提高我国哲学社会科学发展整体水平，中国社会科学院和全国博士后管理委员会于 2012 年联合推出了《中国社会科学博士后文库》（以下简称《文库》），每年在全国范围内择优出版博士后成果。经过多年的发展，《文库》已经成为集中、系统、全面反映我国哲学社会科学博士后优秀成果的高端学术平台，学术影响力和社会影响力逐年提高。

下一步，做好哲学社会科学博士后工作，做好《文库》工作，要认真学习领会习近平总书记系列重要讲话精神，自觉肩负起新的时代使命，锐意创新、发奋进取。为此，需做到：

第一，始终坚持马克思主义的指导地位。哲学社会科学研究离不开正确的世界观、方法论的指导。习近平总书记深刻指出：坚持以马克思主义为指导，是当代中国哲学社会科学区别于其他哲学社会科学的根本标志，必须旗帜鲜明加以坚持。马克思主义揭示了事物的本质、内在联系及发展规律，是"伟大的认识工具"，是人们观察世界、分析问题的有力思想武器。马克思主义尽管诞生在一个半多世纪之前，但在当今时代，马克思主义与新的时代实践结合起来，愈来愈显示出更加强大的生命力。哲学社会科学博士后研究人员应该更加自觉坚持马克思主义在科研工作中的指导地位，继续推进马克思主义中国化、时代化、大众化，继续发展 21 世纪马克思主义、当代中国马克思主义。要继续把《文库》建设成为马克思主义中国化最新理论成果的宣传、展示、交流的平台，为中国特色社会主义建设提供强有力的理论支撑。

第二，逐步树立智库意识和品牌意识。哲学社会科学肩负着回答时代命题、规划未来道路的使命。当前中央对哲学社会科学愈发重视，尤其是提出要发挥哲学社会科学在治国理政、提高改革决策水平、推进国家治理体系和治理能力现代化中的作用。从 2015 年开始，中央已启动了国家高端智库的建设，这对哲学社会科学博士后工作提出了更高的针对性要求，也为哲学社会科学博士后研究提供了更为广阔的应用空间。《文库》依托中国社会科学院，面向全国哲学社会科学领域博士后科研流动站、工作站的博士后征集优秀成果，入选出版的著作也代表了哲学社会科学博士后最高的学术研究水平。因此，要善于把中国社会科学院服务党和国家决策的大智库功能与《文库》的小智库功能结合起来，进而以智库意识推动品牌意识建设，最终树立《文库》的智库意识和品牌意识。

第三，积极推动中国特色哲学社会科学学术体系和话语体系建设。改革开放 30 多年来，我国在经济建设、政治建设、文化建设、社会建设、生态文明建设和党的建设各个领域都取得了举世瞩目的成就，比历史上任何时期都更接近中华民族伟大复兴的目标。但正如习近平总书记所指出的那样：在解读中国实践、构建中国理论上，我们应该最有发言权，但实际上我国哲学社会科学在国际上的声音还比较小，还处于有理说不出、说了传不开的境地。这里问题的实质，就是中国特色、中国特质的哲学社会科学学术体系和话语体系的缺失和建设问题。具有中国特色、中国特质的学术体系和话语体系必然是由具有中国特色，中国特质的概念、范畴和学科等组成。这一切不是凭空想象得来的，而是在中国化的马克思主义指导下，在参考我们民族特质、历史智慧的基础上再创造出来的。在这一过程中，积极吸纳儒、释、道、墨、名、法、农、杂、兵等各家学说的精髓，无疑是保持中国特色、中国特质的重要保证。换言之，不能站在历史、文化虚无主义立场上搞研究。要通过《文库》积极引导哲学社会科学博士后研究人员：一方面，要积极吸收古今中外各种学术资源，坚持古为今用、洋为中用；另一方面，要以中国自己的实践为研究定位，围绕中国自己的问题，坚持问题导向，努力探索具备中国特色中国特质的概念、范畴与理论体系，在体现继承性和民族性，体现原创性和时代性，体现系统性和专业性方面，不断加强和深化中国特色学术体系和话语体系建设。

新形势下，我国哲学社会科学地位更加重要、任务更加繁重。衷心希望广大哲学社会科学博士后工作者和博士后们，以《文库》系列著作的出版为契机，以习近平总书记在全国哲学社会科学座谈会上的讲话为根本遵循，将自身的研究工作与时代的需求结合起来，将自身的研究工作与国家和人民的召唤结合起来，以深厚的学识修养赢得尊重，以高尚的人格魅力引领风气，在为祖国为人民立德、立功、立言中，在实现中华民族伟大复兴中国梦征程中，成就自我、实现价值。

是为序。

王京清

中国社会科学院副院长
中国社会科学院博士后管理委员会主任
2016 年 12 月 1 日

摘　要

公共行政的发展经历了一个漫长的过程，从仅仅着眼于秩序行政、关注秩序的维护，逐步发展到在秩序维护之外承担起为公民提供公共服务的职责。服务行政由此出现，并与秩序行政一起，共同构成了现代公共行政的主要内容。本研究尝试立足于中国现实，将政府的公共服务提供行为（服务行政）作为一个整体，从行政法学的角度进行较系统的梳理，以期为认识服务行政构建一个初步的框架。

第一章"服务行政的源流"，主要从行政理念的历史演进、服务行政产生的背景及服务行政理论的提出与发展等方面，考察服务行政的起源。

第二章"服务行政的基本范畴"，从服务行政的内涵入手，讨论服务行政的性质、种类、方式和途径等问题。

第三章"服务行政在中国的发展"，从国家与社会关系的视角，对新中国成立之后政府的定位及其变迁进行考察，探讨服务行政是如何在中国兴起的，并分析了服务行政在中国的发展现状及存在的问题。

第四章"服务行政对公共行政实践的影响"，探讨服务行政的兴起对中国行政实践在哪些方面产生了影响及产生了什么样的影响，包括行政范围、行政功能、行政方式、行政类型、行政裁量、行政态度等方面的内容。

第五章"服务行政对行政法学理论的影响"，讨论服务行政对行政法理论基础的影响、对依法行政原则的影响、对行政国家理论的影响，以及对行政法学理论体系的影响。

第六章"服务行政的原则",探讨服务行政应遵循的行政法原则,包括辅助性原则、平等原则、参与原则、连续性与适应性原则等。

第七章"服务行政的方式与程序",考察服务行政可通过哪些具体的途径予以提供;同时指出,要充分发挥行政听证、行政公开等程序制度的作用,保证服务行政的公正有效实施。

第八章"服务行政的市场化和民营化",探讨市场化与民营化的必要性与可行性,论证市场化与民营化的手段、途径及其中的行政法问题。

第九章"服务行政中的权利救济",论证法律救济对公民的服务行政权利维护的意义,考察现行体制之下法律救济制度及其存在的不足,并分别探讨服务行政的行政救济制度与司法救济制度等相关问题。

关键词:服务行政　秩序行政　公共服务　公民权利

Abstract

Initially, the public administration only pays attention to order keeping. However, with the development of society and economy, the government has to take on the duty of providing public service, which results in the appearance of service administration. Service administration and order administration together constitute the main elements of modern public administration. This book explores the relevant issues of service administration.

Chapter 1 is to explore the origin of service administration from the evolution of administrative conception, the background of service administration, and the emergence and development of the theory of service administration.

Chapter 2 discusses some basic issues of service administration, such as its nature, character, type, and so on.

Chapter 3 from the perspective of the relationship between the state and society, reviews the government's role and its changes since the founding of PRC, probes into how service administration emerged in China, and analyzes its present situations.

Chapter 4 explains what impacts service administration has and how it impacts China's administration practice, involving administrative scopes, functions and means, types of administration actions, the administrative discretion, the administrative attitude, etc.

Chapter 5 talks about the influences of service administration on the theoretical basis of administrative law, the principle of rule of law in administration, the administrative state theory, and the theory system of administrative law.

Chapter 6 discusses the principles that the service administration should follow, including the Principles of assistant equality, participation, continuity and adaption, and so on.

Chapter 7 talks about the approachs through which public service can be provided. At the same time, in order to ensure the justice and effective implementation of the service administration, we should give full play to administrative procedural system such as the administrative hearing, the administrative disclosure, and so on.

Chapter 8 argues the necessity, means, and approaches of the marketization and privatization of service administration, and further discusses its side effects.

Chapter 9 is to demonstrate the significance of legal remedies for people's maintenance of the rights relevant to service administration, to explore the existing legal remedy system as well as its lack, and to study the related issues of administrative relief and judicial relief system.

Key Words: Service administration, Order administration, Public service, Civil rights

目　录

Contents

绪　论

一　问题的提出

公共行政经历了一个漫长的发展过程。在专制国家时期，公共行政的任务是处理当时社会经济条件之下的公共事务，包括保证国家安全、维护公共秩序、修建基本的公共设施如农田水利设施、公共道路系统等等。资产阶级革命以后，西方主要国家进入了自由资本主义时期，意识形态上奉行自由主义，经济上奉行自由竞争的资本主义，政治上三权分立制度得以确立，同时法治理念趋于成熟，这一时期人们对公共行政的基本态度是，将它限制在维持社会发展和维护个人自由所必需的最小范围内，虽认可国家提供公共产品的必要，但也坚持国家必须为个人"自求多福"留下充裕的空间。19 世纪后半期以后，随着第二次工业革命的推进，城市化迅速发展，人口急剧增多，社会生活已经不再是分散的和具有独立性的，人与人之间的依赖性愈来愈强，社会自身不能解决的各种问题开始涌现。这种情形之下，公共行政已经不能再主要局限于秩序的维护领域，而是要在人们通过市场与个人的力量尚不能维持正常的生存与发展时，为他们提供必要的照顾与服务，公共服务的提供逐渐成了政府的主要职能。

从历史视角看，中国的县以下层次素来是有自治传统的。个人本身尽管并不受到赞扬，他既不是唯一的、永恒的，也不是世界的中心，但作为社会成员的个人在整个社会秩序中的价值仍然受到高度重视。[①] 新中国成立后，国家逐步确立了生产资料公有制和计划经济体制，实现了对经济和

---

① 参见［美］费正清《美国与中国》（第四版），张理京译，世界知识出版社 2000 年版，第 123—126 页。

社会的有效控制。在计划经济体制之下，政府被假定为一个全能的理性者，既是家长，又是保姆，只要它认为需要，就可以进入社会的几乎每一个领域，为公民生活提供全面安排。这种安排对公民而言是必须接受的，排除了进行自我抉择的可能性。但事实证明，全能主义政府是不成功的，它不仅无力尽到家长的保护责任，也未能有效履行保姆的照顾义务。相反，这种既想当家长又想当保姆的政府，还给公民带来了不幸，造成了经济停滞和生活僵化，甚至危及政治的稳定。

20世纪70年代末，鉴于计划经济体制所带来的种种弊端和国民经济濒临崩溃的危局及由此引起的合法性危机，中国共产党开启了一场自上而下的改革。经过这场历时三十余年且至今尚在进行中的改革，计划经济体制解体，市场经济体制逐步确立。在市场化改革过程中，政府开始从全能政府走向有限政府，不再试图包揽一切；个人对单位进而对国家的依赖与依附关系得以削弱，人们获得了更为宽广的个人空间，不再将个人的生活完全寄希望于政府。

20世纪90年代以来，越来越多的人提出，社会主义市场经济条件下的政府应该是一个"服务型政府"，党和政府也逐渐接受了服务型政府这一理念。中共十四大报告提出，"政府的职能，主要是统筹规划，掌握政策，信息引导，组织协调，提供服务和检查监督"。中共十六大确认，要"完善政府的经济调节、市场监管、社会管理和公共服务的职能"。2004年，国务院《全面推进依法行政实施纲要》提出，要"依法界定和规范经济调节、市场监管、社会管理和公共服务的职能"。《2005年政府工作报告》指出，"服务型政府，是一个能够公正透明、高效地为公众和全社会提供优质公共产品与服务的政府"。要"在继续抓好经济调节、市场监管的同时，更加注重社会管理和公共服务，把财力物力等公共资源更多地向社会管理和公共服务倾斜，把领导精力更多地放在促进社会事业发展和建设和谐社会上"。中共十八大再度指出，要"推动政府职能向创造良好发展环境、提供优质公共服务、维护社会公平正义转变。"时至今日，政府应该承担为公众提供公共服务的职责已经是社会各界的共识，"服务型政府"建设可谓方兴未艾。

然而，对行政法学而言，公共服务得到重视和服务型政府理念的兴起，与其说是带来了发展的机遇，还不如说是使之面临着巨大的挑战，许多新的现象需要行政法学去解释，许多新的问题需要行政法学去回答。比

如，公共服务、服务型政府与服务行政到底是什么关系？服务行政对行政
法实践带来了什么样的影响？服务行政兴起之后，我们曾经一度争论不休
的行政法理论基础问题是因之得到了解决，或者有所改变，甚或失去了争
论的意义？面对作为一种新的行政方式的服务行政，行政法应扮演一种什
么样的角色？应如何去规范它、制约它和促进它？对于因服务行政而产生
的争议和权利侵害，应如何去解决和救济？

　　面对上述疑问，本研究以服务行政为研究对象，希望通过将服务行政
即政府的公共服务提供行为作为一个整体进行研究，对人们持有的疑问予
以回答，为认识服务行政构建一个框架。

二　研究现状

（一）国外研究状况

　　在西方主要国家，随着社会经济的发展，公共行政在 20 世纪初就已经
逐步超越秩序维护为主的格局，扩展到公共服务提供领域。从而，服务行政
与秩序行政一起，共同构成了现代公共行政的主要内容。当时的法学家意识
到公共服务发展所带来的行政任务的转移及其对行政法学的影响，开始从法
学的角度开展对公共服务的研究。法国法学家狄骥（Léon Duguit, 1913）围
绕公共服务对行政法的影响，发展了公务学说，指出公共服务已经成了行政
法的基础，并且公共服务本身还在不断扩张的过程中。德国法学家福斯多夫
（Ernst Forsthoff, 1938）明确提出了"服务行政"概念，认为社会经济的发
展，已使人们的生活方式发生了急剧的变化，人们仅凭自己所能有效掌控的
资源，已经不足以维持正常的生活，这样就产生了人的社会依赖性，需要国
家实施服务行政，为个人提供"生存照顾"。

　　"二战"后，公共服务在西方各国获得了进一步的发展，服务行政理
论也受到了更广泛的关注。彼德·巴杜拉（Peter Badura, 1966）进一步阐
述了这一学说，认为行政并非仅仅是国家实现法律与行政目标的手段，还
应当是国家福利的工具，应满足社会正义的需要。和田英夫（1968）更是
直接将秩序行政与给付行政并列为现代国家的两大行政领域，认为"现代

国家的行政，无论在原理上还是在实定法制上，以 19 世纪自由法治国家的行政为前提，同时又发展充实 20 世纪社会福利国家的行政，把这两重特性很好地结合在一起，或者进行调整，就成了一个重要课题"。

新公共管理运动在西方兴起后，要求将商业管理的理论、方法和技术，以及市场竞争的机制引入公共管理中，提高公共行政的水平和公共服务的质量。在这一过程中，传统公共服务及其运行逻辑受到了重新审视，如何诠释政府在公共服务所承担的职责、政府应如何履行这一职责等等都成了需要解决的迫切问题。胡德（C. Hood）指出，政府提供公共服务应做到实施专业化管理，确立明确目标，强调产出控制，打破部门本位主义，引入竞争机制，提高服务质量。奥斯本（David Osborne）和盖布勒（Ted Gaebler）则认为，政府应具有企业家的精神，要引入市场机制，集中精力做好决策，而不是提供具体的服务，要将公民当作顾客看待，鼓励公众参与，以提供更好的公共服务。

与新公共管理理论不同，新公共服务理论对"企业家政府"理念提出了批判，罗伯特·B. 登哈特（Robert B. Denhardt）夫妇指出，在政府提供公共服务的过程中，公民才是中心，他们的权利比所谓的企业家精神更为重要，比效率更值得关注，政府的职责应该是为公民提供高效的公共服务而不是所谓的掌舵，因此必须将公民作为公民看待而不能作为"顾客"看待。行政法学的研究围绕公共行政展开，公共行政的变革势必带来行政法的变革。随着公共服务的发展，各国对服务行政的研究仍处于不断深入的过程之中。

（二）国内研究状况

我国在改革开放的过程中，政府对其所扮演的角色进行了重新定位，全能主义政府悄然向有限政府回归，现代意义上的公共服务重新被纳入公共行政的视野，特别是 20 世纪 90 年代之后，公共服务受到了越来越多的关注。在这一现实之下，理论界开始了对公共服务的研究。这些研究着眼于建设公共服务型政府的必要性，公共服务型政府的主要内容，以及如何建设公共服务型政府等方面。例如，吴敬琏（2003）认为，传统的政治和社会管理体制的主要弊端在于"全能大政府"体制颠倒了政府和人民之间的主仆关系，要改变这种颠倒的关系，就必须建设公共服务型政府，使政府成为一个民主的、公开的政府，承担起为公民提供公共服务的职责，同时形成发育良好的市民社会和社群组织，弥补政府的不足，与政府工作良性互动，使社会成员对于国家更加具有向心力和认同感。迟福林（2003）认为，建设服务型政府必须做好五个转变，即从优先于经济目标向优先于社会目标转变；从投资型财政体制向公共服务型财政体制转变；从封闭型的行政体制向公开透明的行政体制转变；从行政控制型体制向依法行政型体制转变；从条块分割的行政体制向统一协调的行政体制转变。薄贵利（2004）认为，政府在提供公共服务方面，还存在着明显的不足，对公共服务职能重视不够，投入严重不足，产品分配不公，服务体制僵化，为解决这些问题，必须把为社会提供公共产品和服务作为各级政府的核心职能。李传军（2013）将我国服务型政府建设放在社会转型的大背景下分析，归纳了服务行政模式的理论基础，进行了服务行政模式的职能设计。

随着建设服务型政府呼声的高涨，从法学的角度对公共服务进行的研究也逐渐展开，法学者对服务行政的背景、意义、性质、影响等问题进行了探讨。李昕（2002）立足于现代行政的发展与演变趋势，阐述了以"公共服务"为核心的现代行政的基本特征，即政府义务的积极化、行政规则的服务化、行为方式的多样化、行政手段的间接化。沈荣华（2004）从法治的视角，讨论了服务行政的法治内涵和要件架构，指出加强服务行政是实现从人治行政向法治行政理念转变的必然趋势，在法治架构下才能保证政府服务行为的规范性，减少主观随意性，从而更好地为社会服务。张树义等（2007）指出，计划经济时期，政府承担几乎所有社会事务，提供各类服务，但是这种服务与市场经济下的服务行政所指的公共服务是不同的，它要求公民接受全面安排，实际上排除了公民在政府安排之外进行自我抉择的任何可能性。改革开放过程中，政府职能转变，新社会结构形成，服务行政才逐步发展起来，服务行政是与市场经济密切相关的。于安（2007）认为，社会公平正义是我国社会和政府职能的首要价值，目前应着力构建社会行政法，保障公民的社会权和其他公法受益权，规范行政机关行政给付和其他社会服务义务。谭宗泽、黎学基（2009）认为，服务行政走过了形式服务、实质服务、整合服务三个阶段，各个阶段侧重点不同，从生存照顾到关注发展到政府与社会共赢。刘莘等人（2009）指出：服务型政府和服务行政是不同的概念……服务行政作为一种新的行政行为方式，并不是对传统干涉行政及其理论的否定。服务行政指的是政府或者其他公共行政主体必须承担起为人民提供保障其生存和发展的服务的责任。莫于川等人（2011）则认为，实行现代市场经济以后，政府必须从管不了也管不好的领域退出来，同时，行政管理必须更有效地回应公民、社会的需求，重新认识并依法履行政府职能，更多地强调服务性，逐步形成服务行政的管理模式。贺林波、李燕凌（2013）将行政行为视为行政组织提供公共服务或公共品的行政过程，并以此为依据研究行政组织在行政过程中所应当遵循的行政法律，将传统行政法学研究中不关注的许多行政行为，比如行政决策、行政执行、行政预算、行政人事和行政绩效等纳入行政法学的研究中。

（三）存在的问题

服务行政研究近些年来取得了相当程度的发展，但也存在一些问题，主要体现在：一是现有研究多从政治学、公共管理学视角展开，行政法学视角的研究较少。已有的行政法角度的研究，也多为对服务行政具体方面和事项的研究，缺少将服务行政作为一个整体进行研究。二是研究不够深入，对一些基本概念还没有形成共识。比如，对于到底什么是服务行政，就存在不同的观点；对服务行政中一些重要问题，特别是服务行政在公共行政中的价值定位、服务行政的提供制度以及相关权利救济制度的研究，都有待进一步加强。三是有关公共服务的提供制度，目前多停留于私法层面，相关的研究也多从私法视角切入，而较少将之视作政府职能的组成部分从而充分考虑服务行政"公法框架"的构建。四是由于服务行政以向公民提供公共服务为宗旨，公民在其中较少受到行政权力的限制与干预，现有的研究没有充分关注公民在服务行政中的权利保护问题，对遭受权利损害的公民如何提供法律救济未予以足够的重视。

三　研究目标与研究价值

（一）研究的目标

本研究的目标为：立足于中国现实，将服务行政（政府的公共服务提供行为）作为一个整体，从行政法学的角度进行较系统的梳理，为从整体上认识服务行政确立一个初步的框架。进而，通过研究，厘清服务行政的一些基本范畴，明确服务行政作为与秩序行政并列的行政方式的价值与地位，明确服务行政对行政法理论与实践的影响，明确服务行政实施过程中可能带来的问题与存在的不足，明确服务行政对公民权利维护与实现的重要意义。

（二）研究的价值

第一，对服务行政或者政府的公共服务提供行为，目前相关学科都进行了研究，但现有的研究总体上还是分散的。对于什么是服务行政，服务行政与服务型政府的关系，服务行政的概念、特征，服务行政的内涵、外延等问题，都没有达成共识，对服务行政这一行政方式，还没有对其进行系统的梳理。针对此现状，本研究将把服务行政作为一个整体，作尽可能系统的梳理，并明确其中的一些基本问题。

第二，传统中国行政法学研究主要围绕秩序行政，由行政组织法、行政行为法和行政救济法三大部分构成其基本框架。对于蓬勃发展的服务行政，并未予以足够的注意和系统的研究。本研究尝试将公共服务纳入行政法学研究的视野，丰富行政法研究的内涵，促进行政法学理论体系的完善。

第三，现实生活中尽管存在相关的服务行政制度，但现有制度相对而言是零碎的和不完善的，不足以保证政府服务行政职责的有效履行，本研究将力图对服务行政制度的完善提出相应的对策建议，促进服务行政的有效实施。

第四，随着社会经济的发展，公共服务已成为人们生活中须臾不可分离的重要内容，但由于相应的法律规定并不明确等原因，政府及具体的服务提供者怠于履行职责的情况时有发生，甚至背离为人们提供服务这一本质目的，造成对公民权利的侵犯。为此，从行政法的角度对服务行政进行研究，明确政府的服务行政职责和具体的服务提供者的法律义务，对保证公民相关权利的实现具有积极的意义。

四 研究的主要内容和思路

（一）主要内容

第一章"服务行政的源流"。主要从行政理念的历史演进、服务行政产生的背景及服务行政理论的提出与发展等方面，考察服务行政的起源。

第二章"服务行政的基本范畴"。从服务行政的内涵入手，讨论服务行政的性质、种类、方式和途径等问题。

第三章"服务行政在中国的发展"。以国家与社会关系的视角，对新中国成立之后政府的定位及其变迁进行考察，探讨服务行政是如何在中国兴起的，并分析了服务行政在中国的发展现状及存在的问题。

第四章"服务行政对公共行政实践的影响"。探讨服务行政的兴起对中国行政实践在哪些方面产生影响及产生什么样的影响，包括行政范围、行政功能、行政方式、行政类型、行政裁量、行政态度等方面的内容。

第五章"服务行政对行政法学理论的影响"。讨论服务行政对行政法理论基础的影响、对依法行政原则的影响、对行政国家理论的影响，以及对行政法学理论体系的影响。

第六章"服务行政的原则"。探讨服务行政应遵循的行政法原则，包括辅助性原则、平等原则、参与原则、连续性原则与适应性原则，等等。

第七章"服务行政的方式与程序"。考察服务行政可通过哪些具体的途径予以提供；同时指出，要充分发挥行政听证、行政公开等程序制度的作用，保证服务行政的公正有效实施。

第八章"服务行政的市场化和民营化"。探讨市场化与民营化的必要性与可行性，论证市场化与民营化的手段、途径及其中的行政法问题。

第九章"服务行政中的权利救济"。论证法律救济对公民的服务行政权利维护的意义，考察现行体制之下法律救济制度及存在的不足，并分别探讨服务行政的行政救济制度与司法救济制度相关问题。

（二） 研究思路

本书各章之间的逻辑关系是：第一章讨论服务行政作为一种与秩序行政并列的行政方式，是如何产生与发展的，解决服务行政"自何处来"的问题。第二章论述服务行政的基本问题，明确服务行政的概念、性质、类别、范围，解决服务行政"是什么"的问题。第三章论述服务行政在中国的发展问题，若从全书逻辑自洽的要求看，该章置于此处确存突兀之感。之所以这样安排，原因如前文所提及的，本研究立足于中国服务行政的现实，若无对中国服务行政发展历史与现状的完整论述，则难以达到和突出立足于中国现实这一特色，故将此部分内容安排于第三章，以期为后文的研究确立基础。第四章与第五章分别论述服务行政对公共行政实践和行政法理论的影响，在明确什么是服务行政以及中国服务行政现状的基础上，阐述服务行政给公共行政实践及行政法理论带来了什么，以期进一步深化对服务行政的认识。第六章讨论服务行政的原则。如果说前文的努力主要在于明确服务行政"是什么"及服务行政"怎么样"，是一种将服务行政作为整体从外部展开的观察与讨论，那么，从第六章开始，讨论进入服务行政的内部，探讨服务行政在实施过程中应该遵循什么样的原则，以确保服务行政不会违背其原初的目的。第七章讨论服务行政的途径与程序。前者主要讨论服务行政除由行政机关直接提供之外，是否可通过其他途径；后者则主要讨论服务行政所要遵循的一般程序，事实上，程序也是服务行政作为一种行政方式所涉各具体领域中最可能具有统一性的地方。第八章对服务行政的市场化与民营化进行论述，考察服务行政如何有效实现的问题，特别是如何通过市场化与民营化的手段，提高服务行政的效率，更好地提供公共服务，保护公民的合法权利。第九章则讨论与服务行政相关的权利救济问题。本研究的目标是对服务行政这一现象进行较系统的梳理，但梳理并不是最终目的，最终的目的还在于讨论如何维护公民权利，故也对公民与服务行政相关的权利遭受损害时如何救济进行讨论。

各章之间遵循的逻辑进路是：服务行政是什么→服务行政怎么样→服务行政给行政法实践与理论带来什么影响→如何通过原则与程序对服务行政进行规制→服务行政如何通过市场化与民营化方式得以实现→公

民与服务行政相关的权利遭受损害时如何救济。事实上，全书通篇贯穿对公民权利的关注，力图进行层层递进的讨论，最终目的也是为了解决政府服务行政职责的履行和相关行政权力的规范问题，进而有效维护公民权利。

第一章　服务行政的源流

一　行政与公共行政的内涵

研究服务行政，不能不以"行政"概念为逻辑起点。依《现代汉语词典》的解释，"行政"一词有两种含义：一为"行使国家权力"；二为"机关、企业、团体等内部的管理工作"。① 在英语中，作为动词的 administer（行政）一词首先意味着"管理、治理"，其对象既包括私人事务、也包括国家事务；该词的另外一个含义是执行、施行和给予，如执行法律（administer the law）、实施惩罚（administer punishment to sb）等。作为名词时，英文 administration 一词指对各类事务包括公共事务和国家政策等的管理；同时也指政府、行政部门、管理部门等。② 可见，无论在中文还是英文中，"行政"一词都有两方面的含义：一方面指公共行政，即与国家和政府公共权力有关的管理、执行活动；另一方面也指私人行政，即与国家、政府公共权力无关的私人事务的管理、执行活动。

公共行政和私人行政既有联系之处，也有着本质区别。在外在表现形式上，"行政"作为一种事物存在、运转和发展的必要条件，是任何组织都必须具备的机能，不管一个组织的性质为何，没有管理和执行，组织便难以维持其生存。如一家公司，若不对其业务作出决定并采取一定手段执行该决定，则它将失去存续的能力。同样，如果一个行政机关对其职权范围内的事务，不作任何决定，也不执行法律明确赋予的职能，则这个行政机关将失去其存在的意义。公共行政与私人行政除了有共同之处外，更多

---

① 《现代汉语词典》（第6版），商务印书馆2014年版，第1458页。
② 《牛津高级英汉双解词典》，商务印书馆、牛津大学出版社2009年版，第25页。

的是不同之处。首先，它们的目的不同，公共行政以公共利益为存在前提，其目的在于实现公共利益、增进公共福利；而私人行政的目的则在于实现私人自身的利益，而不是自身之外其他人的利益。① 其次，公共行政与私人行政在所管理、执行的事务对象上有着本质的不同，公共行政所针对的事务是公共性质的事务，可能关涉一定范围内的每一个公民，② 相关的事务具有公共性；而私人行政却只负责管理其内部事务，不会涉及公共性质的事务。再次，公共行政主体一般为行政机关，而私人行政主体则为私人（包括个人或组织）。③ 最后，公共行政受到严格的法律约束，甚至一度被认为"无法律即无行政"，而私人行政则较少受到约束，在不违反法律的范围内可自由行动。在一定程度上可以认为，公共行政须有法律的授权，必须是合法的，而私人行政则仅仅要求是不违法的。此外，在管理手段上，公共行政经法律授权，可以采取私人行政所不具备的手段，特别是可采取限制财产甚至人身自由的强制性措施，而私人行政则不可采取此类措施，其手段多以非强制与契约的方式体现出来。

那么，在公共行政与私人行政间，行政法所研究的"行政"究竟何指？毫无疑问，行政法是以公共行政为研究对象的，其原因需要从行政法的产生历史及自身特征进行考察。

现代意义上的行政法产生于西方国家资产阶级革命过程中。在大陆法系，法国通常被认为是行政法的"母国"。法国大革命前，法国是一个高度集权的君主专制国家，当时巴黎高等法院为贵族所把持，利用其职能站在国王一边反对资产阶级性质的改革措施，维护封建贵族特权，即便在1789年大革命成立了资产阶级性质的政府之后也是如此。为了打破法院对资产阶级革命的阻碍，1789年11月，国民会议决定停止巴黎高等法院的活动，1790年通过的《法院组织法》规定：司法职能和行政职能现在和

---

① 当然，并不是所有的私人行政都以自身利益为目的，如慈善组织之类的组织，往往也以自身之外的他人利益为主要目的，但这只是一种特例，并且由于不符合公共行政的其他要件，所以仍然不构成公共行政。

② 实际上，公共行政所涉及的对象包括公民，也包括法人和其他组织，但为表述方便，本书以下一般以"公民"统称之。

③ 随着社会经济的发展，公共行政的主体已经不仅仅限于行政机关，在行政机关之外的一些具有公共性质的组织也常被授予"行政"的职能，如会计师协会、律师协会等等。在一些特殊情况下，纯粹私人的组织也可能被授予一定的行政职能，如商业银行被授权没收假币等。与此同时，行政机关有时也会实施一些私人性质的"行政"，如采购单位食堂的食物等。因而，从主体上区分公共行政和私人行政时不能一概而论。

将来永远分离，法官不得以任何方式干扰行政机关的活动，也不能因其职务上的原因将行政官吏传唤至法庭，违者以渎职罪论。1796 年的法令又规定：严格禁止法院审理任何行政活动。这些规定使得法院不再有管辖行政纠纷的职能，但同时也使得行政纠纷缺乏一个明确的机构来负责审理。一直到 1799 年之前，有关行政方面的纠纷都由行政机关自身解决。1799 年，拿破仑成立了国家参事院，即法国最高行政法院的前身。国家参事院最初是政府的顾问，负责提供有关咨询意见并负责审理行政案件，但不能对行政案件作出判决，仅仅能提出建议，由国家元首判决。国家参事院的成立是法国现代行政法产生的标志，它反映了由行政机关之外的另一个力量对行政权力进行控制的精神，国家参事院后来的发展也体现了这一精神。1806 年，国家参事院内部成立了诉讼委员会，专门解决行政争议，行政争议的解决和行政咨询从此分开。1872 年，普法战争后取消的国家参事院被法律恢复，并被授权以法国人民的名义独立作出判决，从此不仅仅在事实上并且在法律上真正成为法国的最高行政法院。1899 年卡多案判决，又确认了当事人可不必先向部长申诉而直接向最高行政法院起诉，行政法院取得了行政案件的一般管辖权，对行政权的控制进一步加强。①

在英国，尽管直到 20 世纪以后人们才逐渐承认行政法的存在，②但实质意义上的行政法却早已存在。资产阶级革命之前，英国实行高度的君主专制，国王以星法院为统治的工具，通过星法院实现对地方和官吏的控制。资产阶级革命中，普通法院和议会结成同盟，并最终取得了胜利，废除了星法院，确立了由普通法院审理所有案件、承担司法控制行政职能的地位。19 世纪后，随着生产力的发展，行政事务日益繁多，行政管理范围日益扩大，越来越多的委任立法开始出现，单纯由普通法院审理行政案件，解决行政争议已不现实，各种各样的行政裁判所开始出现，承担了大量解决行政纠纷的任务，但除了极少数情况外，普通法院的司法审查仍是解决行政争议的最终途径。整个英国行政法围绕委任立法、行政裁判所和

---

① 参见王名扬主编《外国行政诉讼制度》，人民法院出版社 1991 年版，第 16 页。

② 在此之前，英国主流观点并不承认行政法，其中以戴雪为代表。他认为："在许多大陆国家中（最显著的是在法兰西国）常存有一种行政法的体系（法兰西人称之为 droit administratif）。这种法律建立在若干法律观念之上，迥异于我们的英吉利普通法（English common law），尤绝对不类我们一向所称道的法律主治。大凡行政官吏，在外国当以善意奉行职守时，纵使所行事有失，必受法律回护……"参见［英］戴雪《英宪精义》，雷宾南译，中国法制出版社 2001年版，第 359—361 页。

司法审查这些中心问题展开，同样体现了对行政权的控制。

美国行政法与英国行政法有着密切的历史联系，美国一度直接援用英国行政法。19世纪末期后，社会经济的发展导致了大量独立管制机构的出现，这些独立管制机构具有极大的行政权力，为了控制独立管制机构，美国特色的行政法体系开始逐渐形成。特别是1946年《联邦行政程序法》的出台，更加体现了行政法通过行政程序对行政权力进行控制的精神，成为美国行政法发展中划时代的事件。

在中国，现代意义上的行政法萌生于现代法律观念自西方舶进之后的清末民初时期，1912年的《中华民国临时约法》和1914年的《中华民国约法》都对行政诉讼作出了明确规定。此外还先后颁行了《平政院编制令》《行政诉讼法》等法律，行政诉讼制度开始正式建立，此后各项行政法制度也开始缓慢发展。新中国成立之后，特别是1957年之后，由于特定的历史原因，行政法的发展全面停滞，甚至出现倒退。1978年后，随着法制的恢复，行政法也得到了恢复和发展，一系列行政法律法规开始出现，行政诉讼制度也开始建立并逐步完善。① 1989年《行政诉讼法》出台，通过司法控制行政权力的制度终于在中国重新确立。此后行政法发展的重要节点包括：1994年通过了《国家赔偿法》，建立了国家赔偿制度；1996年通过了《行政处罚法》，针对行政处罚权力滥用状况较为严重的现实，加强了对行政处罚权力的控制；1999年通过了《行政复议法》，规范和加强了对公民权利的行政救济；2000年通过了《立法法》，加强了对包括行政立法行为在内的立法行为的规范；2003年通过了《行政许可法》，加强了对人们反映强烈的行政许可行为的规范；2011年通过了《行政强制法》，加强了对行政强制措施和行政强制执行行为的规范与控制。

综观中外行政法发展的历史，我们可以发现，无论是现代行政法的产生，还是中国行政法的恢复与发展，所围绕的一个核心问题是：在近现代行政范围不断扩展，行政权力不断扩张的客观背景下，如何在运用行政权力谋取公众福利的同时，加强对行政权力的规范与控制，使之不至于造成对公民权利的侵害，或在行政权力侵害公民权利之后予以有效的补救。此处的行政权力，无疑是公共行政权力，而不是私人行政权力。也就是说，行政法所规范的行政是公共行政而不是私人行政。

---

① 1982年《民事诉讼法（试行）》第3条第2款规定：法律规定由人民法院审理的行政案件，适用本法规定。

区分了公共行政与私人行政，并明确行政法意义上的行政乃是公共行政而非私人行政之后，我们并没有完成明确公共行政含义的任务，因此需要进一步解决这一问题。

行政法意义上的行政是与现代民主宪政理论分不开的。在民主宪政理论兴起于欧洲大陆之前，人们通常认为主权在君主而不在人民，从而行政往往被认为是国王的事务而不是公众的事务。然而在人民主权理论兴起之后，主权被认为属于人民而不是君主，包括行政事务在内的国家事务是人民的事务而不再仅仅是君主的事务。18 世纪，孟德斯鸠在洛克分权思想的基础上，进一步形成了三权分立理论。他认为，"一切有权力的人都容易滥用权力，这是万古不易的一条经验。有权力的人们使用权力一直到遇有界限的地方才休止"。① 为了防止权力的滥用，孟德斯鸠认为应该以权力制约权力，将立法权、行政权和司法权三种国家权力分别交由三个不同的部门行使，以形成它们之间的互相制约。三权分立理论在不久后建立的美国政府中得到了体现，美国宪法将政府明确划分立法、行政与司法三个部门，各司不同的职责。此后，三权分立成了各民主国家政府组织的基本原则。即使是 20 世纪的社会主义国家，尽管理论上不认可三权分立，但实践中国家权力仍被分为立法、行政与司法三个部分并由不同的机关行使。

立法、司法、行政三权分立又被奉为宪法之圭臬，学者们寻求行政的定义时，顺理成章地将之界定为立法与司法之外的国家活动，即所谓消极说。② 以"消极说"定义行政，固然有简便及不致遗漏的优点，但其缺点也是显而易见的：首先，欲确定行政的范围，必须先确定立法与司法的范围，这本身不是件容易的事情；其次，即使确定了立法与司法的范围，也不能令人明了行政的内涵，也就是说，仅仅让人明白了行政"不是什么"，而不能让人知晓行政"是什么"；最后，在现代国家中，除立法与司法外，国家的行为是不是都属于行政（如所谓国家行为、统治行为是否属于行

---

① ［法］孟德斯鸠：《论法的精神》（上），张雁深译，商务印书馆 1961 年版，第 154 页。
② 这种定义方法在日本又被称之为控除说、蒸馏说，参见［日］盐野宏《行政法》，杨建顺译，法律出版社 1999 年版，第 4 页；杨建顺：《日本行政法通论》，中国法制出版社 1998 年版，第 98 页。在德国，自奥托·迈耶（Otto Mayer）以来，学者也多采此种方式对行政进行定义［参见吴庚《行政法之理论与实用》，（台北）三民书局 2001 年增订 7 版，第 2 页］。而在我国台湾地区，消极说所界定的行政又被称为形式意义的行政［参见李震山《行政法导论》，（台北）三民书局 1998 年版，第 3 页］。

政）也同样存在疑问。①

由于从反面定义行政的概念存在逻辑上不周延等问题，不少学者于是尝试从正面对行政的概念进行界定，主要有以下几种定义：②

1. 以宪法规定作为定义

如奥地利学者多根据该国宪法将行政定义为：受指令所拘束的国家机关的活动范围。

2. 从行政所欲达到的目的进行定义

如福斯多夫将行政定义为：维护适当社会秩序是国家最急迫且须全力以赴的任务，行政是达成这一任务最为优先的手段，故行政并非单纯的管制，而是负有形成功能。所谓形成不仅在个别事件中求其合理与适当，尤其须实现法律规范作为分配正义与交换正义的要求。

3. 从比较行政与其他部门的功能进行定义

如毛雷尔（Maurer）认为：行政是主动的，且有向未来形成的性质，而立法仅作一般的抽象决定，经由行政转为事实，但行政并不仅限于执行法律，毋宁说是受立法部门概括之托付，仍主动依自己创意而作为。基于形成之性质，行政又有别于司法审判：法院仅就具体争议案件适用法律，并作成有确定力的裁判，处于被动及超然的第三者立场。

4. 将行政学的表达方法通过法律语言进行定义

如汉斯·J.沃尔夫（Hans J. Wolff）和奥托·巴霍夫（Otto Bachof）在所著《行政法》中这样定义：公共行政的意义，指其多样性、附条件或单纯目的的选定都来自于他律，但仍允许行政部门作成部分的规则和自我参与，以保证公共事务的实现与形成；而行政人员则属于经指派的公共事务管理人员。

5. 从不同层面对行政进行描述以取代定义，甚或放弃对行政的任何界定

由于现代国家的行政实在难以以单一定义涵盖，故不少学者采用此种方法描述行政。如（I. Von Munch）以四项特性对行政进行描述：（1）行政的作用与公共利益相关；（2）行政须经由依公法组织起来的主体进行运作；（3）行政既有行为的自由也受到相当的监督；（4）行政作用有不同的方式。

---

① 参见翁岳生《行政的概念与种类》，载翁岳生主编《行政法》，中国法制出版社 2002 年版。
② 吴庚：《行政法之理论与实用》，（台北）三民书局 2001 年增订 7 版，第 3—7 页。

上述对行政进行积极定义的方法，尽管在一定程度上都存在不周延的问题，但从其定义中，我们对行政这一概念及其特征也有相当程度的了解。然而，由于对概念进行定义本身存在的困难，我们很难对概念作出一个周延而完整的定义，界定事物"是什么"，在很大程度上只能对事物的状态进行描述，说明事物"怎么样"。有鉴于此，本书并不试图对行政作单一的周延的定义，而是从行政法学的研究旨趣和行政法的历史发展出发，参酌已有的各种界说和描述，对行政的内涵、功能、特征等作一涵括的说明，其重点不在行政"是什么"，而在行政"怎么样"。

　　行政法作为一个法律部门，产生于行政权扩张之时，体现了人们对行政权的担忧与加强对行政权控制的意愿。行政法学研究的根本目的在于探讨如何通过法律控制行政权力，以确保人民的权利不受侵犯。[①] 传统行政法所理解的行政，关注的重心在于行政活动，多从实证法的角度，对法律的执行进行讨论，而较少关注政策的形成、行政外部社会经济条件的变迁，以及行政因而就此种变迁所进行和应进行的变革。如奥托·迈耶即以"法律保留—行政处分—行政救济"为主脉络构建其理论体系。在中国，行政法教科书多以"行政组织法—行政行为法—行政救济法"为线索展开论述，其中行政组织是行政行为的主体，行政救济则为行政行为的补救程序，其真正的中心仍然为行政行为，包括行政立法、行政处罚、行政许可、行政强制、行政裁决等。但实际上，20世纪以来社会政治经济条件发生的变化，已经导致行政权与立法权及司法权的关系、行政在整个国家权力中的地位、行政在社会政治经济发展中的作用、行政需要发挥的特有功能等等，都发生了巨大变化，行政范围不断扩张（主动的或被动的），行政任务也不断更新。因而，"对行政的界定，乃至对行政法的研究，除应参酌上述各说之外，更应对行政的环境及行政任务、组织、行为程序、救济、赔偿和补偿等相关方面的变革予以关注"。[②]

　　总而言之，在行政法意义上讨论行政这一范畴时应考虑到以下几点：（1）行政是指公共行政而不是指私人行政。（2）行政本身是个不断扩张

---

① 国民、公民和人民三词有不同的含义，理当区别使用，但由于本书在很大程度上乃是讨论国家（政府）与公民之间的关系，且所引用的资料常在同一种含义上使用这些概念，所以本书在不同的场合也在同一意义上使用这三个概念，指代与国家（政府）或行政机关相对应的"公民"。

② 翁岳生：《行政的概念与种类》，载翁岳生主编《行政法》，中国法制出版社2002年版。

的概念，这种扩张性一方面是由其本身所具有的扩张特性所决定的，另一方面也是由社会经济发展的客观要求决定的。（3）行政作为一种权力，是国家权力的组成部分，是国家权力中除了立法和司法权之外的部分。（4）行政具有广泛性、多样性、连续性，对社会生活具有形成作用。（5）相对司法而言，行政是主动的、积极的。（6）相对立法而言，行政具有具体性，其面对的是繁多的具体事务，但这并不排除其可作出抽象决定，随着社会发生的复杂化，这种抽象性甚至出现了增多的趋势。（7）尽管新的现象、新的趋势不断出现，但从根本上讲，行政仍具有执行性，执行法律仍然是行政根本的要求，随着现代民主政治的发展，法治观念愈来愈深入人心，在行政合目的性要求提高的同时，行政的合法性仍然是行政的基本要求。

二　行政理念演进的历史

行政理念与国家理念密切相关，考察行政理念发展的历史可知，行政理念实际上来自高高在上的国家理念，一旦国家任务有所改变，相应的行政法学理论和方法也就相应转变。这种转变不只是因为国家行政职能的扩张而导致增加新的法律内容于旧的行政法学之内，而是整个行政法产生的实质转变。① 有鉴于此，本节对行政理念演进历史的考察，即从国家理念入手，探讨不同的国家理念对于行政理念的影响。

（一）专制国家的行政理念

现代行政法是伴随着近代资产阶级革命的深入而发展起来的法学学科。但在现代行政法出现之前的专制国家时期，行政作为国家职能却早已存在，有关行政的法律也已存在。不同的是，在专制国家时期，行政被视为君主之私器，包括维护社会秩序之内最基本的行政职能，都属于君主的事务，官吏仅仅是代表君主行使此种职能。

---

① 　陈新民：《公法学札记》，中国政法大学出版社 2001 年版，第 94 页。

在中国，有所谓"普天之下，莫非王土；率土之滨，莫非王臣"一说，国家的一切权力均是君主的权力，国家的一切事务均是君主的事务，君主具有生杀予夺的绝对权力。而当时更无后世所谓立法、行政、司法三分的分权概念，于是行政也通过国家整体的官僚体系操于君主之手。尽管君主权力的行使也受到传统的掣肘，并不能为所欲为，但诸如行政有哪些事务、要实现哪些目的、通过什么手段实现这些目的等问题，一方面并不如现代这样有明晰的理念，另一方面更不是通过法律的方式予以确定，而仅仅是君主实施仁政或暴政维护其政权的一种客观后果。

在欧洲，君主"家天下"的观念与中国的皇帝并无二致，国家的事务即是君主的事务，国家的行政即是君主的行政，他们有权决定行政的任务、范围、方式等等。路易十四甚至公然宣称"朕即天下"，他在监国红衣主教马扎然去世后召见国务委员会时声明："我把各位召集到这里，是为了对各位说：从现在起，我的事务由我自己处理。我需要的时候，各位可以用你们的建议为我服务。"他集中了一位君主所能集中的全部权力：颁行法律、任命官吏、使用国库财物、决定战争与和平，甚至主持教务。在这种状况之下，行政的目的在于维护君主的统治，根本不会顾及人民的疾苦。以至1698年，一名顾问向路易十四报告说，"最近一段时间，有十分之一的居民沦为乞丐，只有依赖乞讨才能得以生存；而其余的十分之九中，有一半以上却无力通过赏赐去帮助那些最贫穷的人，因为他们自己也几乎遭遇同样的命运"。①

（二）警察国家的行政理念

警察国家（polizeistaat）② 是 18 世纪欧洲的一种国家形态，是由专制国家过渡到宪政（法治）国家的中间阶段。警察国家的兴起肇因于欧洲各国君主为了争取民心，增强国力并且使国库充沛，竞相致力于改革，实行所谓开明专制（enlightened despotism）。其之所以称之为警察国家主要是因

---

① ［德］曼弗雷德·马伊：《一口气读完世界历史》，王智泰译，海南出版社 2004 年版，第 198 页。

② "警察国家"与"特务国家"的含义不同，并不是以特务来监视人民，实行恐怖统治，而是国家偏向于以警察自居，统管人民生活的各个方面，也即"福利国家"（wohlfahrtsstaat）。有关警察国家的进一步论述，可参见陈新民《行政法学总论》，（台北）三民书局 1997 年版。

为当时国家行政部门分工并不如现代行政那样细致，警察部门是行政部门中唯一具有实质执行力量的部门，概括执行除国防和外交之外的一切行政事务。① 普鲁士王国的奠基人腓特烈·威廉（1620—1688）铲除封建势力，建立廉洁高效的官吏和新式陆军，并将保障人民安全、促进社会福利作为施政的目标。迄至腓特烈二世（即腓特烈大帝，1712—1786）时期，国家的理念被发展到了巅峰。在警察国家时代，现代意义上的法治逐渐出现，国家开始倾向于用以"警察法令"形式出现的法律拘束人民；司法独立制度也逐步成形，法院逐渐改变了"君主之法院"的性质；法学教育开始发展。凭借着法学教育研究的开展、学有所精的法官，及民法、刑法的规范功能，国家的社会秩序逐渐维系于法的规范之下，而不是君主的个人意志之下。②

　　警察国家的任务，与其他任何形态的国家一样，首先在于排除危害社会的行为，维护社会的秩序与稳定，但在维护秩序的同时，国家还增加了谋求人民福利和社会进步的任务，出现了所谓"福利国家"的倾向。而在当时情境下，并不存在作为民意代表机关的议会，也不存在明确的权力分立的政治制度，国家的权力很大程度上就是行政的权力，行政主导着国家。这样，维护社会秩序、谋求人民福利与社会进步的重责就不可避免地落到了行政部门的头上。也就是说，国家的任务也就成了行政的任务。

　　然而，当时所谓的"福利国家"与20世纪以来盛行的"福利国家"理念相比，尽管都有为人民谋求福利之意，但两者在性质上和内涵上都不尽然相同，后者乃前者的发展形态。③ 20世纪福利国家在范围上有了极大的扩张与转变，福利国家的内容有着完整的体系，包括基本生活的保障、就业权利的维护等等都是福利的内容，而警察国家的福利尚处于雏形时期，内容并不如20世纪福利国家这般丰富。更为重要的是，当时所谓的

① ［德］汉斯·J.沃尔夫、奥托·巴霍夫、罗尔夫·施托贝尔：《行政法》，高家伟译，商务印书馆2002年版，第70页；陈新民：《德国公法学基础理论》，山东人民出版社2001年版，第32页。

② 按照奥托·迈耶的理解，警察国家的法律制度乃是19世纪末20世纪初的法律制度的前身，其特点为：（1）无限制的公权力由王侯自行行使，其所属的各种公务人员同时以王侯和国家的名义行使此权力；（2）旧的形式是为了王侯而解体的，王侯期望为此将其秩序和均势通过邦法律确定到国家作用中去；（3）民法和民事审判的高度发展，弥补了公法缺失的漏洞。参见［德］奥托·迈耶《德国行政法》，刘飞译，商务印书馆2002年版，第41—55页。

③ 参见［英］弗里德利希·冯·哈耶克《自由秩序原理》（下），邓正来译，生活·读书·新知三联书店1997年版，第209页。

福利国家和20世纪的福利国家在性质上是根本不同的，警察国家时期的福利乃是作为主权者的君主对其子民的恩赐，体现的是君主的"仁义"，谋求人民福利最多只是君主的道德义务而非法律义务。在20世纪福利国家中，为人民提供福利已经从道德义务演变成了国家的法律义务，福利权也从人民的特权（privilege）上升为人民的法律权利（right）。与此同时，警察国家时代的福利理念更为注重的是国家造福人民的目的，并不关注达成这种目的的手段，而现代福利国家则目的与手段并重。①

　　与国家理念及其性质相应，尽管当时的民事法律及相关制度得到了极大发展②，但规范国家权力行使的公法③并未有蓬勃之发展。警察国家的行政权限极为广泛，包括排除社会危害行为和增进公共利益两个方面，几乎涉及所有的生活领域，包括私生活领域。而对行政权力的行使却几近于毫无限制，君土作为"绝对的法律卫士和自由的法律创造者"，根据必要性和公共利益条款可变更或废除实在法，甚至可以根据其"公权请求权"干预救济程序。作为君主的代表，行政机关（警察机关）在其职权范围内行使权力时同样没有任何限制。相比之下，臣民只是法律的客体，对于君主及其属下的公务人员的安排须绝对服从。臣民对君主及公务员的权利仅限于，当基层或中层的行政机关实施限制其臣民追求幸福或自由的高权行为时，臣民可向地方法院或法庭起诉，法院可能纠正客观上违法的高权措施。但由于法院本身具有行政机关的性质，不具独立性，这种审判仍属于司法行政的范畴。而对于君主仆人间的高权侵害措施，则根本不能诉诸救济。④

（三）形式法治国的行政理念与干涉行政

　　18世纪以后，西方主要国家进入了自由资本主义时期，这一时期的主

---

① 陈新民：《行政法学总论》，（台北）三民书局1997年版，第13页。
② 参见［德］奥托·迈耶《德国行政法》，刘飞译，商务印书馆2002年版，第49—51页。
③ 德国、日本等国所称的公法一般是一种狭义的用法，即仅指宪法与行政法，不包括刑法与诉讼法。参见翁岳生《论行政处分的概念》，载《行政法与现代法治国家》，（台北）祥新印刷有限公司1990年版，第23页。
④ ［德］奥托·迈耶：《德国行政法》，刘飞译，商务印书馆2002年版，第41—43页；［德］汉斯·J.沃尔夫、奥托·巴霍夫、罗尔夫·施托贝尔：《行政法》，高家伟译，商务印书馆2002年版，第71—72页。

要特征是意识形态上奉行自由主义，经济上奉行自由竞争的资本主义，政治上三权分立制度得以确立，同时法治理念开始成熟，这一切构成了自由资本主义国家的主要框架。

1. 自由主义思想

自由主义起源于近代，是一种以发扬理性、探究自然、相信人的善良禀赋与社会的无限进步改良为共识之基础的思潮。启蒙运动时期，自由主义得到了观念系统上的完整发展。在这个过程中，英国的洛克、亚当·斯密，法国的卢梭、孟德斯鸠，德国的歌德、康德和美国的富兰克林、潘恩等人都做出了巨大的贡献。[①] 自由主义者认为，自由主义是这样一种信念：社会能够安全地建立在个性的自我指导之上，才能建立起一个真正的社会。自由是社会的必需，但只能是社会生活的一个方面。自由和平等紧密结合，其任务是主持公道，防止滥用高压力量。国家的职责是为头脑和个性创造据以发展的条件，使公民能依靠自身努力获得所需的一切。

自由主义从产生之日起，就受到了其他各种意识形态流派的严厉批判。如社会主义批判其理念导致弱势群体的被剥削、被异化；社群主义攻击其自我观念为"原子式自我"，其社会概念为工具式社会，其"中立性论"论述是伪价值中立而放任公民道德的败坏；共和主义批判自由主义背离了"人天生为政治动物"的传统，单方面发展了"消极自由"的论述，却遗忘了公民参与、培养德行的共和传统；而后现代主义则从解构思维出发，主张去中心化、去主体化、反根基、反本质，并主张以非理性主义、相对主义、草根运动与差异政治取代自由主义所代表的理性主义、普遍主义、宪政民主与共识政治。[②] 然而，尽管经历了诸多不同意识形态流派的攻击，在当代西方政治思潮中，却"没有一种党派或思想体系像自由主义一样广受支持、研究与批判。许多新奇而犀利的论述偶尔会引起注意，或者成为学术圈里的显学，但是流行的东西问题倏起倏落，能够跨越世代蔚为传承者几希"。"真正经得起人心向背之考验，而犹然有迎风成势之实力者，不外乎自由主义、社会主义、民族主义等少数几种意识形态"。[③] 那么，自由主义思想究竟有何独特魅力，使其能在众多意识形态流派此消彼长、花落花开，且多数流派烟消云散的观念舞台上众芳摇落独暄妍呢？它有哪些基本观念与核心命题？尤其是

---

①　［英］霍布豪斯：《自由主义》，朱曾汶译，商务印书馆1996年版，出版说明。

②　参见江宜桦《自由民主的理路》，新星出版社2006年版，第1页。

③　同上书，第3页。

有哪些和其他流派截然不同的使其长葆青春的命题？江宜桦认为，按照韦伯的"理想型"方案，自由主义有以下六项基本原则：①

（1）个人权利。自由主义主张个体主义（individualism），主张个体具有自主性以及个体之所以为个体的价值。其他个体或集体（如社会、国家）必须对个体价值给予高度尊重，不能动辄以大我之名侵犯之或要求其奉献牺牲。落实到权利上，自由主义要求人人具有若干基本的自由权利，包括人身自由、行动迁徙自由、思想言论自由、信仰自由、集会结社自由、政治参与自由及在法律保障范围内选择自己所爱、实现自己人生计划的自由。（2）多元宽容。自由主义认为人人具有自主性，每个人都可以形成与他人不同的价值、信念和行为模式。只要一个人的自由不妨碍他人享有的同样的自由，他的思想言行就应该得到尊重。（3）立宪政府。自由主义将政府当成必要之恶，其目的是为了更有效地保障个人原当享有的权利。为此，须将政府置于宪法的规范之下，将前列自由列为不可侵犯的基本人权，同时实行分权，以避免政治权力的专擅。（4）国家中立。自由主义要求国家不得成为任何特定族群、宗派、阶级、党派等之统治工具，坚持法律面前人人平等。（5）私有财产。自由主义认为，私有财产具有和生命、自由同样价值的神圣性。未经人民或其代表同意，政府不得任意征税或将私有财产充公；私有财产可以自由买卖、利用、遗赠，而继承人拥有完全的继承权，这个原则在20世纪已有变化。（6）市场经济。这项原则与私有财产原则密切相关，要求以自由开放竞争的方式，决定社会经济（乃至政治）供需之平衡，反对过多的干涉与管制。非但商品交换如此，人才甄用或教育资源分配也可用此种方式。

从上述原则可见，对自由主义者来说，在国家权力和个人自由之间，个人自由是第一位的，国家权力是第二位的，前者是后者的目的。但是，若因此而将自由主义混同于无政府主义则是轻率的。因为自由主义者并不否认国家的必要性，也不否认法律制度在保障个人权利方面的重要性。只是在自由主义者看来，个人行动的合理性是不证自明的，其行动范围在原则上也是不受限制的；而国家对个人活动的干预行动却必须证明其合理性，其范围在原则上是受到严格限制的。换句话说，个人行动原则上是自由的，除非能证明对其进行限制是必要的；而国家行动在原则上是禁止

---

① 江宜桦：《自由主义的宪政民主认同》，载王焱等编《宪政主义与现代国家》（公共论丛第七辑），生活·读书·新知三联书店2003年版。

的，除非能证明开展这种行动是必要的。如洪堡认为，国家的任务可能有两种，即促进福利和防止恶行，但其中只有防止恶行才是国家的根本任务，如果国家的任务延伸到促进福利，全面地安排民众的生活，就会导致人们生活的制式化，社会发展的多样性将会压缩乃至消灭，国家就会沦为权力滥用的手段，从民众福利的促进者堕落成少数人利益的工具，因此，必须对国家进行严格的控制。①

在自由主义思想的指引之下，西方发生了一系列的公民和社会运动。首先是 18 世纪七八十年代美国的独立战争，这场战争直接的政治目的是反抗英国的殖民统治，但其理念是自由主义的，体现的是清教传统的美洲殖民地人民对压迫的抗拒和对自由的追求。独立战争后根据美国宪法所建立的美国政府，更是史无前例地采用了自由主义所主张的三权分立架构。在自由主义思想指引下最为彻底的资产阶级革命是法国大革命，这次革命源于对专制的痛恨，与过去的制度进行了彻底的决裂，甚至不惜将国王送上了断头台。② 在德国，自康德以来的自由主义思想产生了巨大的影响，19 世纪前期，一些邦颁布了宪法或宪法性文件对自由主义所主张的思想自由、宗教自由、新闻自由、职业自由和公民在法律适用面前人人平等作了明确规定。

2. 法治国（rechtsstaat）理念

自由主义充分展现了对人的价值的尊重，但是，与其他任何理论一样，自由主义也远非是完美的。正如施密特所指出的：人类之间的冲突与对立在许多情况下是非理性的，理性协商的办法很难解决所有冲突。在这些情况下，需要一个凌驾于社会之上的力量，来将这些冲突限定在一定的范围内。③到哪里去寻找这一"凌驾于社会之上的力量"？人们将目光投向了国家。然而，国家作用的凸显会不会再次导致个人自由被压制？会不会导致专制国家的持续？这些都是人们所担心的。作为两者的调和，法治国概念与理论便应运而生了。在英国，经验主义的传统使其在长期的法律发展过程中逐渐呈现出法律与君主相分离的趋势，1610 年，为后世所常用的法治（rule of law）

① 参见［德］威廉·冯·洪堡《论国家的作用》，林荣远、冯兴元译，中国社会科学出版社 1998 年版。
② 应该认识到的是，尽管法国大革命是在追求自由的旗帜之下开展的，但革命的过程中却出现了与自由主义追求截然相反的暴行，这可能是自由主义的先驱们所始料不及的。
③ 李强：《宪政自由主义与国家构建》，载王焱等编《宪政主义与现代国家》（公共论丛第七辑），生活·读书·新知三联书店 2003 年版。

一词出现在下议院针对詹姆斯一世提出的《控诉请愿书》中，此后日渐为人们所认可。在德国， "法治国"一词最早由德国哲学家普拉西度斯（J. W. Placidus）在 1798 年出版的《国家学说》一书中使用。19 世纪后，法治国理念在德国逐渐深入人心。但当时流行的实际上是对法治国概念的形式理解，即所谓的"形式法治国"，它的首要目标在于确保国家权力（主要是行政权与司法权）的行使必须根据最高立法者的指导，它虽然承认和要求统治者受法律的拘束和限制，但立法者（议会）则可以根据自己的需要任意制定与修改法律。① 在行政法上体现为依法律行政（而非依法行政）的原则，即行政行为不得违反法律（法律优位），在无法律依据的条件下不得进行干预或限制人民自由的活动（法律保留）。之所以称之为形式法治国是因为其仅在形式上要求行政与司法受法律的拘束，但对法律的实质内容是否正当却不予重视。这种形式法治国忽视对法律正当性的要求，在一定程度上造成了对人民自由保障的漏洞。

3. 自由资本主义时期的行政理念

对国家权力的恐惧是自由主义最为显著的特征之一。既然绝对的个人自由不可能实现，而过分依赖国家又可能导致个人自由的受压制甚至丧失，那么唯一的办法是在赋予国家一定职能、发挥国家作用的同时，对国家职能进行严格限定，防止国家权力的过分扩张造成对个人权利的侵害。亚当·斯密认为，国家的职能有以下几项：第一，国防的职能，"保护本国社会的安全，使之不受其他独立社会的暴行与侵略"。第二，司法的职能，"为保护人民使社会中任何人不受其他人的欺侮或压迫，换言之，就是设立一个严正的司法行政机构"。第三，建立并维持某些公共机关和公共工程。这类机关和工程，对一个大社会当然是有很大利益的，但就其性质说，如由个人或少数人办理，那所得利润绝不能偿其所费。所以这种事业，不能期望个人或少数人出来创办或维持。② 自由主义承认，国家有征集一部分资金提供公共产品的必要，但也指出，它必须为个人自我解决及竞争性的、分权的私人部门提供相关的服务，留下允裕的空间。以德国经济学家瓦特·欧根（Walter Eucken）的话说，就是政府可以提供自由市场

---

① 刘军宁：《从法治国到法治》，载刘军宁等编《经济民主与经济自由》（公共论丛第 3 辑），三联书店 1997 年版，第 96 页。

② 参见［英］亚当·斯密《国民财富的性质和原因的研究》（下），郭大力、王亚南译，商务印书馆 1972 年版，第 254、272、284 页。

的制度性监督框架，但不能干预市场运行本身。① 总而言之，自由主义认为，应该将国家职能局限于维护个人自由所必不可少的但尽可能小的范围内，"管得最少的政府就是最好的政府"。

在德国，为反抗专制国家遍布漏洞的法制和随意性的人治，保证个人自由和防止专横，深受自由主义影响的自由民主潮流开始成为整个国家的运动。19 世纪中叶，德国开始了以限制君主绝对权力为目标的政治和行政改革，致力于建立宪政制度和法治。具体包括以下几个方面：（1）国家权力的行使只能根据按照宪法制定的、明确的、因而不能随意变更的法律（合宪性、宪法正当性）。（2）划分国家权力，不同的国家活动由不同的、独立的、相互制衡和监督的国家机关实施。（3）所有公民在法律面前一律平等。（4）确认公民的自由空间以及由此产生的基本权利。（5）人民参与国家权力的行使，特别是立法。（6）国家活动具有规则性和可预测性，以确保公民自由和财产的安全。（7）以法治取代人治，君主不是主权者，国家机关才是主权者。②

在政治与行政改革的过程中，德国制定了满足君主立宪要求的宪法，确定了君主及贵族的地位，自由主义法治国理念得以实施。在这种自由主义的理念下，国家行政退出了几乎所有专门的行业或经济活动，限于维护外部安全和秩序，而不能采取社会塑造和生存照顾的方式，③ 国家的任务是保证公民社会的自由发展和塑造的条件，因此国家也被称为权利守护国家。④

自由资本主义时期的行政开始受到法律规范，行政法规集合而产生的"行政法学"取代了专以解决个案事务为目的的"警察学"。这一时期，行政被赋予了"权力"，同时民意代表机构制定的法律也赋予人民以权利，两者即处于对立的地位。于是，行政权便产生了所谓"干涉行政"的形式，即国家运用公权力来限制、干涉人民自由权利之行使，以达到维持社会秩序、国家安全和排除对人民及社会危害之目的，如警察行政限制人身自由和税务行政处分公民财产权等等。由于这种行政方式着眼于社会秩序

---

① ［美］萨利：《何谓自由主义——探讨自由思想的知识根基》，秋风译，载王焱编《宪政主义与现代国家》（公共论丛第七辑），生活·读书·新知三联书店 2003 年版。

② ［德］汉斯·J. 沃尔夫、奥托·巴霍夫、罗尔夫·施托贝尔：《行政法》，高家伟译，商务印书馆 2002 年版，第 75 页。

③ 此点在 1794 年《普鲁士国家普通法》中已有规定。参见［德］罗尔夫·斯特博《德国经济行政法》，苏颖霞、陈少康译，中国政法大学出版社 1999 年版，第 30 页。

④ ［德］汉斯·J. 沃尔夫、奥托·巴霍夫、罗尔夫·施托贝尔：《行政法》，高家伟译，商务印书馆 2002 年版，第 30 页。

的维持，所以也称为秩序行政。① 在作为实践自由主义法治国家的行政目的的形式的"干涉行政"之下，行政法学的体系及概念便有了一个明确的轮廓：行政的目的不是专以"追求（治安）目的"为满足，而主要是"法的实践"。②"依法律行政"原则由此产生。

（四）社会法治国的行政理念与服务行政③

随着第二次工业革命的推进，资本主义世界的社会经济状况有了很大的发展，进入了所谓垄断资本主义时期。从行政法的角度，这一时期与此前相比的最大特点在于，社会经济发展取得了巨大成就，人们的物质生活水平有了极大的提高，而人们间的社会生产关系也随之日趋复杂化，各种以前不曾出现的社会矛盾开始涌现，面对这种情况，自由资本主义时期的行政理念受到了前所未有的挑战：国家将自己的行动严格限定在秩序维护范围之内的理念和实践已经不敷现实的需要，政府必须越来越多介入人们的生活之中，介入社会经济生活的各个方面。

在法国，工业革命带来了经济繁荣的同时，也带来了社会生活的变化，进而导致了国家行政理念的变化。狄骥对此进行了精辟的描述：

> 一种经济变革在不断地发生，这种变革的特征可以用一句话来进行简短的概括，即在几乎每一个活动领域之内，民族经济都逐渐地在

---

① 在这个意义上，为行文的方便，本书以下的讨论将干涉行政与秩序行政交互使用，并视为具有相同之意义。

② 陈新民：《公法学札记》，中国政法大学出版社 2001 年版。

③ "服务行政"一词源自德文"leistungsverwaltung"，多译为"给付行政"（参见罗豪才主编《行政法学》，北京大学出版社 1996 年版，第 242 页；姜明安主编：《行政法与行政诉讼法》，北京大学出版社、高等教育出版社 2011 年第 5 版，第 239 页；吴庚：《行政法之理论与实用》，（台北）三民书局 2001 年修订 7 版，第 18 页）。据陈新民的研究，这样翻译的主要原因在于，在德文中，民法意义上的"给付"一词也用"leistung"。基于"leistungsverwaltung"在行政法上所具有的特定含义，同时也为了使之与行政主体依民法所负担的给付义务（如对公务员薪俸的给付义务及根据行政契约而产生的给付义务）相区分，陈新尼将"leistungsverwaltung"译为"服务行政"，并且认为这样也更契合现代国家"服务"于人民的职能（参见陈新民《行政法总论》，（台北）三民书局 1997 年版，第 36 页）。笔者认同陈新民的观点，也采用"服务行政"来指代"leistungsverwaltung"。非止于此，笔者还认为，使用"服务行政"一词，可对当前各地政府所积极提倡的建设"服务型政府"等概念进行梳理，以正本清源。

替代家庭经济。所伴随的结果是，同一个社会群体中的人们更加增强了相互依赖，即使是出于他们日常的和基本的需要。家庭群体是不足以实现这些目的的，因此家庭群体的对外联系越来越成为必须，并且这些联系活动是如此的重要，以至于不能容许发生间断。因此，确保这些联系得到持续便逐渐成为了政府的事务。

在狄骥的眼里，社会经济的发展使得人们的生活已经不再是分散的和具有独立性的，而是形成了相互间的依赖关系和连带关系，从而已不能仅仅依靠个人"自求多福"而得以维系，必须倚赖国家力量的介入，国家的行动也因之超出了在自由资本主义时期的有限范围，而及于为人们提供公共服务。

今天，作为某种复杂变革的一个结果，一方面归因于知识进步，另一方面归因于经济与工业的发展，政府的事务已经超出提供司法、警察和战争防御的范围，人们要求它履行各种各样的职能。

政府必须从事那些对于促进个人在体能、智能和精神方面的福利，以及国家的物质繁荣所必须的事务。并且，随着文明的发展，与公共需要的政府活动呈数量上升趋势，而这样所带来的一个后果是公共服务的数量也在不断增加。①

美国法律体系是建基于英国普通法之上的，其法律思想也承继了英国的自由主义与经验主义。19世纪末期，在其他国家出现的工业化影响同样在美国开始出现：工业快速发展，城市化步伐加剧，交通、通信等在人们生活中的重要性日益突出；一些社会矛盾也开始涌现，如工人和企业主间的矛盾、不同势力集团间的矛盾、公共安全问题、公共卫生问题等等。这些问题的解决，已经不再是仅仅依靠市场本身的力量可以办到的，而须外部力量的介入。为此，行政必须扩大其发挥作用的范围，比此前更广泛深入地介入社会生活中去。这一时期，美国行政的扩张主要体现在两个方面：一是行政机构的扩张，特别是独立管制机构的发展。第一个独立管制机构是出现于1887年的以控制铁路运输为目的的州际商业委员会。按美国宪法规定，诸如铁路建设与运营之类的经济事务，本是各州而不是联邦的权限。但铁路的发展却超出一

---

① ［法］狄骥：《公法的变迁》，郑戈译，辽海出版社、春风文艺出版社1999年版，第38、50—53页。

个州的范围，对其进行规制，也不是各州能力所及，因此必须由联邦政府来承担。为此国会于 1887 年制定了《州际商业法》，规定设立州际商业委员会负责铁路运输有关事宜。自此之后，各类独立管制机构不断出现，如联邦储备委员会、联邦贸易委员会、联邦能源委员会等等。二是委任立法权的扩张，按照三权分立的原则，立法原是国会的职责，因此在建国初期，美国只有在极少的情况下将立法权授予行政机构。① 但在独立管制机构随着社会发展而出现之后，其性质决定了它需要享有一定程度的立法权以适用急剧发展的社会经济，这样，委任立法也开始大规模发展起来。

1929 年，美国发生了影响深远的经济危机，在危机的打击之下，百业凋零，民不聊生。1933 年罗斯福上台后，为重振美国经济，实行"新政"，放弃了以自由放任思想为指导的社会经济政策，改采凯恩斯主义，采取了一系列措施，实行对社会经济的人力干预。如控制银行、市场，控制企业，规定最长工作时间和最低工资，实行社会保障制度等等。为保证新政的实施，一系列的独立管制机构在这一时期被建立起来，包括证券交易委员会、国家劳动关系委员会、民用航空委员会、联邦通讯委员会和联邦海事委员会等等。国会在设立这些机构的同时，也制定了一系列的法律，授权行政机构对社会经济进行管理和干预。

从美国行政法近半个世纪的发展中，我们所看到的是一个行政权不断扩张的过程，这个过程也是人们的生活受到了国家越来越多干预的过程，但干预不仅仅意味着人们受到了国家越来越多的限制，同时也意味着国家日益承担起了为人们的生活提供照顾与服务的职责。行政理念因此也从局限于公共秩序的维护过渡到兼顾秩序维护与公共服务，这尤其体现在新政时期一系列劳工立法的颁布，如工厂法、劳工赔偿法、失业保险法和退休法、抚恤法等等。

在德国，社会经济的发展最终促成了社会法治国理念与原则的出现。社会法治国乃法治国原则与社会国原则相结合而成的国家原则。20 世纪初，法治国理念在德国已深入人心，但当时流行的实际上是对法治国概念的形式理解，即所谓的"形式法治国"，它只关心国家权力是否根据最高立法者的指导行使，并不关注法律本身的正当性。因此，对形式法治国的批判与反思一

---

① 美国宪法第 1 条意味着国会不得将立法权授予其他机构，但由于社会发展的需要，实际上立法授权一直以来就有存在。参见薛刚凌《美国的行政法治之路》，载应松年、袁曙宏主编《走向法治政府——依法行政理论研究与实证调查》，法律出版社 2001 年版；王名扬《美国行政法》，中国政法大学出版社 2005 年版，第 291 页。

直不曾停止，认为法治国不仅要求国家行为具有合法律性，同时也要求（制定）法律本身的合法性，要求国家实现实质的正义。根据德国学者的理解，法治国的概念不再仅具有形式上的内涵，也是一个具有价值判断和要求的概念，必须参考如下要件，才能验证一个国家是否属于真正的法治国：①（1）宪法国家原则，即将宪法作为一般法律的基础规范，并使其成为具有国家最高位阶的法规范；（2）人类尊严、自由、权利平等原则；（3）分权制衡的原则；（4）法拘束性原则，即以法（recht，即广义的法规范而非以狭义的制定法 gesetz 为限）作为国家运作的基础，并以其作为国家行为的界限；②（5）法院保障原则，即借由独立的法院通过法定的程序提供广泛有效的权利保障途径；（6）赔偿体系原则，即建立国家机关责任的体系，在机关实施违法行为时，由国家对人民所遭受的损害予以赔偿；（7）比例原则。另外，法律安定性原则也是法治国的重要内涵。

德国社会法治国理念的另一来源是社会国家原则。社会国家原则成形于第一次世界大战之后，德国基本法将之正式作为一个宪法原则规定下来，从而完成由理论思潮到宪法原则的转变。《德国基本法》第 20 条第 1 款规定，德意志联邦共和国是一民主与社会的联邦国。联邦宪法法院称之为"社会国条款"，学者则解释为社会国原则。这一原则的出现，源于 20 世纪以后，工业革命使大量乡村人口涌入城市，战争频仍使无数人的生活陷入极端贫困；加上传统的家庭邻里互助制度解体，使得国家广泛而深入地介入社会生活成为普遍要求。一方面，国家对个人的安全与福利负责，要为公民提供多种生活条件与发展条件，建立各种生活设施；另一方面，为了保证社会公平、降低贫富差距进而促进经济繁荣，国家也通过各种社会制度如保险、职业培训、增加就业机会等对经济与社会进行全面干预。为了保障国家履行对公民与社会的义务，宪法规定了国家的权力与义务，这被称为社会国家原则。

那么，法治国原则与社会法治国是如何结合到一起，从而形成社会法治国原则，并导致行政理念的变迁？第一次世界大战之后，为振兴经济，并革除自由主义法治国晚期出现的一些弊病，一个新的"照顾中下阶层民众"的思潮开始出现，这个思潮以促进社会正义为出发点，认为人人生而平等，现实生活中贫富不均的情况，乃是国家与社会制度不良所致。因此

---

① 彭国能：《法治国之基本理念》，载城仲模主编《行政法之一般法律原则（一）》，（台北）三民书局 1997 年版，第 399 页以下。
② 《德国基本法》第 20 条第 3 款规定，执行权应受法律（gesetz）和法（recht）的拘束。

要求国家大力振兴经济，增加工作机会，扶助中下层人民。同时，对于个人的不当的经济行为，国家也应予干涉。易言之，国家行政在秩序维持之外，还应当以积极主动地谋求人民福利为主要目的。这样，警察国时代既有的"福利国家"思想，① 以及对自由主义法治国所强调的以"合法方式"（立法方式）达到国家目的的原则，两者合而为一，逐渐形成了一种新的法治国家理念，即"社会法治国"理念，② 行政理念也逐渐从秩序行政转向秩序行政与服务行政兼具。

三 服务行政兴起的背景③

世界上不存在无因之果，任何事物的产生都有其特定的原因和背景，服务行政的出现也同样如此。就此而言，催生服务行政的背景主要包括社会背景、理论背景和政策背景三个方面。

（一）社会背景

在自由资本主义时代，私人领域的活动是以排斥国家行动的姿态出现的，一如斯密和洪堡等反复强调的，唯有在诸如安全、国防和保障契约自由及提供基础设施等最狭小的范围内才肯定国家的作用。即便是在向来具

---

① 社会法治国中的"福利国"与警察国家中的"福利国"的区别，详见上述"警察国家的行政法理念"。

② 陈新民：《行政法学总论》，（台北）三民书局1997年版，第20—22页。

③ 由于服务行政作为一种理论最初是由德国学者提出的，因此，本节在考察服务行政理论出现的背景时，也主要考察德国的状况。当然，这不是说唯有德国才存在服务行政，也不是说与服务行政相关的理论仅仅在德国出现。实际上，正如前面所论及的，服务行政的发展是一个世界性的趋势，是与整个资本主义社会经济的发展紧密相关的，当经济发展到一定程度时，各个国家都出现了由政府介入为公民提供服务，满足人们基本生活需要的要求与趋势。而相关的理论也紧随社会实践的发展而出现，如法国法学家狄骥提出的公共服务理论，以及其他一些国家的法学家所进行的社会保障方面的理论研究等等，都可从广义上归入服务行政相关的理论。当然，由于各国所处的环境迥异，相关的理论也并不尽然相同。如狄骥之公共服务理论，其"公共服务"概念就与服务行政有明显的不同之处，"所谓公务是指那些政府有义务实施的行为"（［法］狄骥：《公法的变迁》，郑戈译，辽海出版社・春风文艺出版社1999年版，第50页）。可见，尽管都是关于广义上服务行政的论述，但其环境不同，背景迥异，难以进行面面俱到的详尽论述。因此，此处着重对德国服务行政理论背景的讨论，毋宁说是从众多的理论中撷取了一个典型例子。

有注重国家作用传统的德国，市民社会对国家权力所寄予的最初愿望也在于促进自由市场的形成以及保护自由市场的发展，而非干预自由市场的具体运行。① 这种国家观念是与19世纪前自由资本主义时期的社会现实紧密相连的。当时的社会经济和大规模社会化生产尚在发展过程中，社会生活相对简单，以乡村方式为主的人们的日常生活远未到须仰赖国家之照顾才可维持的地步，这样的社会生活方式下形成的国家观念自然而然是要求国家定位于"守夜人"角色，是给人民创造"自求多福"的条件，而不是对人们生活的全面照顾。所以，尽管德国在警察国家时期就有"福利国家"理念的盛行，且这种理念的一些具体内容在自由主义法治国家也得以延续，正如前文所论及的，此种理念下的人民福利，乃是君主或国家对人民的"恩赐"或"赋予"，而不是人民的固有权利，当国家未提供这些福利时，人民并不能在法律上要求国家提供。

然而，19世纪特别是下半期后，情况开始发生了巨大的变化。自由主义法治国的放任政策，促进了自由竞争的资本主义经济急剧扩张、人口迅速增长和人们社会生活方式的改变。以人口为例，1800年，欧洲人口约为1.8亿人，但到1914年，欧洲人口已经递增至4.52人。德国人口也由19世纪初的约2500万人增加到1910年的约6500万人。并且，这种增长主要发生在城市，德国城市居民的比例，在1817年为全国人口的36.1%，到了1910年，这个比例已经增至60%。② 经济的发展和大规模的城市化改变了人们的生活方式，愈来愈多的公共需求开始产生，这些包括公共安全保护、公共交通、公共卫生、通信和邮政在内的社会共同需求，已经不可能再通过以利益最大化为目标的市场手段加以满足。而这些公共需要对于人们的生活来说是如此的重要，以至于离开它们人们将无法正常生存下去。这样，人们迫切需要一种外部的力量来满足日趋增多的公共需求，而这个外部力量只能由国家来担当。

除对公共产品的需求外，经济社会发展产生的另外一个后果是，自由竞争的市场经济在促进经济发展的同时，也造成了阶级的对立，社会分化为几个对立的阶级，作为富者的资产阶级的力量，极易进入国会，影响政策的形成，国家的政策因而更走向于保护现状。于是乎，社会的

---

① 董炯：《国家、公民与行政法：一个国家—社会的角度》，北京大学出版社2001年版，第112页。

② 陈新民：《公法学札记》，中国政法大学出版社2001年版。

穷富差距愈来愈甚，社会不公平、不正义的情况日趋严重，造成了层出不穷的社会问题，且日趋恶化。这种社会不公问题不单在当时属于新兴资本主义国家的德国，在一些老牌资本主义国家也同样如此。如当时走在工业化最前列的英国，尽管法律禁止了奴隶制度，但法律又允许债权人将债务人的儿童带去以工抵债，常有许多贫困儿童被雇主以铁链锁在机器旁边，一日工作十余小时，而至残废夭折。① 面对此种不公现实，处于弱势的社会阶级主要是工人阶级开始以各种形式进行抗争。在抗争之下，国家的职能结构有了新的变化，一些原来较少受到关注的职能受到了更多的关注。其中维护社会公正，扶助占社会大多数的中下阶层人民，协调各种利益冲突，缓和不同社会阶层间的矛盾，受到更多关注。为达成这一目标，要求国家扩大其职能范围，对社会经济资源进行政治性再分配，努力振兴经济，增加工作机会，促进社会政治经济的长期协调发展。

（二）理论背景

社会经济条件的变化无疑是服务行政理论形成的最重要的背景，然而，作为一种国家和行政理念，它首先在德国而不是在其他欧洲国家兴起，有其特定的思想理论背景，这就是德国思想传统中的国家主义倾向。

国家主义倾向是德国思想长期发展中形成的传统，首先对之进行深入全面阐述的是黑格尔的市民社会（civil society）理论。② 黑格尔认为，市民社会是处于家庭和国家之间的地带，它不再是野蛮或不安全的自然状态相对的概念，而是同时和自然社会（家庭）与政治社会（国家）相对的概念。由市民社会这一概念，黑格尔不再通过政治结构来界定社会，而是透过市场这一具有高度自律性的体系来规定社会。他认为，市民社会的市场规定性决定了市民社会中所有具有外在价值的东西都被认为可以通过契约并依照契约性规则进行交换和让渡，而且拥有的手段便是攫取，即市民社会的主要或本质活动是攫取性的。市民社会的这种特性，使其区别于国

---

① 陈新民：《行政法学总论》，（台北）三民书局1997年版，第19—20页。
② 有关黑格尔市民社会理论的阐述，参见邓正来《市民社会与国家——学理上的分野与两种框架》，载邓正来、〔英〕J. C. 亚历山大编《国家与市民社会：一种社会理论的研究路径》，中央编译出版社1999年版。

家，但这种特性也决定了市民社会的盲目性和机械性，使之不能克服自身的缺陷而成为一个私欲间无休止的斗争场所，其中一部分的兴旺和发展，往往以其他部分的发展为代价。为克服这一缺陷，市民社会必须诉诸一个外在的最高的公共机构，即国家。唯有国家才能有效地救济市民社会的非正义性缺陷并将其所含的特殊利益融合进一个代表着普遍利益的政治共同体中去。一言以蔽之，国家高于市民社会。

黑格尔之后，历史主义继续提倡国家主义所鼓吹的国家有机学说，认为国家是一个整体，个人只是整体的一个部分，因而集体利益高于个人利益。但他们力图摆脱机械的国家有机观，主张社会生活是综合统一的，并非个体的简单相加，国家通过它的权力机构和行政机构能够协调个人和集体的行动，社会经济发展。为达此目的，就有必要把权力集中掌握在政府手中，由政府决定哪些社会和经济活动应该属于政府职责之内，哪些可以留给私人去做。① 弗里德里希·李斯特这样阐述国家和个人利益的关系：国家在经济上越是发展，立法和行政方面干预的必不可少，就处处显得更加清楚。只要社会利益无所抵触，一般来说，个人自由是好事；同样道理，个人利益只有在与国家福利相一致的这个限度上，才能说在行政上可以不受限制，但个人的企图或活动不能达到这种境地，或者甚至对国家可能有害，私人事业在这个限度上当然就需要国家整个力量的帮助，为了他自己的利益也应当服从国家法律的约束。②

实际上，在整个19世纪，尽管德国整体上处于自由主义法治国家时代，但国家主义和国家主义倾向的各种思想并未停止过发展，而是一直与自由主义理念并行不悖地发展着。尽管这种国家主义理念在当时并未对欧洲的自由主义理念形成真正有力的挑战，但它却一直得以延续下来，对服务行政的出现产生了重要的推动作用。

在德国之外，国家主义倾向的理论也同样早有发展，如英国经济学家马尔萨斯认为，既不能对各种自然规律或比例关系横加干预，又不能听其自然发展，否则很难形成一种有助于经济发展的适当比例。因此，他在原则上坚持经济自由主义的同时，又提出在经济萎缩和产品过剩等例外情况

---

① 陈岱孙：《西方经济学中经济自由主义与国家干预主义两思潮的消长》，载《陈岱孙文集》（下），北京大学出版社1989年版。
② ［德］弗里德里希·李斯特：《政治经济学的国民体系》，陈万煦译，商务印书馆1997年版，第150—151页。

下，国家应适度干预以加强宏观需求管理。格林则认为，国家并不是主权者统治下的个人集合体，而是以法律的形式确定并协调现行权利体系的社会组织形式。国家产生于维护权利体系的需要，但反过来又促使权利发生变化。国家的职责首先在于保护公民权利不受侵犯，其次还具有协调功能，调整社会之间的关系，并对他们有最终的决定权。凯恩斯则明确提出了国家干预主义，他的《就业、利息和货币通论》一书确立了国家干预的基本理论与政策，从根本上否定了传统的自由经营论，摒弃了通过市场自动调节可以实现充分就业均衡的经济思想。凯恩斯主义认为，在没有政策干预经济生活即自由放任的状态下，资本主义社会总是有效需求不足，不能达到充分就业。因此应扩大政府职能，由政府干预经济，对投资承担责任，并推行积极财政政策来刺激消费，通过财政拨款、主办公共工程等途径扩大政府支出，推行赤字预算和举债花费。[1] 这些倾向于国家干预的经济思想对西方资本主义国家的政府职能发展产生了重大的影响，甚至在经济危机的背景下直接指导了美国等国家的政府对经济采取全面干预政策，对服务行政的产生与发展具有重大影响。

（三）政策背景

尽管服务行政作为一种理论体系直到 20 世纪才在德国正式出现，但此前数个世纪，德国——无论是作为警察国家还是作为自由主义法治国家——的国家政策中，一直存在着强烈的由国家为人民提供福利的倾向。

在警察国家时代，国家（君主）将谋求人民福利、促进社会进步作为国家目的。尽管当时的"福利国家"与今日的"福利国家"概念不可同日而语，但这种"福利国家"理念无疑对国家须承担提供福利职责观念的形成具有重要影响，菲特烈·威廉甚至将"促进社会福利"作为国家任务和自己的施政目标。[2] 在范围方面，警察国家为人民"谋求福利"的范围也是极为宽广的，甚至及于私生活领域，如国家须负责：土地及其原材料的开发，通过模范企业、工资税、出口奖励、劳动强制等手段促进和监督职业和商业活动，教育的世俗化管理，文化、生活费用和个人开支，以及人

---

① 参见董炯《国家、公民与行政法：一个国家—社会的角度》，北京大学出版社 2001 年版，第 57—62 页。

② 陈新民：《行政法学总论》，（台北）三民书局 1997 年版，第 7 页。

口的集中政策，等等。①

进入自由资本主义时期后，尽管自由主义要求国家的职能仅限于维持外部安全和秩序，国家仅仅是作为"守夜人"而存在，但与通行的观点相反，②德国国家职能在这个时代并未仅仅停留在维持安全和秩序方面，而是在很大程度还保留了福利国家的特色。如1871年《德意志帝国宪法》序言明确将"促进德国人民的福利"作为国家的目的。在俾斯麦执政时期，国家更是制定颁布了大量的社会保障方面的立法。德意志帝国议会在1883—1889年间相继通过的《健康保险计划》《工伤事故保险计划》《退休金保险计划》三项社会保险立法，首开社会保障制度之先河。

国家在更大程度上为人们提供福利的政策倾向并不是德国独有的，在德国建立社会保险制度之后，西欧各主要国家也纷纷出台相关法律，建立了社会保障制度。法国于1894年制定了《强制退休法》、1905年制定了《专业保险法》；挪威于1895年制定了《工伤社会保险制度》、1906年建立了失业社会保险制度；丹麦于1898年制定了《工伤保险法》、1907年制定《失业保险法》；英国于1905年制定了《失业工人法》、1908—1911年间又相继制定了《退休法》《劳工介绍法》《国民保险法》《养老金法》。

第一次世界大战后，德国的社会经济形势发生了更大的变化，要求国家对公民的生活承担进一步的更大的责任，德国国家理念思潮出现了从自由主义法治国转向社会法治国的倾向。因应这种要求，1919年制定的《魏玛宪法》进一步体现了国家须谋求"人民福利"的倾向。该法第119条以下规定，国家要保障婚姻、家庭、非婚生子女的权利。第151条以下规定，国家在经济生活方面的基本原则，乃是达到保障所有公民有过着符合人类尊严的生活，在这个正义的基础上，国家应该广泛兴建住宅、节制使用土地，以及强调人民的财产权负有"社会义务"，必要时，国家也可以以立法方式将私人财产收归公有（但应予以公平补偿）。国家同时也应该举办社会福利事业，以照顾居于社会弱势地位的国民。

在国家政策演进过程中最值得注意的是社会经济权利的兴起。这些

---

① ［德］奥托·迈耶：《德国行政法》，刘飞译，商务印书馆2002年版，第51—56页；［德］汉斯·J.沃尔夫、奥托·巴霍夫、罗尔夫·施托贝尔：《行政法》，高家伟译，商务印书馆2002年版，第71页。

② 如彼德·巴杜拉认为，在国家进入自由主义法治国时代后，"警察"已经退化成为只是单纯的"治安警察"。参见陈新民《公法学札记》，中国政法大学出版社2001年版。

社会经济权利包括教育权、健康权、环境社会保障权等等，被作为法定的权利由宪法和法律规定下来，社会福利不再是国家为弱势阶层提供的一种恩赐式的救助，而成为一种公民可以对国家提出的一种法定请求（claim），一种国家必须承担的义务。与其他消极的公民权不同的是，社会经济权利是一种积极的权利，公民拥有社会经济权利意味着其有权分享稀缺的社会资源或某些特定商品如教育和医疗保险。从法律上确认社会经济权利，最重要的作用在于缓和由市场导致的严重不平等，以达到社会公正，这种权利在本质上是借助于国家的力量进行利益再分配，使公民在收入、地位和权威上处于更平等的状态，体现了国家对社会干预的进一步加深。①

四　服务行政理论的提出与发展

（一）法国的公务学说

法国现代行政法在产生初期是以公共权力学说作为基础的，这一学说认为，行政机关的活动可以分为行使公共权力的行为和事务管理行为两类，前者受公法支配、由行政法院管辖，后者受私法支配、由普通法院管辖。② 19 世纪后期，行政机关的活动日益扩张，除公共权力活动外，许多为公民提供公共服务的行为也须受行政法的支配，公共权力学说已经不敷现实之需，1873 年布朗哥案③以后，行政法院抛弃了公共权力标准而采用了公务标准。此后，公务概念受到了重视，公务标准也被认为是行政机关适用行政法的标准，公务学说逐渐形成。

公务学说的代表人物是狄骥，他受杜尔克姆社会协作学说的影响，对

---

① 董炯：《国家、公民与行政法：一个国家—社会的角度》，北京大学出版社 2001 年版，第122—123 页。
② 参见王名扬《法国行政法》，北京大学出版社 2007 年版，第 19 页。
③ 该案的基本案情是，布朗哥先生的女儿被法国国营烟草厂的铲车撞伤，布朗哥向普通法院起诉，法院受理了该案。但省长认为该案涉及国家作为债务人问题，属于行政审判范围，普通法院无权受理，因而向权限争议法庭提出异议。权限争议法庭认为国营烟草厂的行为属于公务行为，因而应由行政法院受理该案。

公务问题进行了充分的理论论证，发展了公务学说。狄骥认为，"一种经济变革在不断地发生……几乎每一个活动领域之内，民族经济都逐渐地在替代家庭经济。因此家庭群体的对外联系越来越成为必须，并且这些联系活动是如此的重要，以至于不能容许发生间断。因此，确保这些联系得到持续便逐渐成为了政府的事务"。针对当时居于正统地位的经济自由主义理论家所坚持的除提供国防、外交与司法服务以外，国家不再负有其他职责，其他的一切活动都必须让个人自己来进行安排的观点，狄骥指出，"现代意识是拒绝接受它们的。现代意识有着其他的一些需要，例如，要求国家不再将教育看成是私人的事情，并且在物质领域要求国家来组织慈善工作"。狄骥认为，公共服务已经成了当时行政法的基础，并且公共服务本身还在不断地扩张过程中。"在整个世界范围内发生的经济与工业的深刻变迁逐渐创设出各种新的政府所担负的义务。人们之间明显存在的相互依赖关系、经济利益的连带关系、不断加强的商业联系、智力成果与科学发现的广泛传播，都向国家施加了组织提供这些公共服务，以及长期保障国际交流的责任"。①

狄骥从以下几个方面对其公务学说进行了阐述：第一，公共服务是政府职能得以产生和存在的基础。第二，行政法是有关公共服务的法。行政法"不再是由某个享有发布命令权的，并有权决定在一个特定领域之内个人与群体之间相互关系的主权者来加以执行的大量规则。现代的国家理论设计了大量的、对组织公用事业进行规制，并保障这些公用事业正常和不间断地发挥效用的规则"。第三，行政行为也是一种服务，是以公共服务为目的的个别行为。"所有的行政管理行为都具有一个相似的特征，因为它们所实现的是某个相似的、公共的目标。……政府及其官员不再是向其臣民发布命令的主人。……他们只是国家事务的管理者而已"。第四，行政主体与相对人之间的关系是一种服务与合作的信任关系。②

狄骥的公务概念是个广义的概念，其所谓的公务指"行政主体直接以满足公共利益为目的的一切活动，例如国防、交通、教育等都是公务"。③对于服务行政而言，狄骥的公务概念外延当然更广，它包括服务行政，并

---

① 参见［法］狄骥《公法的变迁》，郑戈译，辽海出版社、春风文艺出版社1999年版，第38、51页。

② 刘轶：《福利行政法观的经济学基础》，《政法论丛》2002年第2期。

③ 王名扬：《法国行政法》，北京大学出版社2007年版，第20页。

将服务行政与秩序行政放在一起作为整体进行研究。正是在这个意义上，本研究将公务学说视为早期服务行政理论的重要源头。

（二）德国的服务行政理论①

在德国从警察国家到社会法治国家的发展过程中，国家政策已经在很多方面愈来愈多地为国民提供福利和"服务"，学者的论述中也开始呈现"服务行政"理念的雏形。但正式提出"服务行政"概念与理论的，还须首推厄斯特·福斯多夫（Ernst Forsthoff）。1938 年，福斯多夫发表了平生最具代表性的文章《当作服务主体的行政》一文，明确提出了"服务行政"概念。该文共分为四个部分：

1. 生存照顾乃是现代行政法的任务

福斯多夫认为，人类生存需要相应的"生活之资"，即人们可以拥有并加以利用的空间，例如房屋与土地等等。在原来的生活方式下，人们可以自主"有效掌控"这些生活之资，即凭借自己所拥有的个人自由，谋求自己的个人幸福。但 19 世纪以来社会经济的发展，已使人们的生活方式发生了急剧的变化，人们仅凭自己所能有效掌控的资源，已经不足以维持自己的生活，这样就产生了人们的"社会依赖性"，"个人生存负责"已经无法实行。而德国以前所实行的靠社会力量来维持的"团体负责"又成效不佳。这样，提供个人生存保障就必须由"政治负责"，即"党和国家"政治力量负责。为解释这一现象，福斯多夫提出了"生存照顾（daseinsvorsorge）"概念，即为民众提供个人生存所必需而又不能自我满足的东西。一般而论，构成生存照顾的要件有两个：其一是服务关系的双方性；其二是个人对此等服务关系具有依赖性。但并非所有"生存照顾"都需要具备这两个要件，如政府对陷于困境的人所给予的救助，尽管没有服务关系的双方性，但仍然属于"生存照顾"的范围。

福斯多夫认为，个人的生存照顾从个人自求生存发展到团体负责，又进而发展到政治负责的历程，显示出生存照顾不仅涉及国家与国家权力之

---

① 本节有关服务行政理论发展的内容主要参考了陈新民《"服务行政"与"生存照顾"概念的原始面貌》，载陈新民《公法学札记》，中国政法大学出版社 2001 年版。该文中前一部分乃对厄斯特·福斯多夫《当作服务主体的行政》一文的翻译，其余部分则是对福斯多夫文章的介绍与评论。笔者将所翻译福斯多夫文章部分视为福斯多夫原文。

行使，也直接涉及自由经济生产及商业制度。为了使现代的国民拥有确实的生活条件，国家的任务已经扩张了许多，并延伸到经济生活之中。除了经济能解决部分的生存照顾外，国家公权力也确实承担起这种任务，通过公行政的服务，公权力主体可以自行满足生存照顾之任务，唯有如此，国家才可免于倾覆。

2. "分享" 问题

福斯多夫认为，国家的任务在于建立一个符合正义的社会秩序，以及保障个人能分享此秩序，这也造成了行政权的扩张。而这种秩序的建立有赖于团体的目标与领导来确定，每一个国民都在这个团体内占有一席之地享有参与权和分享权，并在此民族和秩序内拥有法律地位。对此，福斯多夫借用胡柏的话称之为"同胞之法律地位"，并称团体思想以及在德国所建立的领袖制是一个世界政治与历史划时代的运动，其核心是重振"人"的优先性于万物之上。而行政法的任务则在于确定"法律要如何保障人民的分享权利"及"如何确保人们能获得一个公正及合乎正义的分享内涵"。

3. 组织与法律形式

第一次世界大战后，随着社会经济的发展，原来由公法规范的一些公营企业由于需要作经济性质的运营，而公行政模式无法满足这一要求，于是国会开始允许设立私法性质的公营企业。对此福斯多夫持反对意见，他认为，公法就应该适用至公行政之上。把公行政任务以私法方式来达成会遇到一个危险，即经济原则会优先行政任务之考量，即使以传统的国库行政的眼光来看，这种国库营利的行为也应该受到限制。因为公行政乃是基于社会正义的要求，应该比营利行为更具备优先性。

福斯多夫认为，公行政在提供服务时可使用的法律形式包括：一是公共机构，这种公共机构首先应被当作一个行政部门，其所拥有的权力也不是由法律来规范，或者至少不必有法律的依据，而是由自己的规章或依"事物的本质"实质上地获得规范效力。与公共机构相关的使用者权利的保护问题，应该借鉴德国《乡镇自治法》第17条的规定，适用强制缔约理论，若要求缔约的申请被拒绝，则可提起行政诉讼。二是私法的法律形式，第一次世界大战以后许多公营企业采用私法的法律形式。对此，福斯多夫认为，对于一个具有独占地位的私法形式的独占企业，任何人只要对生存有切身利益的利害事项即可向独占企业请求服务，而不论该企业是事实上还是法律上的独占。

4. 结论

福斯多夫认为，当前（20 世纪 30 年代——笔者注）的立法、学说和法院实务都出现了一种趋势，即应在法学上确定个人应得行政之服务，以使"形成都市化生活之个人，能够避免可能发生之生存危机"。"每个人都应该自求多福"是过去社会的信条，自由主义法治国所奉行的由个人承担生存风险的思想已经丧失了作为法律政策的正当性，因为当个人有"取用之必要性"时，且唯有依赖他人一途时，个人已经丧失了选择对象及决定行为的可能性，所以超乎个人生存照顾的必要性从而也就产生了。福斯多夫的最后结论是：国家对生存照顾之提供，责无旁贷，即使乡镇自治团体可承担部分义务，国家仍应对此作总体的规划和监督。

（三）服务行政理论的发展

自狄骥创立公务学说后，公务便成了法国行政法学不可回避的概念。广义的公务学说随着社会经济的发展而不断发展，虽不断受到质疑，也面临各种新的危机，至今仍在影响法国行政法学。由于行政主体历史性地承担起了公共服务的职责，将狭义公务（服务行政）引入行政法学研究的视野，已经是行政法学界的共识，无论是后来的公共利益说、新公共权力说还是其他相关学说，都已经不可能将行政主体提供的公共服务排除在研究范围之外。至今，手段性公务作为行政活动的一种方式，已经是行政法学中与警察活动同样重要的内容，发展出了从设立、组织、提供、原则到救济的一整套完整制度。[①]

福斯多夫《当作服务主体的行政》一文发表于德国第三帝国时期，有其特定的社会政治背景。第二次世界大战以后，福斯多夫本人对其观点进行了发展和修正。1951 年，福斯多夫在其所著《行政法教科书》中，对服务行政作了进一步的论述。1959 年，福斯多夫在《服务行政的法律问题》一文中指出，若法律已明白承认并保障人民拥有对使用生存照顾服务的权利主张时，则生存照顾概念即使未完全丧失意义，也在实质上丧失了作用。因为如此一来，提供人民生活所需及保障人民享有符

---

① 参见王名扬《法国行政法》，北京大学出版社 2007 年版，第八章；［法］Trescher Bruno：《法国行政法精要》，沈军译，载浙江大学公法与比较法研究所编《公法研究》（第四卷），中国政法大学出版社 2005 年版。

合人性尊严的生活，就成了整个国家的任务，而不仅仅是"行政"的职责。在生存照顾的形式方面，福斯多夫认为，采用公法或私法形式来建立这种服务关系，须依事项性质而定，但需要依赖公法的保障功能来确保人民分享权利。在生存照顾的范围方面，福斯多夫强调除了所谓的古典公用事业（水、电、煤气）外，还包括其他生活相关事项，以使人们的生活符合最低生活标准之需。然而他依然没有明确指出哪些是生存照顾不可或缺，且必须由行政权力介入的事项。只是指出：只要是"国家提供给社会大众的服务。个人可以作为社会的一分子来分享的，便是属于这个概念"。①

事实上，从福斯多夫发表《当作服务主体的行政》一文开始，"生存照顾"的概念便渐渐进入了德国行政法学界，服务行政的理论也渐渐为广大学者所注意。德国其他一些学者也对该文作出了回应。彼德·巴拉杜教授更进一步阐述了福斯多夫的学说，认为行政并不仅仅是国家实现法律与行政目标的手段，还应当是国家福利的工具，应满足社会正义的需要。②

福斯多夫的影响不限于德国国内，还远及日本和中国台湾地区。在日本，盐野宏著有《介绍厄斯特·福斯多夫〈服务行政的法律问题〉》、高田敏著有《德国服务行政论的问题性》，对福斯多夫的理论进行介绍和评价。在中国台湾地区，福斯多夫的服务行政理论同样有着极大的影响，许多行政法学者出版的行政法教科书都接受了"给付行政（服务行政）"的提法。③

在中国，自20世纪80年代初行政法开始恢复发展后，随着行政法学研究的逐步深入和体系的逐步完善，学者们也开始使用在内涵上与"服务行政"相近的"给付行政"概念，并开始对给付行政进行专门的讨论。④

---

① 陈新民：《公法学札记》，中国政法大学出版社2001年版，第83—84页。
② 陈新民：《公法学札记》，中国政法大学出版社2001年版，第105页。
③ 参见张书克《"服务行政"理论批判》，《行政法学研究》2002年第2期。
④ 罗豪才主编：《行政法学》，北京大学出版社1996年版，第242页；应松年主编：《行政法学新论》，中国方正出版社1998年版，第7页；马怀德主编：《行政法与行政诉讼法》，中国法制出版社2000年版，第5页；张树义：《行政法学与行政诉讼法学》，高等教育出版社2002年版，第95页；姜明安主编：《行政法与行政诉讼法》，北京大学出版社、高等教育出版社2011年版，第239页。

第二章 服务行政的基本范畴

一 服务行政概念

通过对服务行政的历史梳理，我们对服务行政产生的背景、原因、旨趣等有了初步的了解。然而，对服务行政这一概念究竟何指，学界并未取得一致意见，不同国家间相关的概念内涵也不尽然相同。即使在中国大陆，学者们提及给付行政时，其内涵外延也相互矛盾。正如博登海默所说的，"法律的概念可以视为用来以一简略的方式识别那些具有相同或共同要素的典型情形的工作性工具……没有限定严格的专门概念，我们便不能清楚地和理性地思考问题"。① 因此，对服务行政（及与之相类似概念）这一概念进行考察并予以界定是必要的，否则在研究时便可能产生对象不明的危险，甚或导致前后不一、相互矛盾等问题。

（一）法国行政法中的公务概念

前文曾对法国公务学说进行了介绍，从宏观角度对作为服务行政源头之一"公务"进行考察，讨论服务行政是如何产生的。此处则从相对微观的角度，着眼于事物内部，对法国行政法中"公务"这一概念本身进行探讨。

在法国，"公务"概念具有多种含义，在 20 世纪初期狄骥的公务学说中，公务指"行政主体直接以满足公共利益为目的的一切活动"。按这种

---

① ［美］E. 博登海默：《法理学：法律哲学与法律方法》，邓正来译，中国政法大学出版社 1999 年版，第 484—486 页。

广义的理解，公务实际上相当于我国行政法中所理解的行政行为概念，既包括行政机关维持秩序的行为，也包括行政机关为公民提供公共服务的行为。狄骥指出："公共服务就是指那些政府有义务实施的行为。……政府必须随时履行三项职责：（1）国家防御；（2）维持国内安全与秩序；以及（3）司法。而在今天，仅是这三项服务还不够。……在整个世界范围内发生的经济与工业的深刻变迁逐渐创设出各种新的、政府所负担的义务。例如，由于人们间交流的需要，邮政和电报系统逐渐成了一项极为重要的公共服务；将运输事务组织成一种公共服务的必要性日益增加，无论个人属于哪个阶级，也无论他想要运送其本人还是其财产，都可以借助那些有责任提供这种公共服务的群体；电力正迅速地成为人们的基本需要，因此成了创设新的公共服务的目标"。在狄骥看来，任何因其与社会团结的实现与促进不可分割，而必须由政府来加以规范和控制的活动，就是一项公共服务，只要它具有除非通过政府干预，否则便不能得到保障的特征。[①] 这样，狄骥的公务概念便涵盖了提供服务与维持秩序两个方面。

然而，在法国行政法上，公务概念并不总是在广义上使用的，在后来的发展中，公务通常也指与警察活动相对的行政活动的一种方式。由此，行政活动被分为公务活动与警察活动两大类。警察活动指行政机关为了维护公共秩序，而采取的制定维持社会生活必不可少的行为规则、限制公民自由与权利的行为。公务活动则是指行政机关所从事的对社会生活提供一定服务的行为。[②] 法国行政法院的判例，则将公务界定为由行政主体保证实施的或者至少为行政主体控制下实施的公共利益活动，并逐渐发展出了公务的三大标准，即公共利益、公权力特权的存在、行政主体对该活动的执行方式实施管理控制的权力。[③] 与行政警察活动相对应的公务活动概念，固然不如广义公务那般泛指所有行政活动，但其范围也极其广阔，从教育、卫生、交通、娱乐到社会保障、社会救济，种类繁多，并且根据社会经济的发展而不断扩张。既包括受公法支配、由行政法院管辖的行政公

---

① ［法］狄骥：《公法的变迁》，郑戈译，辽海出版社、春风文艺出版社1999年版，第50—53页。
② 参见王名扬《法国行政法》，北京大学出版社2007年版，第363页。
③ ［法］Trescher Bruno：《法国行政法精要》，沈军译，载浙江大学公法与比较法研究所编《公法研究》（第四卷），中国政法大学出版社2005年版。

务，也包括受私法支配、由普通法院管辖的工商业公务。①

（二）德国行政法中的服务行政概念

如前所述，服务行政作为一种理论在德国最初是由福斯多夫提出来的，他认为，现代社会的复杂化，使得人们仅凭自己所能有效掌控的资源，已经不足以维持自己的生活，这样就产生了人们的"社会依赖性"，"个人自求多福"已经无法实行。而德国以前所实行的靠社会力量来维持的"团体负责"又成效不佳。这样，提供个人生存保障就必须由国家负责。简而言之，服务行政就是指政府在公民无力自我满足时，为其提供生存所需要资源的行为。②

（三）我国的行政给付概念

20 世纪 90 年代后，中国行政法学者逐渐开始了对服务行政的讨论，但并没有形成统一的认识，甚至连使用的术语也各不相同，有的使用"行政给付"一词，有的使用"给付行政"一词。偶有将"服务"与"行政"两词相联系的用法，但此时所谓的"服务行政"多指行政法应当"为人民服务"，是建基于行政权力服务于人民这一基础的，因此其旨趣与服务行政迥然不同。③ 详言之，与服务行政有关的概念及其定义共有以下几种：

（1）"行政给付又称行政物质帮助，它是指行政机关对公民在年老、疾病或丧失劳动能力等情况下或其他特殊情况下，依照有关法律、法规规

---

① 行政公务和工商业公务是法国行政法学对公务的分类。但两者本身的界限并不十分清晰。一般而言，工商业公务是指政府为满足公共利益（而不是单纯为了增加财政收入）而开设的工商业活动，其经费一般来源于业务报酬，而组织和活动方式则适用私法。行政公务一般由政府直接提供和组织，在范围上，通常认为除工商业公务等其他公务外都是行政公务。参见王名扬《法国行政法》，北京大学出版社 2007 年版，第 386 页以下。

② 此处服务行政不能理解为"最低生活保障"，最低生活保障固然是服务行政的一项内容，但服务行政所指的"公民无力自我满足"，不仅仅指不能保证生命的存续，还指保证有尊严的生活，甚至随着时代的发展，还包括了更为广泛的含义，如满足文化需要而设置的图书馆及博物馆、满足休息需要而设置的公园、满足交通需要而设置的铁路设施等等。

③ 参见杨海坤、关保英《行政法服务论的逻辑结构》，中国政法大学出版社 2002 年版；杨临宏：《服务行政理念下的行政法》，载《法治论丛》（上海政法学院学报）2008 年第 6 期。

定，赋予其一定的物质权益或与物质有关的权益的具体行政行为。""行政给付是行政机关根据当事人的申请，依据法律或行政法规所作的一种具体行政行为，其对象是特定的公民，内容是赋予被帮助人一定的物质权益或与物质有关的权益。行政给付的形式包括安置、补助、抚恤、优待、救灾扶贫。"①

（2）"行政物质帮助又称行政给付，是指行政主体对公民因发生年老、疾病或丧失劳动能力等情况时，或者其他特殊情况下，依照有关法律规范的规定，赋予其一定的物质权益或与物质有关的权益的具体行政行为。""行政物质帮助有以下属性：它是公民享有的宪法权利；是行政机关行政管理职能的组成部分，是其法定职责；行政物质帮助是以国家名义进行的救助行为，具有救助性质。"②

（3）"给付行政是指政府通过给予公民法人利益和便利等方式实现行政目的的活动，例如，政府提供社会福利、社会保障、设置道路、桥梁、建筑公园、住房。"③

（4）"所谓给付行政，是指提供公民给付、服务或者给予其他利益的行政作用。就现代社会国家担负照顾公民生活的职责而言，这种行政作用运用甚广。第二次世界大战后国家职能有重大转变，国家不再限于消极地承担维护秩序的职能，而是积极主动地提供公民最大的服务照顾，以满足公民各项生活所需要。如实施各种社会保险、提供社会救助，举办社会公用事业、兴建公共设施等。"④

综观上述观点，我们可以发现，观点（1）、观点（2）认为行政给付是国家给予相对人的一种"物质帮助"，以物质或与物质有关的权益为给付内容，形式上有安置、补助、抚恤、优待、救灾扶贫等，是一种依申请实施的具体行政行为。⑤ 在性质上，认为行政给付是国家对符合特定条件

---

① 罗豪才主编：《行政法学》，北京大学出版社 1996 年版，第 242—243 页；姜明安主编：《行政法与行政诉讼法》，北京大学出版社、高等教育出版社 1999 年版，第 189—191 页。

② 熊文钊：《现代行政法原理》，法律出版社 2000 年版，第 325—327 页。

③ 马怀德主编：《行政法与行政诉讼法》，中国法制出版社 2000 年版，第 5 页。

④ 张树义主编：《行政法学》，北京大学出版社 2005 年版，第 130 页。

⑤ 对此存在不同的观点，认为行政物质帮助是一种具有主动性的行政行为。该观点并没有提到"行政给付"或"给付行政"这一术语，但在其有关"行政物质帮助"的论述中，观点与上述"行政给付"基本一致。参见方世荣主编《行政法与行政诉讼法学》，中国政法大学出版社 2002 年版，第 133 页。

的公民一种物质帮助，同时认为行政给付与行政物质帮助是同义的。但观点（2）认为，行政物质帮助是"公民享有的宪法权利"，同时也是"以国家名义进行的救助行为，具有救助性质"。以"公民享有的宪法权利"定位行政给付，当然是一种很不寻常的观点，但宪法权利是一种法定权利，而救助往往是一种道义上的帮助，多少具有"施予""恩惠"的含义，与法定权利不可同日而语，两者在性质上是截然不同的，同一事物不可兼具这两种性质，因此观点（2）不免有自相矛盾之嫌。

与观点（1）、观点（2）完全不同的是，观点（3）并没有将行政给付定位为政府对特定公民的帮助，而是认为"给付行政是指政府通过给予公民法人利益和便利等方式实现行政目的的活动"，包括"提供社会福利、社会保障、设置道路、桥梁、建筑公园、住房"等等。这一观点为理解给付行政提供了一个宽广的视角，只可惜作者是点到即止，未能展开进一步的论述。观点（4）则从社会变迁及国家职能演变的角度，将服务行政界定为国家对公民生活的照顾，范围较之观点（3）似乎更为宽广。

除上述概念之外，也有个别学者对"服务行政"概念作了接近于"公共服务提供行为"的界定，如莫于川等就服务行政的范围指出：服务行政的领域不仅限于国家的"生存照顾"。为了适应现代工业社会的生存方式，公民要求国家提供更多的服务，政府必须提供更多的、全方位的服务措施，如建立妥善的公用事业、社会救济、文教事业等，来照顾公民的生活所需；同时，服务经济的建设与发展也成为服务行政的重要内容。[①] 此处虽未对服务行政的内涵作出明确的界定，但从范围看，实际上主要指公共服务提供行为，接近于西方所理解之服务行政。而刘莘等人则直接指出：服务型政府和服务行政是不同的概念……服务行政作为一种新的行政行为方式，并不是对传统干涉行政及其理论的否定。服务行政指的是政府或者其他公共行政主体必须承担起为人民提供保障其生存和发展的服务的责任。[②]

①　莫于川、郭庆珠：《论现代服务行政与服务行政法——以我国服务行政法律体系建构为重点》，《法学杂志》2007 年第 2 期；

②　刘莘、王轩：《论服务型政府中的服务行政》，载莫子川主编：《宪政与行政法治评论》（第四卷），中国人民大学出版社 2010 年版。

（四）服务行政的内涵

上文分别讨论了法国行政公务、德国服务行政及我国最近十余年来有关行政给付的概念，它们的内涵各有不同。那么，所谓的服务行政又究竟所指何物？本研究认为，服务行政是政府以维持人们生活、增进人民福利和促进社会运转与发展为目的，直接或间接向公民提供公民个人与市场机制所不能有效提供的公共服务，保障公民基本生活的一种行政方式。

服务行政是随着现代社会经济的发展而逐渐出现的，社会经济的发展和人们生活方式的复杂化与巨型化，使得人们需要越来越多的资源、设施和服务才可维持生活的正常运转。例如，在一百年之前，公共交通和公共通讯在中国大部分地区还没有出现，城市中也基本没有自来水、煤气、电力等服务设施，但在当时的社会发展水平下，缺少这些设施并没有对人们的生活造成实质性的影响，或者说，当时的生活方式并不需要这些设施。但在一百年后的今天，这些设施和服务对人们来说却已经变得不可或缺，离开它们人们将不知道如何维持自己的生活。[①] 这些新的服务需求，有些是公民个人依靠本身的力量可通过市场获得的，另外一些却由于各种原因不能通过市场获得。服务行政的职责正在于提供市场不能提供而又为人们生活所不可或缺的资源、设施和服务。并且，此处的不可或缺也是相对而言的，并不存在静止不变的固定需求。如对公共图书馆设施等公共文化设施，人们并不会因为缺少它就不能维持基本的生活，但现代社会的发展已经到了对基本文化设施的需求成了人们基本生活需求一部分的时代，因此它也成了人们生活所必需的设施之一。

服务行政有以下特征：

（1）服务行政是政府所承担的一种法定职责，政府是服务行政的主体。但政府作为服务行政的承担者，并不是意味着所有的公共服务都应由行政机关直接提供。相反，政府也可通过间接的方式实施服务行政，如通

---

① 需要说明的是，首先，和整个国家的发展一样，中国行政法学研究的发展自始至终贯穿着城市中心主义的倾向，本研究也不能避免这一点。或者说，这里所说的"必需"的服务设施，多是指城市生活所必需的服务设施。承认这一点，我们就能理解，实际上在中国的许多地方，我们这里所说的所谓现代经济的发展并没有出现，当地人们的生活方式也没有像城市这般"现代化"。

过公共企业和社会团体提供公共服务，甚至在法律允许的范围内通过私人企业提供公共服务。

（2）服务行政的目的是通过提供一定的服务，直接保障人们生活的维持，并保证和促进社会的运转和发展。

（3）服务行政的内容是为人们的生活提供一定的服务，包括保证公民维持最基本的生活，以及提供市场不能提供而又为人们生活所不可或缺的其他资源、设施和服务。

（4）服务行政的对象可能是特定的公民，也可能是不特定的公民。如在提供最低生活保障时，服务的对象是特定的、不能维持自身基本生活的公民；而在提供公共基础设施时，对象则是不特定的公民。

（5）服务行政是与秩序行政相对而言的一种行政方式。秩序行政是政府通过运用行政权力来限制公民自由和财产权利的行使，或课予公民一定的义务，从而排除对他人或社会的危害，维持社会的稳定与秩序，保证社会生活正常运转的一种行政方式。而服务行政则是通过维持人们基本的生活，提供市场所不能提供而又为人们生活所必需的服务，保证社会生活的运转并促进发展的一种行政方式。

（6）服务行政一般不涉及行政权力的运用，但在一些特殊情况下，也会运用权力作为服务行政的手段，如强制公民接受基础教育、在洪灾来临前强制搬离危险区域，等等。

二 服务行政与相关概念的界分

（一）服务行政与秩序行政

前已述及，秩序行政是政府通过运用行政权力来限制公民自由和财产权利的行使，或课予公民一定的义务，从而排除对他人或社会的危害，维持社会的稳定与秩序，保证社会生活正常运转的一种行政方式。服务行政与秩序行政一样，都是政府的行政方式之一，政府都是最终的责任主体，有责任实施秩序行政，也有责任实施服务行政。从最终目的上看，它们也是一致的，即都是为了维护社会的正常运转与发展。但是，作为两种不同的行政方式，它们之间又存在明显区别。

（1）在行为主体上，服务行政与秩序政府都是政府的行政方式，但就行为的具体承担者而言，秩序行政通常由行政机关直接承担，在法律法规明确规定的情况下，方可由法律法规授权的组织承担。服务行政除了部分情况之下是由行政机关作为具体的承担主体之外（如抚恤事务、最低生活保障事务），通常情况下都由行政机关之外的其他组织作为具体的承担主体。如煤气公司、自来水公司和电力公司等公用企业，以及学校、医院、图书馆、体育馆等事业单位。

（2）在行为目的上，尽管最终目的都是为了促进社会的运转与发展，维护公民利益，但在直接目的上，秩序行政是为了排除危害他人与社会的行为，如交通行政处罚的目的是为了维护安全良好的交通秩序；而服务行政的目的在于保障公民的日常生活，促进人民福利，维护与提高人民生活水平，如最低生活保障是为了维护人民基本的生活，图书馆与体育馆设施的目的则在于提高人民的精神文化生活水平。

（3）在行为的表现形式上，秩序行政表现为运用行政权力，对公民的权利进行干预，限制其自由或财产，通常会给相对人造成一定不利后果，如罚款使公民丧失一定金钱，拘留则使公民丧失一定时间的人身自由。[①]服务行政通常不涉及行政权力的直接应用，人们也不能直接感受到行政权力的存在，其结果往往是使特定或不特定的人得到一定的利益。如人们享受到免费公园游玩的乐趣，生活贫困者得到困难补助，等等。另外，秩序行政的后果往往是无形的，如一个城市良好的治安环境的形成；而服务行政则往往是有形且能为人们直接感觉到的，如一个新的图书馆的建成。

（4）在内容上，秩序行政经常体现为一定的行为，如行政拘留处罚体现为限制相对人一定期间内的人身自由、行政许可行为体现为允许相对人从事一定的行为等。服务行政的主要内容，一是金钱或实物，如最低生活保障中行政机关所给付的金钱、救灾扶贫时所提供的实物；二是一定组织或设施，如体育场馆、学校、医院，等等。

（5）在遵循规则与所受约束方面，秩序行政由于体现为对公民权利的限制和干涉，极有可能给公民带来损害，因此应受到法律的严格约束。服

---

① 当然，并不是说秩序行政的直接后果对相对人而言都是不利的，如，行政许可行为其目的是为了维护一定领域的良好秩序，在性质上属于秩序行政，但在一个具体的行政许可中，对获得许可者而言，其直接后果则表现为得到一定利益。

务行政以提供服务为内容，往往体现为一定的公民从其中得到利益，而较少涉及权利损害问题，因此法律对服务行政的约束相对较少。

（二）服务行政与国家的私法活动[①]

现代国家从事下列活动时，可以以私法主体身份出现：一是一时交易行为，如为更新换代而淘汰旧的办公器材并将之出售，又如公营事业推进民营化时出售政府持股。这类行为属于偶尔为之，不具有持续性。二是行政的私法辅助行为，即行政机关以私法契约方式，取得开展行政活动所必需之物品（如文具、车辆、办公场所等）及人力（如雇用单位保安、保洁等工勤人员）。三是行政营利活动，即国家以企业身份或通过设立企业持续参与经济活动。在行政营利活动中，国家或国家设立的国有企业身份与私人完全一样，也遵循同样的行为规则。四是私法上的财产管理行为，即行政机关管理公有财产中非公用财产，以私法方式对其进行出租、利用、出售等行为。[②] 五是以私法方式执行行政任务。在某些特定情况下，行政机关得以运用私法形式处理公法性质的行政任务，出现了所谓行政私法问题。例如，向城市居民供应自来水，乃是行政任务之一，但公营自来水公司，可将其一些具体业务外包于私人，如将其中的查抄水表业务外包于抄表员。在我国台湾地区，服务行政本身即可由行政机关决定以公法方式还是以私法方式实施。[③] 在秩序行政中，行政行为的部分环节也可交于私人企业，如行政处罚中可将罚款收取行为交于商业银行。

针对上述国家私法活动的形式，我们可分别将之与服务行政进行比较：

（1）国家私法一时交易行为的最大特点在于其一时性，与给付行政所具有的持续性截然不同，因此其中区别是显而易见的，不存在混淆的

---

① 本部分内容参考陈敏《行政法总论》，（台北）神州图书出版公司2003年版，第653—657页。

② 此为台湾地区行政法上所作的分类，这种分类将公有财产分为公用财产和非公用财产，前者包括公务用财产、公共用财产与事业用财产；后者则指公用财产外可供收益与处分之公有财产。大陆行政法上并无成熟的分类方法。但实际上这一分类方法还是适用的，如行政机关的办公场所为公务用财产，免费公园为公共用财产，公共自来水管道为事业用财产，而时下颇为流行的一些行政机关用以出租谋利的办公楼底层商铺则为非公用财产。

③ 台湾地区"司法院"大法官释字第540号解释："国家"为达成行政上之任务，得选择以公法上行为或私法上行为作为实施之手段。

问题。

（2）行政的私法辅助行为的目的是辅助行政机关完成其行政任务，而所辅助的任务可能是秩序行政也可能是服务行政，如民政局购买文具，目的可能在于进行优抚工作时所用，也可能在于进行行政处罚时所用。在辅助服务行政时，它是服务行政的一个环节；在辅助秩序行政时则与服务行政无关。在表现形式上，辅助行为表现为直接为行政机关提供服务，而服务行政则是直接为公民提供服务，两者并不相同。在主体上，私法辅助行为的主体通常指行政机关，而服务行政的具体承担主体可以是行政机关，但通常是行政机关之外的组织，如公共企业。

（3）行政营利行为通常表现为国家设立一定的国有企业从事相应的事务，如国家设立大型钢铁厂和汽车公司开展相应的业务，表面看来其与从事服务行政的公共企业如自来水公司都是以企业的身份遵循私法规则运转的，两者并无太大的区别。但从目的看，前者的直接目的在于获取利润，而服务行政的直接目的则应在于提供服务，实现公共目的，因此两者的目的是有着明显差异的。此外，服务行政尽管通常适用私法，但必须考虑到其以提供服务为根本目的，因此必须考虑公法原则的适用，而行政营利行为则应完全适用私法原则和规则，否则有不平等对待之嫌。当然，这并不排除国家设立的营利企业发挥稳定和调控经济，推行国家经济政策实现的功能。

（4）私法上的财产管理行为是行政主体进行管理公有财产中非公用财产，以私法方式对其进行出租、利用、出售等行为。尽管服务行政主体通常也要管理一定的财产，但它们间有着明显的区别：在主体上，前者为行政机关，后者通常不是行政机关；实施私法上的财产管理行为并不是行政机关的主要职责，但对于服务行政主体而言，实施某一形式的服务行政往往就是其主要职责所在。在目的上，私法上的财产管理行为主要在于实现非公用财产的价值，而服务行政的目的则在于实现公共利益。

（5）行政私法行为与服务行政最易混淆，因此须加辨别。根据定义，①行政私法行为乃是指运用私法形式处理公法性质的行政任务的行为。其与

---

① 实际上，对行政私法的界定本身就有不同的观点，如程明修引用德国法学家沃尔夫的观点认为，行政私法是一个试图在行为主体与行为形式上结合公法与私法的法律概念，它是建立在国库行政与给付行政区别的前提下的，前者仅仅能适用私法，而后者才会有行政私法的作用。这一观点与陈敏将行政私法行为作为国库行政之一部分明显不同。本书无意对这个问题进行深入探讨，仅仅是为保持论述的逻辑一贯性而选择其中之一作为对象展开讨论。

服务行政的联系在于，服务行政本身可以以公法的方式实施，也可以以私法的方式实施。在以私法方式实施服务行政时，服务行政乃是行政私法行为的一种；行政私法活动与服务行政的根本目的都在于行政任务的完成。此外，无论是行政私法行为还是服务行政，由于它们都带有"行政"的目的与性质，因此都在一定程度上须遵循公法对"行政"的基本要求。它们的不同之处在于：在范围上，行政私法行为不仅仅存在于服务行政领域，特定情况下也适用于秩序行政领域，而服务行政不仅仅可用私法方式作出，也可用公法形式作出，因此它们是一种交叉关系。在救济上，行政私法行为只能由法院适用私法进行审查，如银行超额划转相对人的交通罚款时，则只能由法院按民事诉讼进行审理；而服务行政则可由法院适用私法进行审理，也可由法院适用公法进行审理，前者如公民与自来水公司的服务争议，后者如有关抚恤金的行政诉讼。

（三）服务行政与服务型政府

在我国，所谓服务型政府概念是在市场化改革的过程中出现的。随着改革的深入与市场经济的发展，政府应扮演什么样的角色已经关涉改革和发展如何进一步深入，成了一个不能回避的问题。20世纪90年代以来，越来越多的人提出，社会主义市场经济条件下的政府应该是一个"服务型政府"。执政党和政府也逐渐接受了服务型政府这一价值取向，2002年国务院的政府工作报告指出，要切实把政府职能转到经济调节、市场监管、社会管理和公共服务上来。中共十六大确认，要完善政府的经济调节、市场监管、社会管理和公共服务的职能。中共十八大再度指出，要推动政府职能向创造良好发展环境、提供优质公共服务、维护社会公平正义转变。

理论界的倡导和政府的肯定使得"服务型政府"俨然成一个强势而时髦的词语。然而，对于到底什么样的政府才是服务型政府至今仍然没有形成统一的意见。有人认为，服务型政府就是为人民服务的政府；有人认为，服务型政府就是致力于提供全部公共产品的政府；也有人认为，服务型政府就是以提供公共服务为主要职能的政府。还有人认为，有关服务型政府问题尽管存在着不同的声音，但核心问题是趋于一致的：所谓公共服务型政府，就是以民为本，为人民服务，让政府成为真正意义上的人民的公仆。具体有以下特征：（1）民本性，即以民为本；（2）责任性，即做分内应该做的事，并承担相应的后果；（3）调控性。即国家在充分发挥市场机制作用的基础上，综合运用经济、法律、计划、政策及行政手段对国民经济运行进行调节和控制；（4）法治性，即政府在行使公共行政权力的过程中，必须规范行为，依法行政；（5）透明性，实行政务公开，建设"阳光政府"；（6）务实性；（7）绩效性，即讲究政府的业绩和效率；（8）廉洁性。①

服务型政府与服务行政有着密切的联系，无论是从"为人民服务"出发，还是从提供公共产品出发，服务型政府都以提供服务行政所要求的公共服务为其重要职责之一。就前者而言，要为人民服务，其内涵自然包括提供公共服务，否则连基本的公共服务都不能提供，就谈不上为人民服务；就后者而言，公共服务是公共产品之一，尽管公共产品并非只有政府才能提供，但提供服务行政所要求的公共服务在内的公共产品却是政府的主要职责。②

然而，在上述联系之外，服务型政府与服务行政更多的是它们之间的差异。首先，服务型政府本身是一种政治性论述，更多的是从政治的角度考虑政府应扮演的角色，而服务行政则是从法律的角度对政府职能作出的一种分类；其次，从范围角度看，服务型政府要求提供的是所有公共产品，从而"为人民服务"，而服务行政则是行政的一种方式，是政府职能在秩序行政之外的一项内容；最后，从语言逻辑角度考虑，"服务型政府"是基于一定的价值而对政府定位的一种描述，关注的是"什么样的政府"，而服务行政则是对某一政府职能或说行为方式的描述，关注的是在政府行政过程中"什么样的行政"，两者并不是一个层面上的事物，不可同日而语。

（四）服务行政与慈善事业

慈善事业是个人或组织基于人与人之间的爱与同情心，自愿帮助他人的行为，既包括为他人提供物质资料，也包括为他人提供服务。诸如扶贫济困、安老助孤、帮残助医、支教助学等都属于慈善事业范围。

慈善事业与服务行政有着本质的不同：在行为主体上，慈善事业主体是公民或其他组织，而服务行政主体则是国家；在行为基础上，慈善事业

---

① 参见吴双《公共服务型政府的研究综述》（http://www.tonghai.gov.cn/pubnews/doc/read/sxjyjl/340468328.162897572/index.asp）。

② 也有人将服务型政府视同服务行政，认为服务型政府理念即服务行政理念。参见杨临宏《服务行政理念下的行政法》，《法治论丛》（上海政法学院学报）2008 年第 6 期。

是基于人们的善良同情心，而服务行政则基于国家所承担的法定义务，慈善的受益者不能对他人提出慈善的法律上的要求，而服务行政的相对人则可对国家提出法律上的服务请求；在范围上，慈善事业可谓是无所不包，在不违反法律与道德的前提下，只要是有人愿意提供帮助，而又有直接或间接的接受者，都可属于慈善范围，而服务行政的范围则须随着社会经济的发展，由法律进行界定。

需要注意的是，服务行政与公共服务概念紧密相关，但也并不完全等同。服务行政是行政的一种方式，是政府的一种（直接或间接的）行为，是对公共服务在行为表现上的理论概括，而公共服务则是服务行政的内容，是从内容角度体现出来的服务行政。服务行政与公共服务两者互为表里，互相依赖。本研究也交叉使用这两个概念，在提及公民对服务行政的接受时或从内容角度提及服务行政时，则用公共服务一词；而当从行政机关的行为角度进行讨论时，则使用服务行政一词。

三　服务行政的性质

"服务行政"作为一种理论，迟至20世纪才在德、法等国出现，在这个意义上讨论服务行政的性质，我们只能着眼于20世纪之后。但若我们换个角度，不将服务行政仅仅作为一种理论，而是作为一种事实的存在，我们将会发现，早在中世纪，甚至可以说自有国家以来，国家（政府）就在一定程度上承担了为公民（臣民）提供服务的职能，如赈济灾民、兴修水利、修筑道路，等等。那么，作为服务行政理论研究对象的"服务行政"或者说公共服务到底属于什么性质？是来自国家的施舍还是属于公民的权利？或者从政府的角度看，服务行政是其对公民的恩典还是其所承担的法律义务？今日我们所称的服务行政与历史上存在的国家提供公共服务的职能相比，又有什么异同，经历了什么样的变化与演进？

（一）作为恩赐的服务行政

历史上各国都有我们今天称为服务行政的事实存在，但当时国家提供的这些公共服务，在性质上是来自国家（君主）的恩赐，并非国民（臣民）的权利。

在中国历史上，政府从事赈济灾民、兴修水利等事务是素有的传统，各个朝代莫不如此。然而对于臣民来说，国家的公共服务系来自君主的额外恩赐，体现的是皇恩之浩荡、圣上之仁慈，而并非臣民分内所应得的，更说不上是什么权利。

在德国，谋求人民福利和社会进步早在警察国家时期即成为国家理念之一，但当时所谓的"福利国家"也非人们的固有权利，而仅仅是作为主权者君主的恩赐。①

在英国，政府的济贫服务是一项历史悠久的活动，十五、十六世纪，英国工业开始发展，人口迅速增长，一些社会问题也开始出现，特别是圈地运动使大批农民流离失所，涌向城市谋求新的生计，偷盗、流氓、乞讨等成了严重的社会不安定因素。为解决这一问题，英国政府采取了一系列措施，如规定政府和治安法官有责任调查由教区养活的不能工作的老年人和穷人的申请，为他们注册并发给在指定区域乞讨的执照；有劳动能力的乞丐必须工作，穷人父母要把5—14岁的孩子送去当学徒；甚至出台了严厉惩罚身体健康的流浪者的法令。但这些措施并没有解决贫困问题，16世纪后，英国政府逐渐认识到，对流浪者的惩罚措施不足以维持社会秩序，政府应通过立法采取措施帮助他们，直接出面接管或兴办慈善事业救济贫民。

1572年，伊丽莎白女王签署法令，在全国开征济贫税，正式确认由政府援助穷人。1601年，伊丽莎白女王颁布了《济贫法》，规定全国普遍设立济贫院，收容和救济没有劳动能力的老人、孤儿和残疾人等。《济贫法》把救济对象划分为三类，即有劳动能力的穷人、无劳动能力的穷人和无依无靠的孤儿；确立了济贫三原则，即居住地原则、亲属责任原则和政府最后责任原则。这种济贫方式开创了现代社会救助的先河，由国家通过立法直接出面接管或兴办慈善事业、救济贫民，被认为是现代社会保障制度出现的标志。然而，工业革命引发的更大规模圈地运动使更多的农民失去土地成为流浪者，甚至沦为乞丐和盗贼。1834年，维多利亚女王颁布了新《济贫法》，严格限制对贫民的救济津贴，把原来的分散管理的济贫工作改

---

① 陈新民：《行政法学总论》，（台北）三民书局1997年版，第13页。

为集中管理，在济贫院或习艺所实行更加严格的苦役制度，设立济贫专员署，对贫民和救济基金进行管理。新《济贫法》进一步加强了对贫民的控制，引起了强烈反对。以至于政府不得不在 1905 年组成了一个调查委员会，对全国济贫事务进行大规模调查。

从英国济贫制度的历史发展看，济贫最初在性质上并非是政府的法律义务，接受救济更不是贫困者的法律权利。相反，济贫从一开始就带有对贫困者的羞辱与惩戒性质，即使政府在客观上提供的帮助，也是政府对贫困者的恩赐。根据 1601 年《济贫法》建立的大量的贫民教养院、贫民习艺所（workhouse）本身就有"囚犯工厂"之义。[1] 接受济贫者不仅受到了许多限制，还被剥夺选举权等政治权利。不仅如此，在英国的宗教伦理之下，贫困本身就是一件充满了耻辱的事情，"贫困等于不良"，更不用说接受政府的救济。

总而言之，在 20 世纪之前的大部分时间里，服务行政（当然，当时还没被称之为服务行政）都不是政府的法定义务和公民的法定权利，它是以政府（君主）的恩赐面目出现的事物。

（二）服务行政从恩赐到权利的发展

19 世纪后期以来，欧洲各国的经济开始急剧发展，导致了社会生活方式的极大变化，由政府提供更多的公共服务势在必行。然而，新的公共服务在政府承担的事务属于一种什么样的性质？是如此前一样，属于国家或政府对公民的恩赐，公民享受这些公共服务是享有额外的特权？或者在新形势下公共服务的性质必须作出相应的改变？实际上，正是在 19 世纪末 20 世纪初以来，公共服务的性质发生了根本的改变，由政府的恩赐而成为公民的权利——提供公共服务成了政府必须履行的法定义务。

1871 年德意志帝国宪法序言明确将"促进德国人民的福利"作为国家的目的。俾斯麦执政时期，德意志帝国议会在 1883—1889 年间相继通过了《健康保险计划》《工伤事故保险计划》《退休金保险计划》三项社会保险立法。1919 年《魏玛宪法》规定，国家在经济生活方面的基本原则，乃是达到保障所有国民过着符合人类尊严的生活，在这个正义的基础

---

[1] 《牛津现代高级英汉双解词典》，商务印书馆、牛津大学出版社 1988 年版，第 1330 页。

上，国家应该广泛兴建住宅、节制使用土地。国家同时也应该举办社会福利事业，以照顾居于社会弱者地位的国民。德国这一时期服务行政的发展，最大特点在于国家承担的服务职责加大，国会通过立法对相关职责予以专门规定，乃至宪法也对此进行专门规定。这表明，服务行政已从原来的国家恩赐性质转向国家义务性质。福斯多夫认为，"生存照顾应该视为一个独立的概念，而与所谓的'济助'并不相同，所谓的济助，系指对陷于困境的人施予救济。值得吾人注意的是生存照顾诚然可包括济助，但生存照顾概念却非导源于济助。因为本书讨论之生存照顾基本上并不与个人之困境有所关联。即使社会上享有优越地位之人，如一大企业的所有人，也有依赖此生存照顾必要性"。[1] 也就是说，作为服务行政核心概念的生存照顾性质上已迥然不同于过去作为国家恩赐性质的"济助"，而成为每一个公民的权利。在德国制定1922年《青少年福利法》时，执政的社会党更明确主张社会上需要救助的人应有向国家请求给付的请求权，从而可以使获得社会救助成为一种权利，而不是一种施舍。[2]

在英国，英国学者Rowntree教授于1899年在调查约克城贫民状况后，提出"贫穷文化"的理论，认为贫穷的原因不在于其个人或家庭，而在于社会，济贫并非是一种施舍、慈善或恩惠，而是国家的责任，应当由政府来办理济贫工作。1905年，英国成立了"济贫法和济贫事业皇家委员会"，从事济贫的一般调查设计工作。1908年，英国国会通过了《养老金法》，对70岁以上的老人实施免费养老金制；1911年颁布的《国民保险法》，规定工人患病、失业时可以获得安全保障；1925年颁布的《地方政府法》，把社会救助和福利事业视为地方行政，由地方政府负责主持。

1942年，牛津大学教授威廉·亨利·贝弗里奇发表了他受政府委托拟定的《社会保险和有关的福利问题》报告，指出社会应保障人民免遭贫困、疾病、肮脏、愚昧和失业之苦。他主张通过建立一个全社会性的国民保险制度，对每个公民提供社会保障。他认为社会保障政策的基本思想是：应以保障居民维持生存所必需的生活资料为限，同时还应当包括所有居民各种不同的保障要求。他还提出，社会保障应遵循以下四个基本原则：一是普遍性原则，即社会保障应该满足全体居民不同的社会保障需

---

① 陈新民：《公法学札记》，中国政法大学出版社2001年版。

② 参见张桐锐《补充性原则与社会政策》，载《黄宗乐教授六秩祝贺·公法学篇（一）》，（台北）学林出版社2002年版。

求；二是保障基本生活原则，即社会保障只能确保每一个公民最基本的生活需求；三是统一原则，即社会保险的缴费标准、待遇支付和行政管理必须统一；四是权利和义务对等原则，即享受社会保障必须以劳动和缴纳保险费为条件。该报告的观点被英国政府所接受，成了制定社会政策的主要参考依据。这样，作为服务行政重要内容的社会保障也从过去的政府恩赐性质转向公民的法定权利性质。①

服务行政由政府恩赐向公民权利的转变至今尚在进行之中。比如在美国，基于权利（right）与特权（privilege）二分法，当事人在社会保障领域的利益是否享有"权利"的待遇还是一个在变动中的问题，有时是作为权利而受正当法律程序保护，有时是作为特权而不能受到正当法律程序保护。因为正当法律程序所保护的是权利法案规定的"生命、自由和财产"，只有这些权利（right）才受到正当法律程序的保护，而特权（privilege）作为政府特别授予的利益则不受此种保护，政府可授予公民特权，也可取消这一特权。作为服务行政内容的社会保障和福利津贴、退休金、科研活动补助、使用公共资源及服务等都属于特权而不是权利，因此不受正当法律程序保护。如 1966 年法院以福利受领者没有"权利"而驳回相关案件。② 直到 20 世纪 70 年代后，法院的态度才有了改变，开始放弃"权利——特权"的区分，将某些原来属于"特权"的利益承认为权利，例如工作和就业、社会福利等。③ 在 1970 年的 *Goldberg v. Kelly* 一案中，最高法院第一次提出政府通过制定法而赋予公民的社会福利是一种"财产"，应当受到正当法律程序的保护。④ 在随后的案件中又对此作了再次确认。⑤

---

① 张守文：《社会法论略》，《中外法学》1996 年第 6 期；华迎放：《"福利国家之父"的传世之作写在〈贝弗里奇报告〉中文版问世之际》，http：//www. class. com. cn/share/newsdetail. cfm? iCntNo = 941。

② Bernard Schwartz, *Administrative Law*, 3rd edition, Little, Brown and Company, 1991, p. 252.

③ 王锡锌：《正当法律程序与"最低限度的公正"——从行政程序角度的考察》，《法学评论》2002 年第 2 期。

④ 397 U. S. 254, 262（1970）.

⑤ Perry v. Sinderman（408 U. S. at 593, ［1972］），Board ofRegents v. Roth（408 U. S. at 564, ［1972］）.

（三）作为公民法律权利的服务行政

服务行政从早期的政府恩赐转变为政府的义务或说公民的权利，经历了长期的发展过程，至今在学界已经形成比较一致的意见。但这种转变是缘何发生的？作为权利的服务行政和作为恩赐的服务行政又有何不同的意义？

在法学意义上，权利本身是个难以明确界定的概念。有人认为权利是一种依据，有人认为权利是一种资格，有人认为权利是一种行为范围，有的认为权利是一种利益，有人认为权利是一种许可与保障。① 夏勇教授认为，权利包括以下五个要素：（1）利益。利益的存在是一项权利存在的前提条件，没有利益，权利也就失去了其存在的意义。（2）主张或要求。单独的一种利益的存在不足以构成一项权利，只有这种利益是被人主张或要求，才能成为权利。（3）资格。对某种利益或主张必须有所依据，这个依据就是资格。（4）力量。包括权威和能力，前者代表一种利益必须受到其他人的尊重，不容随意侵犯，后者意味着权利主体具备享有和实现其利益的实际能力或手段，有能力主张和享有该利益。（5）自由。权利主体可按自己的意愿行使或放弃该权利，不受外来的干预或强迫。②

根据上述的权利要求，如果服务行政是一项权利，那么其与作为政府恩赐的服务当然是截然不同的。作为恩赐的服务尽管在其现实存在时为当事人带来利益，但由于其不属权利，当事人在该利益尚未为其现实享有时没有资格提出要求。换句话说，如果政府不提供相应的服务，当事人唯有徒然长叹而无可奈何。在当事人享有该利益而该利益又未转化成权利之时，若受到外来侵犯，当事人也不能寻求有效救济。而若服务行政成为一项权利，则权利的性质决定了当事人有资格针对服务行政提出要求，也有资格在该权利受到侵犯时诉诸法律途径寻求救济。③

① 如张俊浩等认为，在民法上，权利是实现正当利益的依据，参见张俊浩主编《民法学原理》，中国政法大学出版社 2000 年版，第 64 页。张贵成、刘金国等认为，权利是国家法律规定，对人们可以作出某种行为的许可和保障，参见张贵成、刘金国主编《法理学》，中国政法大学出版社 1992 年版，第 164 页。

② 夏勇：《中国民权哲学》，三联书店 2004 年版，第 311—313 页。

③ 当然，这并不是说所有服务行政都是可诉的，如政府未能及时按市民的要求提供公共图书馆，就不能直接起诉。这涉及服务行政的范围问题、分类问题以及标准问题等，详见下述。

那么，服务行政缘何由一项恩赐转变为公民权利？这是一个由道德权利向法律权利转变的过程。[①] 人作为人，有着与其他动物不同的价值，人不但要活着，并且要有尊严地活着，每一个人的尊严都应该得到尊重，不能以使人蒙羞的方式对待他。首先，一个人要体面地活着，有足够的物质资料保证其基本的生活，其次，有尊严地活着还要求其能获得维持生存之外的其他资源，这一资源的范围随着社会经济的发展不断扩大。而在现代社会，这一要求导致国家必须为公民的生活提供必要的服务。这样，就导出了国家提供公共服务的道德义务和公民在公共服务方面的道德权利。道德权利是与法律权利相对的概念，当一项主张为法律所支持，不论它是否得到任何其他东西的支持，都可被称为一项法律权利。当感到一项主张应当由法律给予承认和维护时，它可被称为一项自然权利。而当一项主张可能为共同体的一般道德感所承认并为道德舆论支持时，就是一项道德权利。[②] 服务行政作为道德权利，意味着国家有着道义上的义务提供服务。然而，服务行政仅仅作为国家道义上的义务而没有法律的保证，还不足以保证公民能有效获得这一服务，在国家选择不履行这一道德义务和服务的道德权利受到来自他人的侵犯时，当事人无法向国家提出主张或寻求救济。在国家任意撤销已经提供的服务时，当事人也同样面临无助的境地。就像美国法院在吉尔彻瑞斯特诉伯尔瑞案中所声称的，特权"可以任意撤销，其不受正当程序条款保护"。[③]为解决上述问题，也必须将作为道德权利的服务行政确认为法律权利。正是在这种要求之下，服务行政完成了从恩赐到道德权利，并最终成为法律权利的转变。

四 服务行政的类别

服务行政根据其内容、方式及对公民权利的影响等不同标准，主要可

---

① 这一推理过程的提出，请参见陈国刚《福利权研究》，2009 年博士学位论文，中国社会科学院研究生院。

② ［美］罗斯科·庞德：《通过法律的社会控制》，沈宗灵译，商务印书馆 1984 年版，第 42—45 页。

③ Gilchrist v. Bierring，14N. W. 2D 724，730（Iowa 1944）．

作以下划分：

（一） 金钱、实物给付型服务与设施、组织提供型服务

  根据服务的内容与方式，服务行政可分为以下两种类型：第一类是金钱或实物给付型服务。这一类型的服务行政首先体现为服务主体向相对人提供一定的金钱与实物。如政府向符合最低生活保障条件的居民给付的生活保障金；向因公致残人员给付的抚恤金；向灾区受灾人员提供的衣物、帐篷。此外，还可体现为免除相对人的一定义务，从而使相对人的财产得到消极增加，如根据《残疾人保障法》的规定，国家对接受义务教育的残疾学生免收学费。第二类是通过一定的设施、组织提供的服务。在这一类服务行政中，政府不是将一定数额的金钱或实物给付于相对人，而是先设立一定的组织或设施，进而通过该组织，或允许相对人使用、利用设施而提供服务。如政府通过建立学校、医院、图书馆等设施，以及煤气、自来水、公共交通系统等设施，为公民提供服务。①

（二） 维持型服务与发展型服务

  这是根据服务行政的层次标准进行的分类。维持型服务指该类服务的目的在于维持人们的基本生活，或者说，若离开这些服务，人们的生活将难以为继。如电力、煤气与自来水的提供，最低生活保障的给付，灾区民众的食品、衣物、住所救济等都基于维持人们的基本生活，因而属于维持型服务。发展型服务则是指人们基本生活在得以维持的基础上，为进一步提高民众福利与生活水平进行的服务，如提供图书馆、博物馆以满足人们的精神文化需要，提供体育馆、休息设施以促进人们的身体健康与休闲娱乐等。

（三） 收费服务与免费服务

  这是根据服务行政是否向接受服务者收取费用而作的分类。收费服

---

① 有关此一分类，刘井玉在《行政公务研究》一文中也有论述，参见刘井玉《行政公务研究》，硕士学位论文，中国政法大学，2002 年，第 6 页。

务指接受该服务的每一位公民，都须向服务提供者缴纳一定的服务费，否则即不能得到这些服务。典型的收费服务如城市公共交通服务、供水、供电服务等等。免费的服务则指那些公民在接受服务时并不需缴纳费用的服务，如城市道路的使用、接受政府的救济、领取最低生活保障金、使用免费图书馆与博物馆等等。服务行政的收费与否，并没有一个依服务的性质而截然分开的界限，很多时候它取决于经济发展水平与政府的政策，如博物馆收费与否、城市公共交通收费与否、高速公路收费与否等。当然，任何服务总是要耗费一定的财力，所谓的免费服务仅仅指其经费全部来自于公共资金，而不像收费服务那样全部或部分直接来自于使用者。

另外，根据服务提供的方式与途径的不同，还可将服务行政划分为直接服务与间接服务，前者由行政机关直接提供，后者则通过行政机关之外的主体间接提供。具体而言，直接服务包括行政机关直接提供与行政机关通过公共设施提供的服务，间接服务则包括通过公务法人提供、通过公共企业提供和通过私法主体提供的服务。此种分类下文将作进一步分析。

五　服务行政的范围

服务行政作为与秩序行政并列的两大行政方式之一，它到底包含哪些内容？政府行为中的哪一些属于服务行政？需不需要给服务行政确定一个明确的界限？若要对服务行政进行深入的研究，为服务行政提出与秩序行政不同的规则，更好地规范服务行政，就必须对服务行政的范围问题作出论证。

（一）影响行政范围的因素

行政范围是指行政发挥作用的领域。汉斯·J. 沃尔夫等人认为，行政的范围受以下因素的影响：（1）人民的生活条件，指人口、区域、土地状况、气候和地理、国防、经济、文明和文化的状况等。人口越多，人民越贫穷或不文明，行政的范围就越大；人们越是努力通过自己的财产满足必要的或期望的生活条件，行政的范围就越小。（2）国家权力和行政权力，指国家和行政机关实施管理的权力。国家通常趋向于尽可能扩大对行政的控制，而行政管理则趋向于尽可能扩大自己的权力范围。（3）被统治者的愿望，指被统治者要求公共机构处理其事务接受自由限制的愿望。（4）共同体目的和国家目的，指法律确定的共同体目的和国家目的。自由宪政政体尽可能将社会事务开放给各种形式的私人力量处理，即使是原本属于公共性质的事务也是如此，将公共行政的范围相应地限于私人自由的保护（国家作为守夜人）。在社会主义的宪政体制下，为了促进公共福利、社会均衡，国家权力需要集中，公共行政的范围扩大到一切为人民的利益和权力所需要的事务。（5）科技的发展程度，科技的发展特别是电子数据处理的发展使行政范围有了进一步扩大的可能性，但这种扩大尚须服从法治原则的要求。（6）行政的效率。行政的效率与行政范围有着极大的关系，使国家有可能得到扩张。但也伴随着出现了将行政活动压缩到核心领域，实施非国家化，建立所谓"苗条国家"的讨论，这种讨论对行政活动的范围产生了相当大的影响。①

既然影响行政范围的因素有这么多，那么，需要服务行政的领域到底有哪些，或者说，服务行政的范围到底以何为界？对此，服务行政理论的首倡者福斯多夫并没有进行详尽论述。他始终没有指出哪些内容是民众必不可少的生活之资，需要由国家提供"生存照顾"。他只是指出，生存照顾概念应该与所有国家单方面提供的给付，例如提供津贴、救济等所谓"济助"相区别。界定生存照顾的范围，还应从生存照顾的两个构成要件（即双方性与依赖性）着手，如水、电、煤气等公用事业，国内交通运输，以及那些可提供满足个人生活所必需的机构，应列入生存照顾之范围。但福斯多夫自己也承认，生存照顾的"双方性"与"依赖性"这两个要件并不能涵括所有的照顾，因此，从福斯多夫的论述中我们是难以确定生存照顾范围的。

诚然，生活于现代社会的人不可能仅依靠自己的力量有尊严地生存，而同时需要依赖他人、社会以及国家（政府）。但当市场经济决定了个人、

---

① ［德］汉斯·J.沃尔夫、奥托·巴霍夫、罗尔夫·施托贝尔：《行政法》，高家伟译，商务印书馆 2002 年版，第 37 页以下。

市场与政府都对个人的生存与发展承担义务的时候,[1] 同样作为外在的力量，政府应该在哪些范围内向已经融入市场的个人提供服务？政府与市场各自的职能范围如何？如何分工？对此，法学本身是无能为力的。为解决这个问题，有必要引进经济学特别是其中的公共产品理论作为分析工具。

（二）公共产品理论

所谓公共产品，是指那些能够同时提供给许多人享用，并且供给它的成本与享用它的效果，并不随着享用人数规模的变化而变化的产品。与私人产品相比较，公共产品主要有以下特征:[2] （1）不可分割性。公共产品的消费只能在保持其完整性的前提下，由众多的消费者共同享受，而不能将其分割成可以计价的单位供市场销售。也就是说，公共产品对消费者的价格是无法确定的，它的生产费用不能直接从消费者的购买中得到补偿，从而，它只能由公共机构来提供或生产，并通过预算（如税收）来筹集生产费用。（2）非竞争性。对公共产品而言，消费者的增加并不会引起该种产品生产成本的增加。例如在路灯下的行人增加，并不会引起安装路灯成本的增加，也不会导致行人在其他方面的消费减少。而在私人产品的情况下，当某一种私人产品的消费增加时，因需要更多的资源去生产出供新增消费的需要，就必然会加大生产该种产品的成本总量。也就是说，与私人产品相反，公共产品因消费者增加时所引起的边际成本为零。因而，公共产品的消费者愈多，它发挥的效用愈大，愈值得生产。（3）非排他性。即一个人对公共产品的消费，并不会排斥他人对该产品的同时消费。例如，当一个人享用经治理后的城市内的清新空气时，其他人并不会因该人的享用而不能享用清新空气。而私人产品却相反，当一个人取得一幢房子的所有权时，他就可排除他人进入该房子。非排他性还表现在，某人是否具备消费资格不能依其是否支付了价格来确定。通常，公共产品一旦生产出来，则任何人都可以自由地进行消费，而不需要其他人或组织的许可，这个特性使得公共产品不能保证只有支付费用购买此物的人才能消费它。从而出现了有人只想消费它而不想购买它的情况，即"搭便车"现象。

---

[1]　福斯多夫自己也承认：自由经济体制也承担了一部分生存照顾的义务。参见陈新民《公法学札记》，中国政法大学出版社 2001 年版。

[2]　丁冰主编：《现代西方经济学说》，中国经济出版社 1995 年版，第 235—236 页。

公共产品按不同的标准可分成不同的类别，一般来说，公共产品被分成以下三种类别:① （1）纯公共产品与准公共产品。纯公共产品指严格满足非竞争性和非排他性两个条件的公共产品，在现实中这种纯公共产品数量较少。准公共产品指不严格具备这两项条件，而是一定程度只满足一个条件的产品。准公共产品分为两类，第一类为俱乐部产品，即具有非竞争性却不具有非排他性特征的产品，这类产品可以轻易地做到排他。如公共图书馆、电影院、游泳池等等。第二类准公共产品是共同资源，这类产品的特点是在消费上具有竞争性，却不能做到有效地排他。也就是说，不付费者也不能被有效地排除在外，如公共广场、公共牧场等。（2）混合产品与公共中间品。一般认为，混合产品就是具有较大范围的正的外部效应的私人产品，或者说，同时具有公共产品和私人产品性质的产品。如教育、科技、卫生等等都属混合产品，这些产品的非竞争性和非排他性都是不完全的。以教育为例，接受教育能使个人更聪明，更有能力，具备更好的发展机遇，因此它具有私人产品的属性；但教育在给个人带来上述利益的同时，也可使社会生产率提高，使整个民族的文化素质提高，因此又可给他人带来正的外部效应，具有公共产品的性质。公共中间产品指未被最终消费的，而是被用作投入，进入生产过程的公共产品。公共中间产品与前述公共产品的区别在于其使用者的不同，是生产者而不是最终的消费者。②（3）全国（全社会）性公共产品和地方性公共产品。全国（全社会）性公共产品指在全国或整个社会范围内的所有消费者共同消费的公共产品，如国防、国家对产权的保护等。地方性公共产品指只有特定地方的人才能消费的公共产品，如一定地区的治安环境和投资环境等。上述对公共产品的分类应该说都不是周延的，但这种分类的存在对我们确定政府行政（服务行政）的范围却具有重要意义。

（三）公共产品与服务行政的范围

从上文的分析中我们可以看到，公共产品和私人产品具有不同的属

---

① 黄恒学主编:《公共经济学》，北京大学出版社 2002 年版，第 61 页以下。

② 有关混合产品和公共中间产品的进一步分析请参见刘宇飞《当代西方财政学》，北京大学出版社 2000 年版，第 100—101 页；蒋洪主编《财政学》，上海财经大学出版社 2000 年版，第94—104 页。

性。其主要特征在于不可分性、非排他性和非竞争性。公共产品的这些特性，引起了其需求与供给不能通过市场机制互相适应。以路灯为例，"只要有人安了路灯，我就可'顺便'照明，因此我就会想方设法不去买路灯，甚至当有人要求我分担费用的时候，我也会撒谎说不需要路灯"。①这种搭便车（或避免被搭便车）的心理导致了集体的不理性：大家都不愿购买路灯。事实证明，市场是无法有效提供如路灯之类的公共产品的，也即存在"市场失灵"问题。为解决这一问题，最好的办法是组建一个公共机构，专门负责提供路灯（公共产品）。路灯尽管只是一个简单的例子，但其作为公共产品的特性说明，市场在提供公共产品方面可能面临失灵问题，因此需要由作为公共机构的政府来负责。

公共产品的非排他性引起的"搭便车"等问题，要求公共产品应该由政府负责提供，但应该由政府负责提供公共产品的理由不仅仅在此，还在于公共产品往往是投资规模大、周期长的产品，个人无力承担；在很多情况下，投资于公共产品是无利可图的，这些因素都决定了公共产品难以通过市场由私人提供，而需要政府的介入。与此同时，经济学理论还证明，由作为公共机构而组织起来的政府提供私人产品，是缺乏效率的。这样，行政的范围即得以大致界定：政府应该并且只应该向公众提供公共产品，而不需要也不应该涉足私人物品的生产。②

然而，运用公共产品理论只能一定程度上用以指导确定行政作用的范围，而不能明确界定服务行政的范围。首先，须由政府提供的公共产品并不都是服务性的，一些传统的公共产品如国防的安全、治安的维护等等须运用行政权力通过秩序行政来完成，并不在服务行政范围之内。其次，有的公共产品的提供，可能在结果上属于服务行政，但在手段上却属于秩序行政。如建设一处水利设施属于提供服务，但在手段上可能需要强制搬迁一些居民，又属于秩序行政；又如提供一个良好的自然环境（包括优质的空气、清洁的河水）在性质上属于服务行政，但在手段上却可能运用行政权力处罚污染环境者。最后，公共产品理论是与市场的提供能力紧密联系在一起的，但一些政府必须提供的服务可能很难与市场联系起来，却又不

---

① 樊纲：《作为公共机构的政府的职能》，载《市场逻辑与国家观念》（公共论丛第一辑），生活·读书·新知三联书店1995年版，第10页以下。

② 当然，由于公共产品本身的多样性及其他的一些因素的影响，也使得公共产品并不仅仅由政府提供，其他相关机构甚至私人在一定条件下也可提供公共产品。详见下文。

得不由政府来提供。如最传统的政府赈灾服务，我们就很难以公共产品理论来界定它。由上述可见，尽管在一般意义上我们可以说，服务行政的范围是政府提供的公共产品中除秩序行政以外的、满足公民的生存与发展需要，尤其是物质方面需要的公共产品。但欲明确界定服务行政的范围，或者说明确服务行政具体包括哪些内容，还需要进一步的论证。

（四）服务行政的范围的廓定

服务行政是随着社会经济发展而逐渐兴起的一种与秩序行政相比更新型的行政方式。它经历了从无到有、从少到多、从不受重视到受到高度重视、从政府的额外职责到政府的重要职责甚至主要职责的发展历程。近一百多年间，经济发展发生了急剧的变化，一些原来并不存在的公共服务在这一期间出现了，如通信、社会保险等等。而社会经济至今仍在急剧地变化发展当中，我们今天所能观察到的公共服务，或许在不久的将来就会消失，我们现在不能想到的一项服务，或许很快会成为一项公共服务而由政府来提供。因此，考察服务行政的范围，欲一劳永逸地列举出其全部内容是不可能的。公共产品理论只能提供一个大致的框架，列举式界定的努力也只能让我们明了部分现在看来重要的服务行政内容。更为明智的做法或许不是试图完整列举这个范围，而是提供一种明确服务行政范围的思路，再结合公共产品理论等相关理论，部分地明了当前已经确定的服务行政内容。

遵循上述方法，本研究认为，廓定服务行政范围须认识到以下问题：

1. 服务行政的范围是不断发展变化的

人类社会经历了一个漫长的发展过程，其中可被称为文明社会的时期仅仅有数千年时间。考察历史我们可以发现，社会的发展并不是直线式平缓匀速前进的，而基本上是以一种几何级数加速前进的：人类从文字的出现到纸张的出现花费了数千年的时间，从纸张的出现到活版印刷术的出现花费了千余年的时间，此后又花费了数百年的时间发明了打字机（1867年），距此仅仅不到百年时间，计算机便出现了，而计算机技术的发展更新几乎可说是日新月异。从交通来说，人类最初的交通靠的是步行，每天能前进数十里；后来逐渐出现了马车、船只，每天前进的距离可超过百里；千年之后，火车和轮船开始出现，前进速度达到一天数百里；又百余年后，汽车开始出现，逐步实现了一日千里的速度；十数年后，飞机试飞成功，并很快得到了实际应用，人类前进的速度甚至超过了音速。而我们所处的社会，现在的发展速度和以前相比也同样是越来越快，新的现象、新的事物层出不穷，以致所谓终身学习成了现代人要立足于这个变动不居的社会必须作出的选择。一句话，我们正处在一个急剧变化的社会当中。

　　服务行政作为一项权力，在漫长的历史中可说是新近出现的，是现代社会经济发展的产物。正如我们前面所提到的，社会经济的发展使服务行政经历了从无到有、从少到多、从不受重视到受到高度重视、从政府的额外职责到政府的重要职责甚至主要职责的发展。因此，讨论服务行政的范围，必须认识到社会本身的发展变化及其给服务行政的范围带来相应的变化。今天不存在的事物，在不久的将来就可能被纳入服务行政的范围，而今天的一项公共服务，可能在不久的将来就可从市场中更经济更便捷地获得。总之，服务行政的范围不是一成不变的，而是随着社会的发展而发展的。

　　2. 确定服务行政的范围必须考虑服务的重要性

　　服务行政的目的在于为公民提供公共服务，因此，在确定服务行政的范围，或说哪些产品和服务应纳入公共服务时，必须考虑到一定的时代背景中一项服务对公民的重要性，以及它能不能通过其他途径获得这一服务。如果某一项服务对公民有着足够的重要性，且不能或难以通过其他途径便捷、经济、有效地获得，那么这一项服务就应该成为公共服务纳入服务行政的范围。

　　3. 确定服务行政的范围必须考虑市场的可满足性

　　市场经济是各个国家在长期的试错之后作出的选择，世界上大多数国家都采取了市场经济体制。我国在经历了三十年的计划经济试验后，也逐步转变到市场经济。市场经济之所以成为绝大多数国家都实行的经济体制，也不是单纯由人们的主观意志决定的，而是市场机制本身的特性、其相对于计划经济的优势，及其对人类所具有的功效决定的，实行市场经济体制不过是一个在比较后作出的次优选择。这说明，对人们的生活所需，首先应从市场上获取，能从市场有效获得的产品和服务就不应由国家提供，服务行政的作用在于弥补市场的不足，而不在于为公民包办一切。

　　4. 确定服务行政的范围须考虑对工商业自由的保护

　　在现代社会，人们有充分的自由，可自由选择从事的职业，自由选择工商业经营活动。如法国在 1791 年大革命期间就通过法律规定，"从即将到来的 4 月 1 日开始，任何人都能够自由地从事商业以及从事他所选择的职业和工艺"，这一规定至今有效。法国宪法委员会在 1982 年的一个判决中认定，工商业自由具有宪法规定的意义，只能由法律进行限制，地方团体的公务不能侵犯工商业自由。① 事实上，在市场经济条件下，从业的自由是公民的重要权利之一，许多国家都对其作出了法律保护。因此，在确定服务行政范围时，必须考虑对公民工商业自由的保护，只要能通过市场机制有效提供的产品与服务，就应交由市场提供，不能有利则图、与民争利。这不仅仅是保护自由本身的需要，而且也是保护与促进市场经济顺利发展的需要。

5. 确定服务行政的范围必须考虑人们物质文化生活水平的提高和国家的经济发展程度

现代社会经济处于不断的发展过程中，人们的物质文化生活水平也在不断提高，进而人们对公共服务的需要也在不断提高。在衣不蔽体、食不果腹的情况下，人们的要求是维持温饱，彼时政府服务行政的职责主要在于保证其基本生活。但经济发展、生活水平上升后，人们自然会出现温饱之外的需要，如要求修建图书馆、体育馆、公园等。确定服务行政范围时必须对人们随着生活水平上升而出现的新的服务需要予充分考虑。同时，确定服务行政范围还须考虑国家经济发展的总体水平。因为提供服务行政必然涉及资金的筹集与使用，在财政力量尚有不逮之时，要求国家提供全面的公共服务是不可能的。同样，当经济发展到一定程度，财政相当宽裕之时，政府提供的公共服务就不应再局限于提供最低生活保障等较低层面了。

在上述考虑之下，我们可以认识到，服务行政的范围不是一成不变的，也不是相同发展水平的国家就会有相同的服务行政范围，而是要考虑到多种因素的影响。并且由于服务行政内容繁多，分类繁杂，欲对其一一列举，是难以做到的。笔者认为，以下服务都可纳入服务行政的范围：交通方面：市内公共交通（公共汽车、轨道交通）、铁路系统、公路系统等；基本生活设施方面：电力系统、城市煤气系统，自来水系统等；卫生方面：医院、公共急救设施、疾病预防体系等；教育方面：各类大中小学

---

① 王名扬：《法国行政法》，北京大学出版社 2007 年版，第 384 页。

校，幼儿教育、特殊教育、职业教育等；社会保障方面：最低生活保障、基本住房保障、社会保险、养老院、福利院、救灾赈灾体系等；文化设施方面：公共图书馆、文化馆、博物馆等；生活环境方面：环卫设施、清扫队等；健康休闲娱乐方面：公园、体育场馆等。但须注意的是，为推行经济政策而从事竞争性行业的国家企业，不属于服务行政范围。

第三章 服务行政在中国的发展

一 国家还是社会：一种研究的视角

服务行政是随着现代社会发展而出现的一种理论，它要研究的是，当现代社会中的个人不再能凭借自己的力量维持符合人的尊严的生活，而必须仰赖政府的"生存照顾"时，政府是不是应该为个人提供服务、在什么样的范围内提供服务、如何提供服务，以及提供什么样的服务等问题。从这个意义上说，服务行政涉及的是国家（政府）在多大程度上，以何种方式介入社会问题，即国家和社会关系问题。然而，当我们以"国家—社会"理论框架研究中国的服务行政，研究中国的政府与公民关系时，我们首先面临的问题是："国家—社会"理论模式是在西方社会的土壤中生长出来的，具有其特定的社会、文化和历史的背景，用这种理论模式来解释或构建中国的现实，是不是有足够的解释力或构建力？会不会因削足适履而导致适得其反的效果？

以国家—社会关系理论框架研究中国社会现实之所以具备可行性，原因在于：首先，这种理论本身是一种研究和分析的工具，具有普适性。尽管在西方政治史上，国家和社会关系是一种客观存在的关系，其变迁反映并规定着社会、政治、经济的客观发展历程，折射了西方政治发展的轨迹，但它同时也是一种对社会现实的观察角度，是分析和研究问题的工具。在西方世界，以这种理论框架进行社会政治和法律研究，本身是一种极为常见的研究进路，从洛克到黑格尔，再到当代的哈贝马斯，都以此为分析工具进行研究。其次，回顾整个中国的现代化史，我们可以看到，这是一个不断与外部世界交流与融合的过程，它不是独立于世界体系之外的封闭发展，而是从政治、经济、文化观念等各个方面不断变迁，不断被外部所同化的过程，中国政治发展史作为现代化进程的一部分，同样是一个不断与世界—西方融合的过程。认识到这个现实，我们就不能不承认，"国家—社会"理论框架作为一种分析工具，尽管产生于西方的特定历史文化背景下，但也同样可用于对今日处于现代化过程中的中国现实的研究。最后——实际上是更具有本质意义的一点，20世纪80年代以来，国家实行了市场取向的改革，到90年代，国家正式认同并开始推行市场经济体制，"国家—社会"理论框架正是建立在这个基础之上的。在中国市场经济发展的过程中，国家与社会开始分野。这样，国家—社会关系在中国已经不仅仅是一种研究的视角，也成了一个事实的存在。

将"国家—社会"关系理论框架引入服务行政研究，目的不是为了将它作为剪裁中国现实的标准或依据，也不仅仅是为了从"国家—社会"关系的视角对中国的现实本身进行解释。目的还在于，从国家和社会关系互动发展的过程中，寻找其规律性，找出国家和社会的界限，从而进一步确定服务行政是否具有必要性，确定政府应该在什么范围内提供什么样的服务，以及如何提供服务。

二 改革开放前的政府与社会关系

（一）土地改革、社会主义改造与全能国家的形成

全能国家（total state）是在行使职能方面有绝对权力的国家，或在权力界域方面毫无限制，不存在国家与社会界限的国家。[①] 其本质是国家权力进入社会的所有领域，政府控制着几乎全部的社会资源，人类生存的所有方面都实现了政治化，个人空间几乎不再存在。个人或特定群体的经济活动即使存在，其成败在很大程度上也取决于国家的支持或抑制。

---

① 李强：《宪政主义与现代国家》，载王焱编《宪政主义与现代国家》（公共论丛第7卷），生活·新书·新知三联书店2003年版。

就中国而言，在文化和政治传统上，人们信奉家庭主义，认为个人离不开家庭，家庭离不开家族，又由家族而延伸到社会。政府并不想给一个人以家庭所能给他的东西，① 实践中政府的力量基本维持在县以上层次。秦汉时期，地方政权实行郡县两级制，郡设郡尉（都尉）、县设县令。唐朝时期，地方政权设置州县两级，州设刺史、县设县令，分别掌管所在州县事务。明代，地方政权仍为两级，即府与县，分别设知府与知县为长官。清朝时期，地方政权改设省、道、府、县四级，分设督抚、道员、知府、知县掌管，其中道为监察区而非行政区。② 可见，在整个中国专制王朝时代，国家政权只及于县级。在县以下层次，虽有乡里制度，但并非一级政权，而只是辅助性的机构，有一定的自治性质。到了明清时代，乡里制度甚至出现职役化的倾向，与政权性质截然不同。③ 即使在民国时期，正式的国家政权也仅及于县一级，尽管对县以下的控制通过保甲制度等有所加强，但仍倡导乡里自治，通过间接的方式实现对县以下的统治。④ 换句话说，在县以下的层次，中国是素有自治的传统的。

但是，中国这种传统在 1949 年新中国成立后发生了颠覆性的变化。

1949 年，中华人民共和国成立。执政的中国共产党作为马克思主义政党，开始按照马克思主义理论，着手建设全新的社会。然而，经过多年的战争，中国的经济遭受了严重的破坏，百废待兴，同时政府还面临着严峻的外部环境，需要应对西方的经济封锁和国民党集团的零星骚扰及随时可能的反攻。在这样的情形下，政府要巩固新生的政权，并将共产主义的理想付诸实施，就别无选择地走上了一条特殊的道路，形成一种特殊的体制：

> 经济建设不可能依靠市场机构配置资源而推动重工业优先发展，
> 因此就需要政府出面，人为压低利率、汇率、能源和原材料价格，

---

① 参见法里德·扎卡里亚对李光耀的访谈录《文化决定命运》，载王焱等编《经济民主与经济自由》（公共论丛第三卷），生活·读书·新知三联书店 1997 年版。当然，也有人对李的观点持反对意见，参见［韩］金大中《文化决定命运吗——关于亚洲反民主观的神话》，载王焱等编《经济民主与经济自由》（公共论丛第三卷），生活·读书·新知三联书店 1997 年版。

② 张晋藩主编：《中国法律史》，法律出版社 1995 年版，第 126、233、358、416 页。

③ 赵秀玲：《中国乡里制度》，社会科学文献出版社 2002 年版，第 57 页。

④ 同上书，第 66—77 页。

工资和生活必需品价格，以降低重工业发展的成本，在这样的扭曲要素和产品价格的宏观政策环境下，资源就要通过高度集中的计划渠道进行配置，从而继扭曲的宏观政策环境后，在逻辑上便导致了高度集中的资源计划配置制度，而为了控制企业剩余的使用和在农村进行统购统销的需要，又分别实行了工业中的国有化和农业的人民公社化，形成了与宏观经济政策环境和资源配置制度相配套的微观经济机制。①

上述经济体制的形成，是通过农村的土地改革和城市的社会主义改造两种途径实现的。在农村，中央在全国范围内全面开展了土地改革运动。到1950年6月，全国业已完成土地改革的地区约有农业人口一亿四千五百万。② 同年6月30日，中央人民政府委员会通过了《土地改革法》，对土地改革的一系列问题作出了规定，土地改革深入展开。到1953年春耕前，除新疆、西藏等少数民族地区及未解放的台湾省外，土地改革运动在全国范围内基本结束，全国约有三亿农民分到土地，约有7亿亩土地分给农民。③ 此后，政府又组织开展了农业合作化运动和人民公社化运动，实现了农村的集体化和国家对农村的有效控制。在城市，政府从没收官僚资本归国家所有入手，开始恢复国民经济的工作，对于民族资产阶级和他们所代表的民族资本主义经济，则采取"利用、限制和逐步改造"的政策，有步骤地推进国有化。到1953年后，大规模的资本主义工商业社会主义改造运动开始，从统购包销着手，慢慢发展到局部公私合营，又发展到全面的公私合营，最后全面完成了工商业的社会主义改造。这场前无古人的国有化运动尽管说不上一帆风顺，但在政府的强力推动下也很快地完成了。顺理成章地，对个体手工业的社会主义改造也几乎同步完成。政府由此实现了对经济的全面和直接的控制。

正如哈耶克所说的，"经济控制不仅只是对人类生活中的可以和其余部分分割开来的那一部分的控制，它也是对满足我们所有目标的手段的控

---

① 林毅夫等：《中国的奇迹——发展战略与经济改革》，上海人民出版社、上海三联书店1994年版，第3—4页。

② 刘少奇：《关于土地改革问题的报告》，1950年6月14日在中国人民政治协商会议第一届全国委员会第二次会议上的报告。

③ 廖鲁言：《三年来土地改革运动的伟大胜利》，载《中共党史参考资料》第7卷，人民出版社1980年版。

制"。"政府一旦负起筹划整个经济生活的任务，不同的个体和集团都要得到应有地位这一问题，实际上就一定不可避免地成为政治的中心问题，——一切的经济或社会问题将都要变成政治问题。"① 与对经济的全面控制同时进行的，是国家对人们生活进行全面控制的另一方面——政治控制。在农村土地改革和城市社会主义改造的过程中，占人口绝大多数的中下层人民得到了利益，增强了他们对新政府的认同感，而党强大的动员能力所激发的充满理想主义与浪漫主义色彩的政治激情，更使老百姓坚定了拥护新政权的信心，政权根基也由此日趋牢固。于是，在经济控制的基础上，国家的力量开始进入人们生活的其他领域：政治的领域，甚至纯私人的领域。

对人们生活的全面介入过程很大程度上是通过党的自身组织建设及其领导的政权组织的建设体现出来并予以实现的：在基层特别是新解放区，革命根据地的模式开始扩展，各级党组织开始广泛建立，有条件的村落和城市社区都建立了党的支部，党组织成了人们政治生活乃至经济生活的核心。中国历史上从未有过的基层政权——乡级政权——开始建立，各个村落也被有效地组织起来。在高层，党组织也开始渗透到新建立的政府中去，各级政府都建立了党组，以保证政府在党的领导下开展工作。② 与此同时，国家对人们生活其他方面的控制同样开始加强，其中最典型的是"户籍制度"③ 和"单位体制"的建立，④ 使得公民个人不再是一个自由独立的主体，而成为组织的一个组成部分，而各个组织或说单位的总线头，就牵在国家的手中。

---

① ［英］弗里特里希·奥古斯特·哈耶克：《通往奴役之路》，王明毅、冯兴元等译，中国社会科学出版社 1997 年版，第 90、105 页。

② 1949 年 11 月，中共中央连续发出了《关于在中央人民政府内部组织中国共产党党委会的决定》和《关于在中央人民政府内部建立中国共产党党组织的决定》两个文件。1953 年，中共中央又发出《关于加强中央对政府工作领导的决定（草案）》，规定：今后政府工作中一切主要的和重要的方针政策、计划和重大事项，均须事先请示中央，并经过中央委员会决定讨论和决定或批准以后方得执行。

③ 户籍制度在中国存在的历史久远。但新中国成立以后，这一制度却被赋予了国家控制个人特别是农村居民的全新功能。

④ 参见路风《中国单位体制的起源和形成》，载《中国社会科学季刊》（香港）1993 年第四卷。

（二）新社会结构：全能国家中的政府与公民关系

中华人民共和国成立后，党和政府通过一系列措施，最终完成了公有制改造，确立了计划经济体制，实现了对社会和公民的全面控制。在这样一个全能国家中，政府与公民之间的关系呈现的是一种什么样的状态呢？对此，我们可以从社会结构的角度进行考察。

社会结构是指人们的社会地位及其社会关系的模式。而社会地位是指社会关系空间上的相对位置，以及围绕这一位置所形成的一整套权利和义务关系。[①] 从 20 世纪 50 年代起到 20 世纪 80 年代初，在全能主义的国家之下，中国的社会结构呈现出一种封闭、僵化、停滞的状态。

这一时期的社会结构首先体现为城乡二元结构。城市与农村被划分为两个完全不同的世界，城市居民与农村居民过着两种完全不同的生活方式，城市居民在城市系统内过着相对具有现代色彩的生活，享有国家稳定而有力的生活保障。而农村居民则在政府的控制之下，被户籍制度牢牢地束缚在土地上，过着完全封闭的、与过去几千年来的没有多大的区别的自然状态的生活。[②]

然而，城乡二元尽管是当时社会结构的重要特征，但这种社会结构在一定程度上本身也是当时社会状况的一种表现形式，在城乡二元结构之外，实际上还存在着一个一体化的结构。虽然当时社会中还存在着不同的社会团体和企事业单位、存在着各不相同的独立核算的乡村；个人身份上有农村居民、城市居民之分，职业上有工人、农民、教师之分。但所有这些"主体"并不能成为真正的社会主体，因为他们都不同程度地隶属或依附于国家，在整整三十年中，国家才是最终的、唯一的主体，其他所有的所谓主体实际上仅仅是国家的延伸。

国家在与公民的关系中成为唯一的、最终的主体，是通过国家对社会组织实行全面控制，进而使个人依附于特定组织，形成具有中国特色的单

---

① 王奋宇：《中国改革与现代化过程中的社会结构变革》，《中国社会科学季刊》（香港）1993 年第一卷，第 73 页。

② 参见时宪民《中国社会的结构分化与双二元结构》，《中国社会科学季刊》（香港），1993 年第四卷，第 57 页以下。

位制度实现的。① 所有的社会组织，包括各种非营利性组织，也包括所有的企业，都被纳入至行政隶属系统，成为行政系统中的一分子，从属于一定的行政机关，具有一定的行政级别，享受一定的行政待遇。而这些具有"科层同构"特性、被赋予一定行政功能的社会组织，所代表的都是国家的官方权威，而不具自己独立的地位。② 在个人与组织的关系上，个人已经失去了独立的社会主体资格，必须隶属于、依附于作为"单位"的组织，由这些组织满足他们的需求，代表他们的利益，控制他们的行为，并赋予他们进行活动的权利、身份及合法性。

总而言之，在全能国家中，个人与国家的关系是个人失去了独立主体地位，呈现出同质化、行政化和依附性的特点，国家通过组织全面控制个人，个人从属于国家，国家权力史无前例地延伸到社会的每一个角落，人们政治的、经济的、社会的、文化的，以及纯个人的生活的各个方面，无一不受国家的控制。

（三） 全能国家中的政府职能与服务行政

在一个自组织的社会中，政府的真正角色是公共组织，它既不像企业那样是从事营利活动的组织，也不像社会团体那样只代表某个特定群体的利益，而是对全社会公共性事务进行组织管理的组织。政府的职能在于组织公共产品的供给，并且仅限于公共产品的供给。③ 但在全能主义时期的中国，政府却被假定为一个全能的理性者，只要它认为需要，就可以无限制地侵入社会的每一个领域，并且无须任何民主程序。实际上，政府也按照这种设想去做了，它欲将自己的努力延伸至社会的所有角落，承担起一切的社会事务，从企业生产任务到农业种植品种，从公共安全事务至私人生活方式。但这样做的结果却是不该管的管了却没管好，而该管的却没管

---

① 有关此种社会结构的形成与特性的详尽论述，请参见张树义《中国社会结构变迁的法学透视》，中国政法大学出版社 2002 年版，第一章；杨晓民、周翼虎《中国单位制度》，中国经济出版社 1999 年版，第一章。

② 当时的社会结构具有明显的行政性，但这种行政性并不是说行政本身的力量控制了社会，而是党组织运用其强大的组织动员能力控制了社会。参见杨晓民、周翼虎《中国单位制度》，中国经济出版社 1999 年版，第 66—68、103—104 页。

③ 樊纲：《作为公共机构的政府的职能》，载刘军宁等编《市场逻辑与国家观念》（公共论丛第一辑），生活·读书·新知三联书店 1995 年版，第 10 页以下。

起来。

就公共服务而言，全能时期的政府与任何政府一样，承担了一定的公共服务职能。并且，从政府与个人关系着眼，它比任何政府具有更宏伟的目标和更勃勃的雄心，它有意于为公民安排一切的生活，而且以其严格的计划性要求公民接受其安排，实际上排除了公民在政府安排之外进行自我抉择、自求多福的可能性。实践中，政府也对人们的生活作出了详尽的设计，如国务院《关于一九五八年度国民经济计划草案的报告》提出：

> 一九五八年的职工工资总额，计划安排为一百五十八亿元，比上一年增加五亿五千万元。在增加的工资总额中，用于新增加职工的工资约有三亿元，用于原有职工的部分升级和调整某些不合理的工资标准的有二亿五千万元。一九五八年供应社会的商品总量，可以达到五百亿元，比上一年增加三十亿元，增长百分之六点五。根据上述劳动工资的安排和商品供应的可能性，一九五八年的社会购买力估算为四百九十四亿元左右。农业合作社和农村居民的购买力将比上一年增加二十二亿元左右，城市居民的购买力将增加五亿元左右；机关、团体、企业、学校和部队因为节减公杂费开支，购买力将比上一年减少三亿元以上。三项增减相抵，净增二十四亿元。
>
> 一九五八年供应社会需要的主要商品，除了粮食以外，都将有所增加。例如：猪肉将增加约六亿二千万斤，水产品将增加约四亿八千二百万斤，棉布将增加约五百七十八万匹，呢绒将增加约六百六十万尺，毛线将增加约二百万斤，煤炭将增加约七百七十万吨，日用品将增加约二亿元。[①]

上述报告对人们的工资收入、支出能力、社会主要商品的供应量，都作出了具体安排，不可谓不全面细致。

然而，全能国家的特性决定了其所提供的服务，无论从性质、内容方面，还是从数量、质量方面，都是与市场经济条件下服务行政所要求的公共服务是不可能相同的。它所欲提供的也不是市场经济基础上的公共服务，而是公民生活的全方位面服务。并且，国家能力的有限性和单位制度

---

① 1958年2月3日在第一届全国人民代表大会第五次会议上《关于一九五八年度国民经济计划草案的报告》。

的存在，实际上使得既存的服务也主要不是由政府提供，而是由单位提供，这种关系的实质在于，"政府逐步夺取社会资源之后，又无法彻底承担全部的社会功能，因此只能由社会集团或集体成员来自行组织填补'政府空位'"。①

三　市场化改革与政府职能的转变

（一）　全能国家的失败

在全能主义国家，政府被假定为一个"全能"的理性者，只要政府认为需要，就可以随时无限制地侵入社会的任何一个领域。计划经济体制决定了政府须为社会的全部事务制定计划并实施该计划。"一个名副其实的经济计划，必定有一个单一的观念"，"制定一个经济计划，必然要在种种相互冲突和相互竞争的目标——不同人们的不同需求——之间进行选择，这正是经济问题的实质。然而，哪些目标这样冲突，哪些目标在我们想要实现其他目标时必须牺牲，简言之，哪些是我们必须选择的途径，这只有那些了解各种实际情况的人才会知道"。② 但是，作为政府公务人员的官员真的具有无限理性，可能充分获取信息，"了解各种实际情况"吗？只要承认人的理性是有限的，我们就可以得出结论：可以毫无例外地获取社会发展所需的各种信息的人并可以作出准确无误分析的人是不存在的。实际上，中共十二大报告已经承认，"对社会的各种复杂需求和大量企业的生产能力难以作出精确计算"，并因此要求，在经济管理中，"除了指令性计划之外，对许多产品和企业要实行主要运用经济杠杆以保证其实现的指导性计划"。

中国计划经济的实践证明，全能主义模式是不可能长久的，它必须承认自己的失败：国家意志并没有得到有效贯彻，社会也没有像国家所预想的那样协调发展。"中央政策的具体执行和操作是由各个地方和单位在实

① 杨晓民、周翼虎：《中国单位制度》，中国经济出版社1999年版，第55页。
② ［英］弗里德里希·奥古斯特·冯·哈耶克：《通往奴役之路》，王明毅、冯兴元等译，中国社会科学出版社1997年版，第66页。

际中根据自己的具体情况进行的。从表面上看，具体的执行过程所遵循的原则及试图实现的目标是与原政策一致的，但经过一番变通之后，实际所达到的目标很可能与原目标不相干，甚至从根本上背道而驰"。① 地方主义、本位主义开始出现，国家意志的贯彻遭受到前所未有的阻力。经济结构严重畸形，在重工业发展的同时，轻工业严重滞后；在城市获得了相对发展的同时，农民却遭受了史无前例的剥夺。最后的结果是：经济发展徘徊不前，人民生活持续贫困，城乡不平等严重加剧，整个社会陷入了一种封闭而令人窒息的僵化停滞状态。

（二）政府的转型

当历史前进到20世纪70年代末80年代初的时候，中国共产党高层已经认识到，建立在计划经济基础上的全能主义政府存在着严重问题，必须对原来的经济管理体制进行某种程度的改革或调整。令人感慨的是，这一原来仅仅着眼于经济管理体制的改革竟然引起了整个国家治理模式的变革：政府由此开始从无限（全能主义）政府走向有限政府。这场改革是沿着以下路径展开的：②

1. 市场机制的重新引入

市场化改革首先要解决的是破除人们在过去的三十年中形成的思想观念，破除人们按照经济管理模式划分社会制度的迷信。1979年，邓小平首次提出了市场经济不限于资本主义，社会主义也可搞市场。1992年，邓小平明确提出："计划多一点还是市场多一点，不是社会主义与资本主义的本质区别。计划经济不等于社会主义，资本主义也有计划；市场经济不等于资本主义，社会主义也有市场。计划和市场都是经济手段。"③ 同年召开的中国共产党第十四次全国代表大会，将建立社会主义市场经济确立为体制改革的目标，从而最终结束了人们有关姓社姓资的争论。1993年，全国人大修改宪法，将实行社会主义市场经济载入了国家根本大法。至此，有

---

① 孙晓莉：《中国现代化发展进程中的国家与社会》，中国社会科学出版社2001年版，第78页。

② 本部分引用了中共十二大以来历次全国代表大会的报告及有关年份的政府工作报告，这样做的原因在于，中国所进行的改革，是一种政府在执政党的领导下进行的自上而下的改革，因此，中共中央和国务院的文件在很大程度上是对改革进程及路径选择的精准描述，甚至可以说，没有任何人对改革过程的总结能像中央的文件那样精准。

③ 《邓小平文选》第3卷，人民出版社1993年版，第373页。

关市场经济在资源配置中地位的观念问题得以解决。

紧随观念变革的是制度的改进。市场化改革是一个逐步深入的过程，从全面实行计划经济，到计划经济为主市场调节为辅助，再到有计划的商品经济，最后才确立社会主义市场经济体制。中共十二大指出，"我国在公有制基础上实行计划经济。有计划的生产和流通，是我国国民经济的主体。同时，允许对于部分产品的生产和流通不作计划，由市场来调节，也就是说，根据不同时期的具体情况，由国家统一计划划出一定的范围，由价值规律自发地起调节作用。这一部分是有计划生产和流通的补充，是从属的、次要的，但又是必要的、有益的"。党的十二届三中全会通过的《中共中央关于经济体制改革的决定》明确指出，社会主义经济是在"公有制基础上的有计划的商品经济"。中共十三大进一步指出："社会主义有计划商品经济的体制，应该是计划与市场内在统一的体制"，并提出，"必须把计划工作建立在商品交换和价值规律的基础上"，"计划和市场的作用范围都是覆盖全社会的"，"新的经济运行机制，总体上来说应当是'国家调节市场，市场引导企业'的机制"。在这些思想的指导之下，一系列具体的制度开始实施，并取得了成效。从 20 世纪 80 年代初开始，农村实行多年的统购统销制度开始逐步让位于与市场导向的合同订购制，农民的自由贸易开始得到默许，农村集贸市场开始出现，与计划相比，市场在农民生活中的分量越来越重。在城市，国家大大缩小了指令性计划范围，除少数关系国计民生的重要产品和劳务还实行指令性计划外，基本上都实行指导性计划和市场调节。1979—1989 年，国家计委管理的工业生产指令性计划产品品种由 120 种减少到 60 种左右，国家统一分配的物资由 256 种减少到 26 种。[①] 中共十四大以后，市场因素作用进一步增大，到 1993 年，在工业生产中，计划部分只占 10% 多一点；在社会商品零售额中，国家定价只占 10%；在农业生产中，基本上实现了国家政策指导下的市场调节。[②] 中共十五大后，特别是进入 21 世纪，在工农业生产中已基本不见国家指令性计划的影子，国家定价的产品仅局限于极少数关系国计民生的产品。到中共十六大时，"社会主义市场经济体制初步建立"。[③] 中共十七大确认，

① 陆学艺、李培林主编：《中国社会发展报告》，辽宁人民出版社 1991 年版，第 12 页。
② 江流等主编：《1992—1993 年中国：社会形势分析与预测》，中国社会科学出版社 1993 年版，第 12 页。
③ 江泽民：《在中国共产党第十六次全国代表大会上的报告》。

改革开放"使我国成功实现了从高度集中的计划经济体制到充满活力的社会主义市场经济体制、从封闭半封闭到全方位开放的伟大历史转折。"① 中共十八大则再次强调了市场的作用,"经济体制改革的核心问题是处理好政府和市场的关系,必须更加尊重市场规律,更好发挥政府作用。"②

2. 权力的分散

计划经济最大的特色是中央集权。中共十二大这样论述:"在继续执行现行财政体制和保障企业应有自主权的同时,要根据不同地区、不同行业的实际情况,适当调整中央、地方财政收入的分配比例和企业利润留成的比例,还要鼓励地方、部门、企业把资金用到国家急需的建设项目上来。当然,在集中资金的过程中,仍然要照顾地方、企业的需要。地方、企业拥有一定的机动财力,有利于发挥它们的积极性"。中共十三大作出了更加全面的论述,指出,"权力过分集中的现象,不仅表现为行政、经济、文化组织和群众团体的权力过分集中于党委领导机关,还表现为基层的权力过分集中于上级领导机关"。致使"一方面,领导机关管了许多不该管、管不好、管不了的事,陷于事务主义而不能自拔;另一方面,基层缺乏自主权,人民群众的积极性难以充分调动"。为克服这一弊端,就必须下放权力。"凡是适宜于下面办的事情,都应由下面决定和执行,这是一个总的原则。在中央和地方的关系上,要在保证全国政令统一的前提下,逐步划清中央和地方的职责,做到地方的事情地方管,中央的责任是提出大政方针和进行监督"。到了党的十四大时,中央和地方在经济管理方面的关系相对已经不是那么突出了,但仍要"合理划分中央与省、自治区、直辖市的经济管理权限,充分发挥中央和地方两个积极性"。并强调要实行利税分流和分税制。③ 到了十五大时,中央和地方的经济管理关系已经不是最主要的问题了,因此十五大报告对此没再作出专门的论述。

---

① 胡锦涛:《在中国共产党第十七次全国代表大会上的报告》。

② 胡锦涛:《在中国共产党第十八次全国代表大会上的报告》。

③ 此处所谓的中央地方关系的缓和,主要指延续计划经济思维下的经济管理权限方面的关系。从总体上看,尤其从法治化视角看,中央和地方关系问题一直是存在的,特别是相互间的责、权、利关系,仍需要在改革中进一步完善。如党的十七大指出,要"统筹中央和地方关系,统筹个人利益和集体利益、局部利益和整体利益、当前利益和长远利益,充分调动各方面积极性";"深化预算制度改革,强化预算管理,健全中央和地方财力与事权相匹配的体制"。党的十八大则指出,要"加快改革财税体制,健全中央和地方财力与事权相匹配的体制,完善促进基本公共服务均等化和主体功能区建设的公共财政体系,构建地方税体系,形成有利于结构优化、社会公平的税收制度"。

3. 所有制改革

在全能主义国家时期，国家基本消灭了私有制，建立了全民所有制和集体所有制为形式的公有制。在改革的过程中，单一的所有制结构开始被打破，除原有的全民所有制和集体所有制外，又出现了国营大型企业出资兴办的、按集体所有制形式进行管理和分配的集体经济，由中国和外国资本合作的国家资本主义经济，合作经济，私营经济和个体经济等多种经济形式。①

所有制的改革也经历了一个逐渐发展的过程。20 世纪 80 年代国营经济在整个国民经济中居于主导地位。在农村，劳动人民集体所有制的合作经济是主要经济形式。但是，"由于我国生产力发展水平总的说来还比较低，又很不平衡，在很长时期内需要多种经济形式的同时并存"，因此，要支持和引导"居民集资经营的合作经济"，"要鼓励劳动者个体经济在国家规定的范围内和工商行政管理下适当发展，作为公有制经济的必要的、有益的补充"。党的十三大提出，在"在公有制为主体的前提下继续发展多种所有制经济"；"所有制结构应以公有制为主体。目前全民所有制以外的其他经济成分，不是发展得太多了，而是还很不够。对于城乡合作经济、个体经济和私营经济，都要继续鼓励它们发展"；"中外合资企业、合作经营企业和外商独资企业，也是我国社会主义经济必要的和有益的补充"。党的十四大指出"在所有制结构上，以公有制包括全民所有制和集体所有制经济为主体，个体经济、私营经济、外资经济为补充，多种经济成分长期共同发展，不同经济成分还可以自愿实行多种形式的联合经营"。党的十五大时，所有制改革又向前推进了一步，"公有制为主体、多种所有制经济共同发展，是我国社会主义初级阶段的一项基本经济制度"。非公有制经济也由"必要的有益的补充"转变成"社会主义市场经济的重要组成部分"。自此开始，尽管公有制的主体地位仍然不断被强调，但各经济成分间的平等地位也不断被提及。党的十八大提出，要坚持和完善公有制为主体、多种所有制经济共同发展的基本经济制度，毫不动摇地巩固和发展公有制经济，毫不动摇地鼓励、支持、引导非公有制经济发展，坚持平等保护物权，形成各种所有制经济平等竞争、相互促进新格局。②

---

① 谢维和：《社会资源流动与社会分化：中国市民社会的客观基础》，载《中国社会科学季刊》（香港）1993 年第三卷。

② 有关具体情况请参见中国共产党历次代表大会上中央委员会的报告。

4. 政企分开

在计划经济体制下，政府既是经济计划的制定者，也是实施者；既是国有资产的代表者，也是国营企业的经营者。企业与行政机关在职能上趋于同一，企业行政化，行政机关企业化，政企不分成了普遍的现象。[①] 20世纪 70 年代末期后，国家开始着手改变这种情况。农村开始推行联产承包责任制并取得极大的成功，在此基础上，党的十二大要求工商企业也实行责任制，"无论在国营企业或集体企业中，都必须认真实行经营管理上的责任制"。但是，"对于国营经济中关系国计民生的生产资料和消费资料的生产和分配，尤其是对于关系经济全局的骨干企业，必须实行指令性计划……对于集体所有制经济也应当根据需要下达一些具有指令性的指标"。党的十三大则要求："在政府同企事业单位的关系上，要按照自主经营、自主管理的原则，将经营管理权下放到企事业单位，逐步做到各单位的事情由各单位自己管，政府的责任是按照法规政策为企业服务并进行监督。""必须把计划工作建立在商品交换和价值规律的基础上。以指令性计划为主的直接管理方式，不能适应社会主义商品经济发展的要求。不能把计划调节和指令性计划等同起来。应当通过国家和企业之间、企业与企业之间按照等价交换原则签订订货合同等多种办法，逐步缩小指令性计划的范围。国家对企业的管理应逐步转向以间接管理为主。"党的十四大报告已经不存在"指令性计划"这一概念，政府努力要做的是从直接的企业管理中抽身，而要"把企业推向市场，增强它们的活力，提高它们的素质"，以"通过理顺产权关系，实行政企分开，落实企业自主权，使企业真正成为自主经营、自负盈亏、自我发展、自我约束的法人实体和市场竞争的主体，并承担国有资产保值增值的责任"。中共十四届三中全会通过的《中共中央关于建立社会主义市场经济体制若干问题的决定》对政府管理经济的职能作出了明确的界定："主要是制订和执行宏观调控政策，搞好基础设施建设，创造良好的经济发展环境。同时，要培育市场体系、监督市场运行和维护平等竞争，调节社会分配和组织社会保障，控制人口增长，保护自然资源和生态环境，管理国有资产和监督国有资产经营，实现国家的经济和社会发展目标。政府运用经济手段、法律手段和必要的行政手段管理国民经济，不直接干预企业的生产经营活动。"政企分开意味着经济的

---

① 董炯：《国家、公民与行政法：一个国家—社会的角度》，北京大学出版社 2001 年版，第 188 页。

运行将在很大程度上依靠市场进行调节，由此，国家和企业的关系发生了根本性的转变，政府不再是企业的直接经营管理者，而只能对经济进行间接的宏观调控。

5. 机构改革

全能主义国家中政府权力无所不至，从工业到农业、从经济到社会、从集体到私人，深入各个领域，这种宽泛的政府职能要求有庞大的官僚机构维持其运转。经过三十年的发展，中国的政府机构已经十分庞大，机构重复、领导多头、政出多门、部门分割、职责不清等问题层出不穷。[①] 市场取向的经济改革要求对旧体制下的行政机构也进行相应的改革。否则，旧有的机构将按旧有的思维方式不适当地行使权力，干扰市场的正常运行，而市场经济所需要的政府职能却没有适当的机构去履行，从而也同样导致市场经济不能正常运行。

20 世纪 80 年代以来，政府进行了多次大规模的机构改革，以提高公务员素质，提高行政效率，建立与市场经济体制相适应的行政机构。

1981 年，国务院的工作部门有 100 个。1982 年 3 月 8 日，五届全国人大常委会第二十二次会议通过了关于国务院机构改革问题的决议，国务院各部门从 100 个减为 61 个，人员编制从原来的 5.1 万人减为 3 万人。

1988 年 4 月 9 日，七届全国人大一次会议通过了国务院机构改革方案，启动了着重于大力推进政府职能转变的新一轮的机构改革。政府的经济管理部门要从直接管理为主转变为间接管理为主，强化宏观管理职能，淡化微观管理职能。通过改革，国务院部委由原有的 45 个减为 41 个，直属机构从 22 个减为 19 个，非常设机构从 75 个减到 44 个，人员编制共减少 9700 多人。

1998 年 3 月 10 日，九届全国人大一次会议审议通过了关于国务院机构改革方案的决定。改革后，除国务院办公厅外，国务院组成部门由原有的 40 个减少到 29 个，撤销了几乎所有的工业专业经济部门。[②]

此后，根据转变政府职能和理顺部门职责的要求，国务院机构又经历了数次调整。目前，国务院共有组成部门 25 个、国务院直属机构 17 个、

---

① 实际上，直到今日这些问题仍然未得到有效解决，诸如工商部门与质检部门在打假方面的职能冲突，卫生部门与药监部门在药品管理方面的职能冲突依旧存在。

② 参见中央人民政府网站《新中国成立以来的历次政府机构改革》（http://www.gov.cn/test/2009 - 01/16/content_ 1206928. htm）。

国家部委管理的国家局 19 个，特设直属机构 1 个。①

　　这些年来的机构改革尽管还不能说是完全成功的（实际上每次改革都出现了反复的情况），但它无疑表明了国家已经认识到现行的行政机构与市场经济要求的差距，反映了建立与市场经济相适应的行政机构的决心和努力。

（三）　政府职能转变和新社会结构的形成

　　市场取向的经济体制改革过程，也是政府职能的转变和改革、从无限政府转向有限政府的过程。在改革的过程中，政府开始逐渐从无所不至的广泛领域中抽身，不再试图统管人们生活的一切方面；其领导和管理社会经济工作的方式方法也开始转变，不再直接管理经济事务，而是将这些工作交给市场，政府本身则逐渐转向对经济的宏观调控。

　　随着经济体制改革的推进和政府职能的转变，一种新的与过去完全不同的社会结构开始形成。在主体结构上，不再是一元化的社会主体，而是分化成多元的社会主体，不同的社会主体有不同的利益要求。在农村，农民和农户取得了主体的地位，以乡镇企业为过渡，个体与私有经济开始出现，农村集体也具有了区别与农民和国家的自身利益要求。在城市，单位体制走向瓦解，人们不再完全隶属于特定的单位，出现了新的社会群体，与改革前不同意义上的社团也开始出现。在社会权利主体上，财产权利开始趋于完整，内容也趋于丰富，人们拥有了知识产权等所有权之外的财产权利，所有权本身所受限制也不再如原来那样严格。人身权利得以确立，人的独立的存在价值得到了确认。在社会关系结构上，组织对国家和个人对组织的依附关系开始弱化，个人具备了更大的私人空间和活动领域。农民可以按照市场的需要组织生产，也可以自由决定办厂经商或进城务工；城市居民则不再严格依附于单位，有了选择职业、住所和生活方式的自由。②

---

① 参见中央人民政府网站（http：//www. gov. cn/guowuyuan/gwy_ zzjg. htm）。
② 参见张树义《中国社会结构变迁的法学透视》，中国政法大学出版社 2002 年版。

四　政府性质的重新认识与服务行政的出场

（一）政府性质的重新认识

全能时期的政府被假定为具有无限理性和全能的，能为人类社会生存和发展提供全面计划和全套的服务，政府既是家长又是保姆。作为家长，他要承担起保护和管教他的子民的责任；作为保姆，他要对他的孩子承担全面照顾的责任——无论这种照顾是应该的还是不应该的、受欢迎的还是不受欢迎的。然而这种全能主义的政府是不成功的，他不但无力尽到家长的责任，为他的子民提供充分的保护，也没有有效履行保姆的义务，提供令他的孩子们满意的甚至是必需的照顾。

现代经济学理论对解答这个问题作出了尝试：现代政府在本质上是一个公共机构，其存在的合理性在于人们可利用其具有规模效益优势的强制力量，保护个人权利和节约交易费用。[①] 政府的职责在于为社会提供公共产品。传统体制的问题在于，政府过多地参与和干预了私人产品的生产和交换，并因此没管好自己应该管的事，即没有安排好公共产品的供给。而在具体职能方面，世界银行在其《1997 年世界发展报告：变革世界中的政府》中指出，每一个政府的核心使命包括以下五个方面：（1）确定法律基础；（2）保持一个未被破坏的政策环境，包括保持宏观经济的稳定；（3）投资于基本的社会服务和社会基础设施；（4）保护弱势群体；（5）保持环境。而安德森则认为，政府有七项基本的政府职能：（1）提供经济基础。包括对财产权的确认和保护，合同的执行，为货币、度量衡、公司章程、破产、专利、版权提供标准，以及维护法律秩序和关税体制。（2）提供各种公共产品和服务。包括国防、道路和桥梁、救援、防洪、清理下水道、交通管理系统以及其他基础设施。（3）协调与解决团体冲突。（4）维护竞争。（5）保护自然资源。（6）为个人提供获

[①]　张曙光：《个人权利和国家权力》，载刘军宁等编《市场逻辑与国家观念》（公共论丛第一辑），生活·读书·新知三联书店 1995 年版。

得商品和服务的最低条件。包括消除贫困，保障最低生活，防止被排除在市场经济之外等。（7）保持经济稳定，指政府通过采取财政预算、货币政策及对工资和物价的调控等，缓和商业性经济的上下波动。①

（二）服务行政的出场

改革在促使政府逐步退出私人产品的生产方面取得了较好的成效，除了部分国有企业还在从事竞争性行业的生产活动外，国家已经基本不再直接涉足私人产品的直接生产。在管理方式上，也从经济计划的制定者和实施者退身为市场秩序的监管者，不再直接从事进行管理而负责间接的宏观调控。然而，政府对"不该管的"慢慢做到了少管或不管，该管的却仍然没有管起来。政府在公共产品的提供方面，依旧显得相当弱小，未能尽到其应尽责任。"我们的政府在履行其应该履行的公共职能方面，不是太强了，而是太弱了。"以公共卫生为例，直至20世纪90年代，尽管经济获得了极大的发展，但对公共卫生体系建设的投入却严重不足，农村医疗设施建设极为落后，占全国人口三分之二的农村居民绝大部分不享有卫生保健。突发性公共卫生事件的应急系统也极不完善，以至"SARS"出现之后，尽管其主要局限于城市地区，当局在开始时仍然手足无措，只能采取政治动员的方式进行预防。② 在环境保护方面，政府提供的公共产品同样是不足的，环境的恶化用"愈演愈烈"来形容并不为过。

面对这样的现实，服务行政出场了。学界开始呼吁政府履行其提供公共产品的职责，为公众提供必须由其提供的服务；一些地方政府和政府部

---

① 参见［澳］欧文·E. 休斯《公共管理导论》，中国人民大学出版社2001年版，第119—121页。

② 尽管"SARS"的发生是一个特例，但一方面，它客观上考验了公共卫生体系的建设及其反应能力，另一方面，对此种特例的应对能力原本该是公共卫生体系的应有能力。据说在当时，中央领导最担心的是"SARS"传入农村，这从另一角度说明了农村的公共卫生体系建设存在问题，同时也说明政府并非未认识到农村公共卫生建设的滞后与情况的严重性，只是"无力顾及"罢了。

门也开始提出要建设"服务型政府"。① 党的十五大指出：要"改善居住、卫生、交通和通信条件，扩大服务性消费。逐步增加公共设施和社会福利设施。提高教育和医疗保健水平。实行保障城镇困难居民基本生活的政策"。党的十六届三中全会则明确指出，要"完善政府社会管理和公共服务职能"，要"深化行政审批制度改革，切实把政府经济管理职能转到主要为市场主体服务和创造良好发展环境上来"。②

五　服务行政的现状

（一）"服务型政府"的勃兴

计划经济下全能政府的失败、市场化改革的推进及市场经济体制目标的确立，导致了人们对政府性质和职能的反思及重新认识。但是，在市场经济条件下，我们到底要建设一个什么样的政府？政府在社会经济发展和人们生活中应起到什么作用及如何起作用？这个问题关涉改革和发展如何进一步深入，成了一个不能回避的问题。由此，政府定位问题日渐在理论界和实务界凸显出来。

20世纪90年代以来，越来越多的人提出，社会主义市场经济条件下的政府应该是一个"服务型政府"，执政党和政府也逐渐接受了服务型政府这一价值取向。中共十四大报告提道，"政府的职能，主要是统筹规划，掌握政策，信息引导，组织协调，提供服务和检查监督"。中共十六大确认，要"完善政府的经济调节、市场监管、社会管理和公共服务的职能"。2005年的政府工作报告指出，"服务型政府，是一个能够公正透明、高效地为公众和全社会提供优质公共产品与服务的政府"。要"在继续抓好经济调节、市场监管的同时，更加注重社会管理和公共服务，把财力物力等

---

① 应该承认：政府及政府部门提出要建设"服务型政府"，具有口号性质，其内涵也与行政法意义上的服务行政内涵不同，主要指"行政机关要为公民提供服务"。然而，至少从表面上看，建设"服务型政府"包含政府须提供行政法意义上服务行政，为公众提供应由政府提供的公共产品，因此这个口号的积极意义是应该予以肯定的。

② 参见《中共中央关于完善社会主义市场经济体制若干问题的决定》。

公共资源更多地向社会管理和公共服务倾斜，把领导精力更多地放在促进社会事业发展和建设和谐社会上"。一些地方政府甚至通过了专门的文件，对建设服务型政府作出了部署。如重庆市于 2003 年 8 月出台了《重庆市人民政府关于建设服务型政府的工作意见》，南京市于 2003 年 9 月出台了《南京市人民政府关于推进服务型政府建设的实施意见》，分别对建设服务型政府问题作出了明确规定和详尽部署。①

由于理论界的倡导和政府的肯定，一时间，建设"服务型政府"俨然成了一个时髦的口号，一些人甚至言必称"服务"。然而，对于服务型政府其内涵外延到底为何，至今仍然没有形成统一的意见。总体上而言，对于服务型政府，有以下不同意见：

（1）将服务型政府定位于提供全部公共产品，从而为人民服务的观点。如浙江大学史晋川教授认为，政府的发展方向是要变成服务型政府。无为政府是不该管的不管，该管的也不管。服务型政府要划清界限，该管的管，不该管的不管。转型经济中，政府的力量不可或缺，同时也最忌讳政府在干预经济的过程中形成人格化交易倾向，人格化交易倾向的体现是，政府的服务功能出现"认人而不是认政策"的情况。② 中国社科院工业经济研究所余晖认为，公共服务型政府用通俗的语言说就是提供私人或者社会不愿意提供，或者没有能力提供的公共产品的组织。公民把自己的一部分权利让渡给政府，通过纳税将政府养起来，政府必须帮公民做一些公民做不了的事情。政府提供多少东西、怎么提供，要由公民通过投票的方式解决。规模大小，干得怎么样，也要通过民主的程序评定。③

（2）认为服务型政府就是"为人民服务"。如西南民族大学吴玉宗教授提出：所谓服务型政府就是指政府遵从民意的要求，在政府工作目的、工作内容、工作程序和工作方法上用公开的方式给公民、社会组织和社会提供方便、周到和有效的帮助，为民兴利、促进社会稳定发展。国家行政学院刘熙瑞教授提出：管制型政府不是只有管制而没有服务，服务型政府

---

① 国务院研究室编写组：《十届人大三次会议〈政府工作报告〉辅导读本》，人民出版社、中国言实出版社 2005 年版，第 460—463 页。

② 《浙江经济如何面对新现实》，《南方周末》2004 年 2 月 5 日。

③ 转引自吴双《公共服务型政府的研究综述》（http：//www. tonghai. gov. cn/pubnews/doc/read/sxjyjl/340468328. 162897572/index. asp）。

也并非就没有管制，两者之间的核心区别在于：究竟是官本位还是民本位？究竟是政府本位还是社会本位？究竟是权力本位还是权利本位？公共服务型政府就是在公民本位、社会本位理念指导下，在整个公民民主秩序的框架下，通过法定程序、按照公民意志组建起来的以为公民服务为宗旨并承担着服务责任的政府。①

（3）从人民与政府关系的角度定义服务型政府。如吴敬琏认为：建设"服务型政府"，就是要把"全能大政府"体制颠倒了的政府和人民之间的主仆关系校正过来，建设一个公开、透明、可问责的服务型政府。重要的在于建设对基本人权和对政府权力约束都有明确设定的宪法政治秩序。这就是说，要按照中共十六大的决定，推进政治改革：提升政治文明，发展民主政治，建设法治社会。掌握着国家权力的党政官员必须是可问责的，人民群众对公务人员监督权和罢免权的行使，要通过可操作的法定程序切实得到保证。②

（4）将政府公共服务职责分为维护性服务与社会性公共服务两部分，认为只有同时做到这两项服务的才是服务型政府。如李军鹏认为，现代政府实质上是服务型政府。政府只有通过提供充足优质的公共服务，才能证明自己存在的价值与合法性。没有服务就没有现代政府。政府的首要职能是提供维护性公共服务，包括维护市场经济秩序、保护财产权利和公民权利、保卫国家安全和社会安全，维护性公共服务是服务型政府的基石。政府的另一职能是社会性公共服务，包括教育公共服务、社会保障公共服务、医疗卫生公共服务等。社会性公共服务是服务型政府的主要体现。③

另外，值得关注的是时任国务院总理温家宝对公共服务概念的论述，他指出："公共服务，就是提供公共产品和服务，包括加强城乡公共设施建设，发展社会就业、社会保障服务和教育、科技、文化、卫生、体育等公共事业，发布公共信息等，为社会公众生活和参与社会经济、政治、文

---

① 转引自吴双《公共服务型政府的研究综述》（http：//www. tonghai. gov. cn/pubnews/doc/read/sxjyjl/340468328. 162897572/index. asp）。
② 吴敬琏：《建设一个公开、透明和可问责的服务型政府》，《领导决策信息》2003 年第 25 期。
③ 李军鹏：《公共服务型政府》，北京大学出版社 2004 年版，第 32—33 页。

化活动提供保障和创造条件"。① 这一论述对公务服务的界定已使其与服务行政所要求的公共服务没有实质上的差别。

另　种对服务型政府的权威论述是国务院研究室所编《十届全国人大三次会议政府工作报告辅导读本》一书的论述，该书认为，服务型政府是一个能够公正透明高效地为公众和全社会提供优质公共产品与服务的政府。其内涵至少包括四个方面：一是牢固树立为人民服务的理念；二是强化公共服务职能，向公众提供公共产品和服务；三是形成有效制度安排，严格依法行政，建立健全决策机制，健全政务公开机制，建立健全群众参与和监督机制；四是改革政府管理手段和行为方式，政府从经济建设的领导者和指挥者地位上退下来，成为经济发展方向的指引者、经济关系的协调者和公共服务的供给者。② 这一论述对"服务型政府"的总体界定与第　种论述相同，而其所指"公共服务"则与温家宝总理所指公共服务内容相同。

上述有关服务型政府的论述，尽管内容上有所区别，但总体上是围绕政府为人民服务这个核心展开的，这个意义上的"服务"，与服务行政所要求的"公共服务"，是有所区别的，但它们同时又有着密切的联系，③ 建设服务型政府本身就要求政府将实施服务行政作为其行政的主要方式，更重要的是，在中国行政主导的现行体制下，要讨论服务行政问题，就避不开行政实践的主流论述。因此，无论从哪个角度看，"建设服务型政府"都是服务行政在中国兴起的一个契机。而实践中，在建设服务型政府的口号下，服务行政的确也取得了相当的成就。

（二）改革开放以来服务行政取得的成就

中国自改革开放以来，政府在履行服务行政职能、提供公共服务方面取得了相当的进步。

一是政府对服务行政给予了越来越多的重视。改革开放之前，我国实

---

① 温家宝 2004 年 2 月 21 日在中央党校省部级主要领导干部"树立和落实科学发展观"专题研究班结业式上的讲话。参见薛凯、赵志军、任有为《中国加速构建"服务型政府"》，《半月谈》2004 年第 12 期。

② 国务院研究室编写组：《十届全国人大三次会议〈政府工作报告〉辅导读本》，人民出版社、中国言实出版社 2005 年版，第 457—458 页。

③ 参见前文有关服务行政与服务型政府界分的论述。

行的是计划经济体制，政府对社会实行全面的统制，公共服务尽管也是政府职能之一，但政府并没有对其予以足够的重视。改革开放后，公共服务在政府职能中所占的分量越来越大，20 世纪 90 年代之后，"服务型政府"最终被政府所接受，形成了一股建设"服务型政府"的热潮，对服务行政的发展起到了积极的作用。

二是政府工作重心逐步由直接的经济建设转移到公共服务上来，并提出建立公共财政体系。这种趋势从改革开放以来历年的政府工作报告中可以看出来。如 1982 年的政府工作报告，其重心在于经济建设工作，整个报告共有近 30000 字，其中提到教育、科学、文化、卫生与人民生活方面内容的仅 4000 余字，而有关实现"六五"计划将采取的措施方面，10000余字的报告中更是没有专门提到公共服务方面的内容。① 2006 年政府工作报告全文共 15000 字左右，其中有 4000 字左右直接讨论有关教育、科学、文化、卫生和社会保障方面内容，另外分别有 1000 余字讨论与服务行政密切相关的新农村建设和区域协调发展问题。2012 年政府工作报告全文共近 20000 字，其中也有 4000 字左右直接讨论有关教育、科学、文化、卫生和社会保障方面内容，另有约 1900 字讨论与服务行政密切相关的农业问题及科教强国问题。② 在财政投入比例方面，1978 年，投入经济建设和社会文教方面的资金分别占财政总支出的 64%、13%；1990 年，这一比例分别为 44%、24%；2003 年，这一比例分别为 30%、26%。可见，改革开放以来，直接投入经济建设的财政资金比例持续下降，而社会文教资金比例则持续上升，政府逐步由经济建设为中心转向以公共服务为中心，公共财政体系正开始建立。③ 到了 2011 年，全国教育、科技、文化、社保、医疗、交通和住房保障七项支出共计 51076.56 亿元，占全国当年财政支出总额的 46.75%。④

---

① 根据《1982 年政府工作报告》统计，见中央人民政府网站。
② 根据历年政府工作报告统计，见中央人民政府网站。
③ 公共财政乃是以公共性为核心的财政，它的主要特征：一是以满足社会公共需要为口径界定财政的活动领域和职能范围；二是立足于非营利性；三是收支行为规范化。从其特征来看，建立公共财政体系乃是推行服务行政的基本要求与重要内容。参见中国社会科学院财政与贸易经济研究所：《中国财政政策报告 2004/2005（科学发展观：引领中国财政政策新见解）》，中国财政经济出版社 2004 年版，第 263 页。
④ 参见《中国统计年鉴 2012》，国家统计局网站（http://www.stats.gov.cn/tjsj/ndsj/2012/index-ch.htm）。

三是在服务行政投入总量上，三十多年来，投入服务行政所要求的公共服务如教育、科学、文化、卫生、社会保障等方面的资金有了很大的增长（参见表3－1）。

表3－1　　　　　　　国家财政按功能性质分类的支出　　　　　（单位：亿元）

年　份	支出合计	经济建设费	社会文教费	国防费	行政管理费	其他支出
1978	1122.09	718.98	146.96	167.84	52.90	35.41
1980	1228.83	715.46	199.01	193.84	75.53	44.99
1985	2004.25	1127.55	408.43	191.53	171.06	105.68
1990	3083.59	1368.01	737.61	290.31	414.56	273.10
1995	6823.72	2855.78	1756.72	636.72	996.54	577.96
2000	15886.50	5748.36	4384.51	1207.54	2768.22	1777.87
2003	24649.95	7410.87	6469.37	1907.87	4691.26	4170.58
2006	40422.73	10734.63	10846.20	2979.38	7571.05	8291.47

注：2008年起《中国统计年鉴》不再有按财政功能性质分类的支出。但公共服务类支出仍在高速增长。

资料来源：《中国统计年鉴2007》。

四是逐渐开始重视农村的公共服务。如农业税的全面停收、农村居民医疗保健体系的建设、农村小学学杂费的停收、农村基础设施建设投入的增加，等等。这些成就尽管还有很大的局限性，但相对于过去而言，进步还是客观存在的，这点从近年来政府工作报告中对农业公共服务问题的重视及投入农村公共服务资金的增长可看出来。

由于服务行政涉及问题极为广泛，其范围一定程度上也在不断扩大，因此对服务行政所取得的成就进行全面描述是不可能的，本研究有选择地就一些重要内容进行简要的描述。这一描述力图通过数字证明事实，因此能用数据表明的事实都通过图表形式以数据来论证。

1. 卫生服务

卫生服务通常被认为是典型的公共物品，应该由政府提供，而中国的卫生事业由于人口众多、卫生基础较差等原因，又有着自身独有的特点。早在2000年，就有研究者指出，中国卫生服务的特点包括：（1）要用极其有限的卫生资源来解决世界上五分之一人口的医疗保健问题，必须实行"低水平、广覆盖、高效率"的方针；（2）人均医疗卫生支出水平低于世界平均水平，必须建立多元化的筹资渠道，以私人、社会支出为主；（3）各类与健康相关的服务设施覆盖率与发达国家有明显的差距，必须向全体人民提供公共卫生设施；（4）存在明显的公共卫生资源分配和服务水平的城乡差距，卫生工作和投资重点必须是农村；（5）存在明显的公共卫生资源分配和服务水平的地区差距，必须向贫困地区"雪中送炭"。① 应该说，在三十多年来公共服务的发展中，卫生事业并不是值得称道的一个方面，特别是其公平性饱受诟病。但从技术水平和服务数量来说，发展还是客观存在的，卫生费用投入的总量、医疗机构的数量、医院卫生人员的数量、医院床位数量等方面都有着较大的增长（参见表3-2、3-3、3-4、3-5）。

表3-2 　　　　　　　　　　　　卫生总费用

指标	2014 年	2010 年	2005 年	2000 年	1995 年	1990 年	1985 年	1978 年
卫生总费用（亿元）	35312.40	19980.39	8659.91	4586.63	2155.13	747.39	279.00	110.21
政府卫生支出（亿元）	10579.23	5732.49	1552.53	709.52	387.34	187.28	107.65	35.44
社会卫生支出（亿元）	13437.75	7196.61	2586.41	1171.94	767.81	293.10	91.96	52.25
个人现金卫生支出（亿元）	11295.41	7051.29	4520.98	2705.17	999.98	267.01	79.39	22.52

---

① 胡鞍钢：《政府在促进医疗卫生产业发展中的作用》，载胡鞍钢、王绍光主编《政府与市场》，中国计划出版社2000年版，第29—303页。

续表

指标	2014 年	2010 年	2005 年	2000 年	1995 年	1990 年	1985 年	1978 年
人均卫生费用（元）	2581.66	1490.06	662.30	361.90	177.90	65.40	26.40	11.50
城市人均卫生费用（元）	3234.12 （2013 年）	2315.48	1126.36	813.74	401.30	158.80		
农村人均卫生费用（元）	1274.44 （2013 年）	666.30	315.83	214.65	112.90	38.80		

资料来源：《中国统计年鉴 2014》，及国家统计局网站，http：//data. stats. gov. cn/ easyquery. htm？cn = C01，最后访问日期：2016 年 10 月 31 日。

表 3 - 3　　　　　　　　　　卫生机构数　　　　　　　（单位：个）

指标	2014 年	2010 年	2005 年	2000 年	1995 年	1990 年	1985 年	1978 年
医疗卫生机构数	981432	936927	882206	1034229	994409	1012690	978540	169732
基层医疗卫生机构	917335	901709	849488	1000169				
专业公共卫生机构数	35029	11835	11177	11386				
卫生监督所（中心）数	2975	2992	1702					

资料来源：《中国统计年鉴 2014》，及国家统计局网站，http：//data. stats. gov. cn/ easyquery. htm？cn = C01，最后访问日期：2016 年 10 月 31 日。

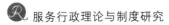

表 3 - 4   卫生机构的人员数

指标	2013 年	2010 年	2005 年	2000 年	1995 年	1990 年	1985 年	1978 年
卫生人员数	979.05	820.75	644.72	691.04	670.44	613.77	560.61	788.30
卫生技术人员数	721.06	587.62	456.41	449.08	425.69	389.79	341.09	246.39
乡村医生和卫生员数	108.11	109.19	91.65	131.94	133.10	123.15	129.31	477.75
其他技术人员数	35.98	29.02	22.57	15.75	12.08	8.55	4.61	2.30

资料来源:《中国统计年鉴 2014》。

表 3 - 5   卫生机构床位数   （单位：万张）

指标	2013 年	2010 年	2005 年	2000 年	1995 年	1990 年	1985 年	1978 年
卫生机构床位数	618.19	478.68	336.75	317.70	314.06	292.54	248.71	204.17
医院床位数	457.86	338.74	244.50	216.67	206.33	186.89	150.86	110.00

续表

指标	2013 年	2010 年	2005 年	2000 年	1995 年	1990 年	1985 年	1978 年
基层医疗卫生机构床位数	134.99	119.22	72.58	76.65				
专业公共卫生机构床位数	21.49	16.45	13.58	11.86				

资料来源：《中国统计年鉴 2014》。

2. 交通运输设施建设

交通运输业在改革开放以来的三十多年中获得了相当大的发展。一直以来，交通设施落后是国民经济和社会发展的瓶颈，1978 底，铁路通车里程为 5 万多公里，公路通车里程为 89 万公里，民用航空航线长度为 14.9 万公里，内河通航里程 13.6 万公里。1982 年时，国家还认为，在近期内"交通运输的紧张状况也不可能有根本的改变"。[①] 但在此后的 30 余年中，交通运输基础设施建设获得了相当大的发展。截至 2015 年底，全国铁路营业里程达到 12.1 万公里，其中高铁营业里程超过 1.9 万公里；全国等级公路里程 404.63 万公里，其中高速公路里程 12.35 万公里；年末全国内河航道通航里程 12.70 万公里；年末共有颁证民用航空机场 210 个，其中定期航班通航机场 206 个，定期航班通航城市 204 个。这些数据与之前的数据形成了鲜明的对比。（见表 3 - 6）。

---

① 赵紫阳：《1982 年政府工作报告》，中央人民政府网站。

表 3 - 6　　　　　　　　　交通运输线路总长度　　　　　（单位：万公里）

指标	2013 年	2010 年	2005 年	2000 年	1995 年	1990 年	1985 年	1978 年
铁路营业里程	10.31	9.32	7.71	7.01	6.49	5.78	5.58	5.30
公路里程	435.62	410.64	345.70	169.80	118.58	104.11	96.28	87.58
高速等级路公路里程	10.44	8.49	4.53	1.94	0.34	0.06		
内河航道里程	12.59	12.46	12.34	12.15	11.08	10.97	10.94	10.78
定期航班航线里程	410.60	349.06	211.35	155.35	116.65	55.91	32.31	16.00
管道输油（气）里程	9.85	8.33						

资料来源：《中国统计年鉴 2014》。

3. 教育服务

教育服务三十多年来取得了相当的发展的，特别是公民有了更多的机会获得中等、高等教育。1978 年，国家用于社会文教的总财政投入才146.96 亿元，而到了 1992 年，国家投入的教育经费达到近 729 亿元，2005 年为 5161 亿元，2010 年则达到 14670 亿元（见表 3 - 7）。各类学校总数、专任老师数、招生数、在校生数等在这三十多年间都有了很大的增长（见表 3 - 8）。大专以上教育程度人口从 1982 年的 416 万人增加到2010 年的 8930 万人，文盲率则从 1982 年的 22.8% 下降到 2010 年的4.08%（见表 3 - 9）

表 3 - 7　　　　　　　　**教育经费情况**　　　　　　（单位：万元）

年　份	合　计	国家财政性教育经费	预算内教育经费	民办学校办学经费	社会捐赠经费	其他教育经费
1992	8670491	7287506	5387382		696285	
1995	18779501	14115233	10283930	203672	1628414	
2000	38490806	25626056	20856792	858537	1139557	1483939
2005	84188391	51610759	46656939	4522185	931613	3723842
2008	145007374	104496296	96855602	698479	1026663	5115225
2010	195618471	146700670	134895629	1054254	1078839	5724045
2011	238692936			1119320	1118675	6341005
2013	303647182	244882177				

资料来源：《中国统计年鉴 2012》，其中 2011 年以后数据来自国家统计局网站：http：// data. stats. gov. cn/easyquery. htm？cn = C01，最后登录日期：2016 年 11 月 1 日。

表 3 - 8　　　　　　　　**各类学校、学生情况表**

指　标	1978	1990	1995	2000	2003	2007	2013
学校数（所）							
普通高等学校	598	1075	1054	1041	1552	1908	2491
普通中等学校	165105	100777	95216	89763	89398	92267	
小学	949323	766072	668685	553622	425846	320061	213529
特殊教育	292	746	1379	1539	1551	1618	1933
幼儿园	163952	172322	180438	175836	116390	129086	198553
专任教师（万人）							
普通高等学校	20.6	39.5	40.1	46.3	72.5	116.83	149.69
普通中等学校	328.1	349.2	388.3	458.1	502.5	578.4	
小学	522.6	558.2	566.4	586.0	570.3	561.3	558.46

续表

指 标	1978	1990	1995	2000	2003	2007	2013
特殊教育		1.4	2.5	3.2	3.0	3.5	4.6
幼儿园		75.0	87.5	85.6	61.3	82.7	166.4
招生数（万人）							
普通高等学校	40.2	60.9	92.6	220.6	382.2	565.9	699.8
普通中等学校	2743.6	1815.8	2354.0	3051.3	3353.4	2703.9	
小学	3315.4	2064.0	2531.8	1946.5	1829.4	1736.1	1695.4
特殊教育	0.6	1.6	5.6	5.3	4.9	6.3	6.6
幼儿园			1972.4	1531.1	1316.8		
在校生数（万人）							
普通高等学校	85.6	206.3	290.6	556.1	1108.6	1884.9	2468.1
普通中等学校	6637.2	5105.4	6191.5	8361.6	9613.8	8243.3	
小学	14624.0	12241.4	13195.2	13013.3	11689.7	10564.0	9360.6
特殊教育		7.2	29.6	37.8	36.5	41.9	36.8
幼儿园		1972.2	2711.2	2244.2	2003.9	2348.8	3894.7
毕业生数（万人）							
普通高等学校	16.5	61.4	80.5	95.0	187.7	447.8	638.7
普通中等学校	2398.5	1497.5	1636.9	2235.6	2737.7	2745.2	
小学	2287.9	1863.1	1961.5	2419.2	2267.9	1870.2	1581.1
特殊教育	0.3	0.5	1.9	4.3	4.5	5.0	5.1

资料来源：《中国统计年鉴2004》。其中2007年、2013年数据分别根据《中国统计年鉴2007》、《中国统计年鉴2014》整理。

表3—9　　　　　　　　　　全国人口受教育状况

每十万人拥有的各种受教育程度人口（人）	1964	1982	1990	2000	2010
大专及以上	416	615	1422	3611	8930
高中和中专	1319	6779	8039	11146	14032
初中	4680	17892	23344	33961	38788

续表

每十万人拥有的各种受教育程度人口（人）	1964	1982	1990	2000	2010
小学	28330	35237	37057	35701	26779
文盲人口及文盲率					
文盲人口（万人）	23327	22996	18003	8507	5466
文盲率（%）	33.58	22.81	15.88	6.72	4.08

资料来源：《中国统计年鉴2012》。

4. 社会保障

社会保障作为政府工作中的正式概念，是随着改革开放的推进而出现的。在改革开放之前，尽管存在扶贫救灾、抚恤优待、退休养老等实质上属于社会保障范畴的事务，但国家对作为服务行政内容的社会保障并未作通盘考虑。随着改革开放的推进，政府对社会保障事务予以了越来越多的重视，到了1998年，全国初步建立起统一的企业职工基本养老保险制度，失业保险逐步扩大，300多个城市建立了居民最低生活保障制度。[1] 1999年，国务院正式通过了《城市居民最低生活保障条例》。从1998年到2003年，参加养老保险、失业保险和医疗保险的人数分别从11203万人、7928万人、1879万人增加到15506万人、10373万人、10902万人。[2] 近年来，社会保障事业进一步发展，温家宝在2013年政府工作报告中指出："五年累计投入就业专项资金1973亿元，实现高校毕业生就业2800万人，城镇就业困难人员就业830万人"；"全面推进社会保障体系建设，建立新型农村社会养老保险和城镇居民社会养老保险制度，城乡居民基本养老保险实现了制度全覆盖，各项养老保险参保达到7.9亿人"；"深化医药卫生体制改革，建立新型农村合作医疗制度和城镇居民基本医疗保险制度，全民基本医保体系初步形成，各项医疗保险参保超过13亿人"；"健全城乡居民低保、医疗、教育、法律等救助制度，改革完善孤儿保障、流浪儿童救助保护、农村五保供养制度"；"城镇保障性住房制度，覆盖面逐步扩大，

---

[1]　李鹏：《1998年政府工作报告》，中央人民政府网站。

[2]　转引自中国社会科学院财政与贸易经济研究所：《中国财政政策报告2004/2005（科学发展观：引领中国财政政策新见解）》，中国财政经济出版社2004年版，第22页。

2012 年年底已达到 12.5%。社会保障制度建设取得历史性的巨大成就"（见表 3 – 10）。

表 3 – 10　　　　　　　国家财政用于抚恤和社会福利的支出

（单位：亿元）

年份	失业保险			城镇职工基本医疗保险		工伤保险		年末参加生育
	年末参保人数（万人）	全年发放失业保险金人数（万人）	全年发放失业保险金（亿元）	年末参保职工人数（万人）	年末参保退休人员（万人）	年末参保人数（万人）	年末享受工伤待遇的人数（万人）	保险人数（万人）
1994	7967.8	196.5	5.1	374.6	25.7	1822.1	5.8	915.9
2000	10408.4	329.7	56.2	2862.8	924.2	4350.3	18.8	3001.6
2005	10647.7	677.8	132.4	10021.7	3761.2	8478.0	65.1	5408.5
2008	12399.8	516.7	139.5	14987.7	5007.9	13787.2	117.8	9254.1
2011	14317.1	394.4	159.9	18948.5	6278.6	17695.9	163.0	13892.0

资料来源：《中国统计年鉴 2012》。

5. 通信服务

三十多年来，通信服务的发展是飞跃式的，超乎了人们想象。改革开放之初的 1980 年，长途自动交换机容量仅仅有 1863 门，本地电话局用交换机容量只有 405.9 万门。当时安装一部电话要花数千元钱，还要找关系、走后门。到了 2011 年，局用交换机容量已经达到 43428 万门、移动电话已经达到 171636.4 万户，电话已经普及（参见表 3 – 11）。邮政服务也取得了相应的发展（见表 3 – 12）。

6. 城市公用事业

城市公用事业是随着城市化的进程而发展起来的，在供水、供气、供电、供热、公共交通和绿化卫生方面都取得了很大的发展。其中，发展最快的是公共交通拥有率、燃气普及率等方面（见表 3 – 13）。

表 3 - 11   电信主要通信能力（年底数）

年 份	长途自动交换机容量（路端）	本地电话局用交换机容量（万门）	移动电话交换机容量（万户）	长途光缆线路长度（公里）	长途微波线路长度（公里）
1978	1863	405.9			13958
1980	1969	443.2			13958
1985	11522	613.4			17275
1989	103269	1034.7	3.7	1851	26338
1993	1206091	3040.8	156.1	38666	64368
1998	4491595	13823.7	4706.7	194100	66518
2003	8693998	35082.5	33698.4	594303	119886
2007	17092213	51034.6	85496.1	792154	8539.3
2011	16023400	43428.4	171636.0	842300	
2013	12805100	41089.3	196557.3	890000	

资料来源：《中国统计年鉴 2008》《中国统计年鉴 2014》。

表 3 - 12   邮政业相关情况

指　标	1999	2001	2003	2005	2007	2011	2013
函件（亿件）	60.52	86.93	103.84	73.51	69.50	73.8	63.41
特快专递（万件）	9091.3	12652.7	17237.8	22880.3	120189.6	367311.1	918674.89
报刊期发数（万份）	25035.2	21811.1	16594.4	14601.3	13030.6	15007.7	15140.9
邮政局所（处）	66649	57136	63555	65917	70655	78667	125115
邮路及农村投递路线总长度（万公里）	632.71	659.53	680.20	697.15	717.0		5897229

资料来源：《中国统计年鉴 2004》《中国统计年鉴 2008》《中国统计年鉴 2012》《中国统计年鉴 2014》。

表 3-13　　　　　　　　　城市公用事业基本情况

项目	1990	1995	2000	2010	2011
城市供水、燃气及集中供热					
全年供水总量（亿立方米）	382.3	481.6	469.0	507.9	513.4
生活用水	100.1	158.1	200.0	238.8	247.7
用水普及率（%）	48.0	58.7	63.9	96.7	97.0
人工煤气供气量（亿立方米）	174.7	126.7	152.4	279.9	84.7
天然气供气量（亿立方米）	64.2	67.3	82.1	487.6	678.8
液化石油气供气量（万吨）	219.0	488.7	1053.7	1268.0	1165.8
燃气普及率（%）	19.1	34.3	45.4	92.0	92.4
集中供热面积（亿平方米）	2.1	6.5	11.1	43.6	47.4
城市市政设施					
年末实有道路长度（万公里）	9.5	13.0	16.0	29.4	30.9
年末实有道路面积（亿平方米）	10.2	16.5	23.8	52.1	56.3
城市排水管道长度（万公里）	5.8	11.0	14.2	37.0	41.4
城市公共交通					
年末公共交通车辆运营数（万辆）	6.2	13.7	22.6	38.3	41.3
出租汽车数（万辆）	11.1	50.4	82.5	98.6	100.2
城市绿化和园林					
城市绿地面积（万公顷）	47.5	67.8	86.5	213.4	224.3
公园个数（个）	1970	3619	4455	9955	10780
公园面积（万公顷）	3.9	7.3	8.2	25.8	28.6
城市环境卫生					
生活垃圾清运量（万吨）	6767	10671	11819	15805	16395
每万人拥有公厕（座）	3.0	3.0	2.7	3.0	2.9

资料来源：《中国统计年鉴2012》。

（三）存在的问题与不足

服务行政在过去的三十年里取得了不菲的成绩，但这些成绩远不足以说明中国的服务行政已经是令人满意的，也不能说明政府已经尽到了服务行政职责。"服务型政府"的提出体现了一种包含公共服务的价值取向，但许多时候它都沦为了一些政府官员的口号，政府的行为方式一方面没有体现服务行政的要求，而另一方面却可能误解服务行政的意涵。实际上，政府的服务行政职责尚有许多不尽如人意的地方。主要表现在以下几个方面：

1. 政府角色定位仍有不明确之处

计划经济时代，政府全面负责社会的各项建设事业，为了追求经济的快速增长，把大量的财政性资金投入经济建设领域，包括竞争性领域。改革开放后，这种现象有所改变，但政府却仍未完全从经济建设领域退出，没有明确自己在经济建设与公共服务方面不同的角色，一定程度上还是一个经济建设型政府而不是公共服务型政府。以至于到了已经正式提出建设"服务型政府"目标的2006年，政府财政支出的26.6%仍用于经济建设，与用于社会文教费支出的26.8%持平（表3-1）。特别是政府还在竞争性经济行业里投入大量的资金，参与私人产品和服务的生产与提供。[1] 这一方面使得财政资金面临市场风险，有可能被市场吞噬；另一方面挤占了原应用于公共服务的资金，使政府在公共服务领域的投入严重不足，诸如公共教育、公共卫生、农村居民基本生活保障等公共服务领域政府的缺位已经严重影响了社会与经济发展的平衡进行。

2. 服务行政水平总体上还不高

改革开放以来，政府在与服务行政密切相关的社会文教资金投入方面，尽管总量上有了很大提高，占财政总支出的比例也从1978年13%提高到2003年26%，此后有进一步提高，[2] 但服务行政总体水平仍然不高。若与经济发达国家相应的经费比例相比较，那么这种不足更明显，如在美国，大部分的财政支出都用于了公共服务（见表3-14）。在公共教育方面，我国政府的公共教育经费占GDP支出比重2013年仅仅为3.76%，[3] 而1997年时世

---

[1] 在《财富》杂志公布的2012年世界500强企业中，中国共有73家公司入榜，但其中仅5家民营企业，其他皆为国有或国有控股企业。参见财富中文网《2012财富世界500强企业出炉 中国大陆73家上榜》（http://finance.eastmoney.com/news/1344，20120709221165113.html）。

[2] 此后的统计数据不再有"社会文教"这一科目。若以教科文卫和社会保障支出计算，2013年度该支出约占国家财政支出的37%（根据《中国统计年鉴2014》数据估算）。

[3] 该数据根据《中国统计年鉴2014》公布的财政性教育经费与GDP数据计算得出。

界平均水平即为 4.8%。① 社会保障方面，1999 年中国中央政府社会保障支出仅占 GDP 的 0.22%，远低于同期日本的 11.8%、美国的 12.2%、英国的 17.3%，也低于印度的 0.3%。此外还面临社会保障体系不健全、资金紧缺、覆盖低等问题。② 在公共卫生服务方面，水平更是一度极为低下（表3 - 15），且存在政府支出比重过低、城乡不平等严重问题。③

表 3 - 14　　　　　　美国联邦政府 2001 年财政支出结构　　　　（单位:%）

社会 保险	医疗 保险	医疗援助	低收入者 受益项目	国防 费用	教育、科技、 交通等费用	利息 支出	其他法 定支出
23	12	7	6	16	19	11	6

资料来源：朱志纲主编：《美国联邦政府预算管理——2001 财政年度》，经济科学出版社 2001 年版。

表 3 - 15　中国公共医疗卫生支出占 GDP 比重的国际比较（1990—1998）

国别	比重
中国	2.0%
高收入国家	6.2%
中等收入国家	3.1%
低收入国家	1.3%
世界平均水平	2.5%

资料来源：世界银行：《2000/2001 年世界发展报告》，中国财政经济出版社 2001 年版，第 290—291 页。

---

① 世界银行：《2000/2001 年世界发展报告：与贫困作斗争》，中国财政经济出版社 2001 年版，第 288—289 页。
② 李军鹏：《公共服务型政府》，北京大学出版社 2004 年版，第 70—72 页。当然，近些年来也取得了长足的进步。2010 年，我国社会保障与就业经费占 GDP 的比重为 2.48%（据《中国统计年鉴 2014》）。
③ 这方面，近年来也取得了一些进步，根据《中国统计年鉴 2014》数据估算，2013 年，公共卫生总费用占 GDP 的比重达 5.4%，政府卫生支出与社会卫生支出总和占 GDP 的比重为 3.58%，用于医疗卫生的财政支出占财政支出总额的 5.9%。

3. 一些政府应该承担的公共服务还没承担起来

在卫生服务方面，尽管国家财政对于城市居民提供了相对较为完善的服务，但在对农村居民提供服务方面还相当薄弱，农民在卫生医疗方面一度不能得到国家在体制方面任何的帮助，许多农民因此致贫。自中华人民共和国成立后，国家即着手建立我国的农村合作医疗。随着农村合作化运动的掀起和农村集体经济地位的确立，合作医疗制度得到了空前的发展。1958 年，全国合作医疗覆盖率达到 10%，1962 年接近 50%，到 20 世纪 70 年代中期则达到 90%，这项制度于 1978 年被载入了宪法。但是，自 20 世纪 80 年代初期的农村经济体制改革以后，许多地方的农村合作医疗组织迅速解体，到 1989 年，全国农村合作医疗的覆盖率降至 4.80%。从 20 世纪 90 年代初期开始，国家重新重视农民医疗保障，并从 1996 年起进行农村合作医疗试点，依靠地方政府的行政推动力重新建立合作医疗组织。但到 1998 年，全国农村合作医疗覆盖率还仅为 6.50%，即使在情况最好的一类农村也只有 22.21% 农村的覆盖率。① 直到近年，情况才有明显好转，截至 2015 年年底，全国参加新型农村合作医疗人口数达 6.7 亿人，参合率为 98.8%。2015 年度新农合筹资总额达 3286.6 亿元，人均筹资490.3 元。全国新农合基金支出 2993.5 亿元。②

在公共基础教育方面，公共基础教育原本是政府最基本的公共服务，但很长的一段时间里，政府却放弃了这一职责，许多儿童因贫困而失学，社会各界对此也关注，甚至政府也推动成立了青少年基金会实施希望工程。实际上，实施希望工程意味政府将自己应做的事交由一个非政府机构去做，本身说明政府对教育问题没有尽到责任。以中国政府目前的财力，完全有能力承担这一事务。令人欣慰的事，近年来政府似乎已经对此有了新的认识，开始投入更多的力量到基础教育中，2006 年修订的《义务教育法》也规定对义务教育不收取学杂费。

4. 服务行政在内容上层次不明

服务行政是一项艰巨的任务，需要大量的资金投入，在政府财力有限的情况下，必须分清轻重缓急，将有限的资金投入到最基本的公共服务中去，如医疗、教育、基本生活保障等社会收益率高的基本公共服务领域。但实际上，服务行政却出现了倒本为末，主次不分的现象。例如，直到

---

① 谢圣远：《农村合作医疗制度的历史回顾与发展反思》，《中国卫生经济》2005 年第 4 期。
② 参见《2015 年我国卫生和计划生育事业发展统计公报》，中国政府网。

2011 年，按照新的贫困标准（农村居民家庭人均纯收入 2300 元人民币/年），我国还有 1.28 亿的贫困人口,① 其中的一部分甚至还处于绝对贫困状态下，温饱问题还没有解决，更不要说卫生和教育等问题的解决。

5. 公共服务改革定位不清，在市场化与非市场化之间徘徊

这种徘徊实际上说明了改革的主导者对哪些服务应该由政府直接提供、哪些可由市场提供，哪些应由政府进行严格管制、哪些可完全放开还没有清楚的认识。比如在教育方面，有关方面一度曾提出"教育是一门产业"。在这种定位之下，各教育主体都努力将这一"产业"做大，甚至许多教育机构以盈利为工作的中心。民众的教育负担越来越重，如高等教育的收费越来越高。同样的问题也出现在医疗领域，目前公立医院尽管在性质上是"事业单位"，但市场化改革的结果却是医院一切以利润为中心，各家医院都盖起了高楼大厦，医院见死不救的消息也时有耳闻。一方面许多居民却因为医疗的高收费而不敢上医院看病，因病致穷在一些地方已经成为普遍现象。另一方面，一些原该市场化的领域却因垄断利润的存在而处在垄断力量的控制之下，如出租车的经营，从性质上看是最适合由个体经营的，但相关部门却不顾社会呼声，坚持出租车的垄断与挂靠经营。

6. 公共服务发展不平衡

公共服务三十多年来在许多领域取得了进步，但与此同时，公共服务的发展却是不平衡的，这种不平衡在主体上体现在以下几个方面，一是城乡间的不平衡；二是经济发达地区与经济落后地区的不平衡；三是在阶层间的不平衡。而在领域上，则几乎体现在每一个领域，从教育到医疗、从基本生活保障到社会福利、从公共交通到公用事业，几乎每一个领域都存在不平衡和不平等现象。

---

① 该数据来源于中国科学院《2012 中国可持续发展战略报告》，参见 http：//www. chinanews. com/gn/2012/03－12/3737442. shtml。

第四章　服务行政对公共行政实践的影响

服务行政的兴起对现代行政实践从理念到方式、从范围到手段都产生了巨大的影响。在西方，这种影响早在20世纪初已经显现出来；在我国，这影响直到改革开放后才逐步显现出来。

计划经济时代，政府相对于公民和社会居于类似"家长"的地位，要履行作为家长的全面职责，因此政府的行为体现出积极的、单方的、直接的和命令式的特性。但政府的家长式行为并非是现代法治国家意义上的行政，且严重阻滞了社会的生机与活力。正因于此，国家实行了市场取向的经济体制改革，逐步从全方位的社会事务管理活动中抽身出来，全能政府逐渐回归有限政府，市场这只"看不见的手"重新在调节社会经济中发挥重要作用。出于对计划经济体制下政府定位的反思，有限政府和秩序行政成了人们所期待的行政模式，这一模式所要求的行政特征是消极性、单方性、间接性和强制性，等等。

然而，随着改革开放的推进，社会政治、经济和文化发生剧烈变革，科学技术迅猛发展，城市化进程加快，人们的生活方式发生了巨大改变，这一切使得单纯的"秩序行政"难以维持和促进社会经济的均衡与平稳发展，难以满足日益增长的社会需求，积极主动的服务行政成为一种必然要求。本章考察在服务行政兴起的背景之下，公共行政实践所发生的变化。需要特别注意的是，服务行政的兴起与发展对行政实践的变化起到了巨大的作用，但并不意味着服务行政就是这些变化产生的全部原因。事实上，行政实践的变化是因应社会发展的需要而产生的，社会发展的各种因素都会对公共行政实践产生或大或小的影响。可以说，公共行政实践的变化是多因之果，而在众多的原因中，服务行政是重要的原因之一，在有些时候和有些方面甚至是主要的原因。

一　行政作用范围的扩展

（一）服务行政的兴起与行政作用范围的扩展

行政作用范围指公共行政在整个社会发展中所介入事务的范围，或说公共行政在哪些领域内发生作用。此处所谓的"作用"是就行政在其中发挥一定程度影响力而言的，某一事务纳入行政作用范围并不意味着该事务由行政机关全面直接负责，而仅仅指行政机关对该事务发生了相当的影响。在服务行政领域，一定事务纳入行政的范围并不要求行政机关直接提供该服务，而仅仅指行政机关承担起使公众能获得该服务的责任，至于具体的服务承担者则不在所问。世界银行《1994 年世界发展报告：为发展提供基础设施》专辟一章论述"利用市场提供基础设施服务"。[①] 利用市场提供服务这一过程并不说明政府在其中已经不发挥作用，相反，如提供基础设施这样的服务是政府的职责所在，市场不过是其利用的手段或介质，在市场不能承担这一任务之时，政府必须亲身承担这一任务。从这个角度理解行政的范围，我们就可以发现，服务行政兴起之后，行政作用的范围已经大大扩展了。

在自由竞争资本主义时期，有限政府的理念要求政府承担的是"守夜人"的角色，仅仅在诸如国防、治安和提供必不可少的基础设施方面发挥作用，行政的作用主要体现在秩序维护方面，以秩序行政的方式表现出来。19 世纪下半叶开始，第二次工业革命的影响开始显现，工业快速发展，城市化步伐加剧，交通、通信等在人们生活中的重要性日益突出，一些社会矛盾也开始涌现。为解决这些问题，行政必须发挥其作用，比此前更广泛、深入地介入社会生活中。美国独立管制机构的发展正是行政范围扩展的典型代表。第一个独立管制机构是出现于 1887 年的州际商业委员会。此后，各类独立管制机构不断出现，到 20 世纪 30 年代已存在有联邦

---

① 　世界银行：《1994 年世界发展报告：为发展提供基础设施》，中国财政经济出版社 1994 年版，第 52 页以下。

储备委员会、联邦贸易委员会、联邦能源委员会等多个独立管制委员会。20年代的世界性经济危机对各国产生了巨大影响，多数资本主义国家采取凯恩斯主义政策，放弃了自由经济理念而加强了对社会对经济的干预。1933年罗斯福上台之后，为重振美国经济，实行"新政"，采取了一系列措施，实行对社会经济的大力干预。如控制银行、市场、企业，规定最长工作时间和最低工资，实行社会保障制度，等等。为保证新政的实施，一系列的独立管制机构在这一时期建立起来了，包括证券交易委员会、国家劳动关系委员会、民用航空委员会、联邦通讯委员会和联邦海事委员会等等。国会在设立这些机构的同时，也制定了一系列的法律，授权行政机构对社会经济进行管理和干预。

出于保证行政权力在社会经济中发挥作用的同时不致被滥用的要求，对行政权扩展的担忧一直存在，但社会经济发展而导致的行政权扩展却是大势所趋。因此，尽管反对的声音从来没有消失过，但在"二战"之后，随着福利国家的发展，行政的作用范围反而更加扩大，这种趋势一直持续到20世纪七八十年代以英国撒切尔政府和美国里根政府倡导的以市场化为核心的公共行政改革时期。这一改革的中心是扩大市场的作用范围、限制政府的职能、寻求政府和市场回归，大部分国家都卷入了这一改革浪潮。"一时间，政府在20世纪初，特别是20—30年代世界大萧条时期以来取得的几乎无所不在、无所不能的权力，又纷纷被'卸载'——或回归市场，或转换到组织，引进市场运作方式，行政权力地盘的收缩和强度的降低，似乎成为最近二十多年来世界范围内行政改革的一大趋势。"①公共行政改革使行政的地位发生了巨大的变化，但行政的作用并没有完全退却。一方面，市场化趋向改变的主要是政府的行为方式，而不是政府的作用范围，即使在市场化的领域内，政府仍承担着明确的职责，如城市卫生清理工作的市场化，并不说明政府已经没有这一职能，而仅仅说明其方式的变化，一旦城市卫生出现问题，人们所考问的仍是政府的责任。另一方面，20世纪80年代以来的三十多年中，新的公共服务需要还在不断地涌现和发展，比如，新的通信技术的发展导致了人们对新的通讯服务的要求，政府应承担提供新技术条件下公共通信服务的职责。又如，随着经济社会的发展，人们对服务行政本身的

---

① 参见周志忍《当代国外行政改革比较研究》，国家行政学院出版社1999年版，第3页。

要求也越来越高，在原来情势下，公民所要求的公共服务可能尚处在最基本服务如基本生活保障的阶段，但在经济发展后，这种要求也可能从保障基本生活上升到要求提供一定的文化体育设施如图书馆、体育馆等等。

（二）行政作用范围扩展在我国的体现

在我国，由于经历了从计划经济到市场经济的转型，服务行政的发展对行政作用范围的影响有其特殊之处。服务行政的兴起对行政作用范围的影响不能仅仅与秩序行政之下行政作用范围相比较，还要与计划经济时代政府作用的范围相比较。在计划经济时代，政府奉行全能主义理念，力图安排好公民的全部生活，但这一理念从未真正实现，政府将大量的资金投入到经济建设包括竞争性行业，但却未能有效提供公共服务。实行市场化改革后，政府开始重新定位，希望从一些纯粹竞争的经济领域抽身出来。从表面上看，政府的重新定位似乎表明行政作用的范围较计划经济时代已有缩小，许多原来政府直接介入的领域已经不再介入而交由市场负责。但是，计划经济体制下一些政府介入的领域，如直接组织竞争性私人产品的生产，并不是行政法意义上行政作用的范围，因此从这些领域的退出，并不意味着行政法意义上行政作用范围的缩小。同时，市场化改革和政府的重新定位也要求政府实实在在承担起作为公共行政主体的职责，尽可能为公民提供过去未能有效提供的公共服务，行政作用范围由此也有了相对扩展。另外，改革开放导致中国与其他国家一样，新的服务类型随着社会经济的发展不断出现，直接影响了行政作用的范围。从总体上来说，服务行政在中国的兴起同样导致了行政范围的扩展。

服务行政的兴起导致中国行政范围的扩展体现在以下几个方面：

一是某些方面的公共服务尽管计划经济时代也在提供，但当时的提供是不充分的，服务行政兴起之后，这些服务受到了公共行政的重视，如在公路交通方面，公路里程从 1978 年的 89.02 万公里增加到 2014 年的 446.39 万公里公里，高速公路从无到有，到 2014 年底，高速公路里程达 11.19 万公里。在市内公共交通方面，从 1990 年到 2012 年，每万人拥有公交车辆从 2.2 台上升到 11.8 台，出租汽车则从 11.1 台上升到 100.2 台。① 上述方面的增长，尽管并非都是政府直接提供公共服务的结果，但它们都体现了服务行政职责的履行，离不开政府在其中的作用，体现了行政作用范围的扩展。

二是随着社会经济及技术的发展，一些新的公共服务种类兴起，如随着信息技术的发展，互联网成了人们生活所必需的重要设施，因而政府就不得不承担起通过市场间接提供这一服务的职责，这一过程也是行政作用范围扩展的过程。

三是经济社会发展导致人们对服务行政要求提高，进而服务行政本身范围也在不断扩展。在经济落后的情形下，国家的力量只能保障公民的基本生活。在经济发展后，人们对公共服务提出了更高的要求，如要求提供更多的图书馆、博物馆、体育馆、社区健身场所等，这些体现更高要求的公共服务已经成了服务行政的一个重要内容。

四是在市场化改革过程中，由于对政府职责角色认识不清等原因，某些领域一度出现了泛市场化的倾向，政府退出了一些公共服务领域，导致这些领域公共服务的缺失。如在教育领域，改革的过程中出现了政府过度退出的现象，甚至教育一度被当成了一门"产业"。在医药卫生领域，这一公共服务原来主要由政府直接提供，在改革的过程中，尽管其尚未被称为一门"产业"，但过度的市场化倾向导致了医院见死不救，有人因病致贫、因无钱就医致残致死的现象。当服务行政兴起，人们重新认识政府的公共服务职能之后，这些领域的不当退出也有了被反思的迹象，政府一定程度上开始在这些领域重新发挥行政作用，承担起公共服务职能。

五是在服务行政本身之外，一些公共服务需要政府运用行政权力通过秩序行政的手段来提供，这些公共服务需求使得政府行政作用范围的扩展不仅仅体现在非权力性的服务行政方面，还体现在权力性的秩序行政方面。比如在环境保护方面，服务行政要求政府为公民提供良好的环境，但工业发展使良好的环境不再是自然而然的事情，而需要政府通过一系列措施来维护，这些措施很大程度上都体现为权力性行政行为，如对轻度违法者的罚款、对严重污染环境企业的强制关闭等等。

总而言之，服务行政的兴起导致了行政作用范围的扩展。这种扩展不

---

① 参见交通运输部《2014 年交通运输行业发展统计公报》；国家统计局《2012 年中国统计年鉴》。

仅仅体现在服务行政本身的扩展，还体现在服务行政的实施要求通过秩序行政的方式来达到目的，从而行政作用范围在服务行政和秩序行政两个方面都得以扩展。

二 行政功能的转变

（一）传统的行政功能

现代国家的组织架构，是按照盛行于十七、十八世纪的"三权分立"理论建构起来的。事实上，政府的不同部门间分权的思想在古希腊亚里士多德那里已有涉及，他在《政治学》一书中提出，政府应该由三种人组成：讨论的人、执行法律的人、解决纠纷的人，这一思想已具备"三权分立"的轮廓。此后的实践中，不同政府部门间分权的思想也有体现，如在 15 世纪时，英国国王行使立法权须征得议会的同意，而行使行政权力则无此种限制。但作为一种理论或政府的组织原则，分权理论直到 17 世纪才由英国哲学家洛克提出，他将政府权力分为立法权、行政权和外交权，其中立法由议会行使，行政权由国王行使，而外交权通常与行政权相结合。18 世纪，法国人孟德斯鸠在洛克分权思想的基础上，进一步形成了三权分立理论。孟德斯鸠认为，政府的存在是为了保障公民的自由，而公民的自由只有在政府没有滥用权力时才存在。然而，"一切有权力的人都容易滥用权力，这是万古不易的一条经验。有权力的人们使用权力一直到遇有界限的地方才休止"。[1] 为了防止权力的滥用，孟德斯鸠认为应该以权力制约权力，将立法权、行政权和司法权三种国家权力分别交由三个不同的部门行使，以形成它们间的互相制约。

孟德斯鸠的三权分立理论，在不久后建立的美国政府中得到了体现。美国宪法将政府明确划分为立法、行政与司法三个部门，各司不同的职责。此后，三权分立成了各民主国家政府组织的基本原则，即使是 20 世纪的社会主义国家，尽管政治上不认可三权分立理论，但实际中，国家权

---

① ［法］孟德斯鸠：《论法的精神（上）》，张雁深译，商务印书馆 1961 年版，第 154 页。

力仍被分为立法、行政与司法三个部分并由不同的部门行使。

在根据三权分立理论建立起来的政府架构之中，行政的定位是明确的：行政部门行使的是执行性的职能，它的职责在于执行立法机关的决议。凡是涉及宪法规定的公民基本权利方面的内容、国家机构组织制度方面的内容、国家财政收入和支出以及国家根本经济制度和经济政策方面的内容、有关民事及社会方面的立法、国防和外交事务方面的内容等等，都属于立法的权限，行政机关不得涉足。① 而有关纠纷裁决方面的权力，则为司法机关所专有，行政也不得染指。总而言之，根据传统的三权分立理论，行政部门行使的是纯粹的执行职权，不涉及任何决策或裁决的内容。

不仅如此，由于行政权是一项令人畏惧的权力，它直接面对公民，并且具有强制性、单方性等特性，极有可能造成对公民权利的侵害，因此还有必要对其进行有效的控制。按照传统的模式，行政权的控制是通过以下两方面的途径得以实现的：一是立法的控制，或说是事前的控制。为了确保行政权不被滥用，需要立法机关严格限制行政机关的权力内容和范围，除非必要，决不将一项权力轻易授予行政机关。即使对那些必须授予行政机关的执行权，也加以严格的限制。正是在这个意义上，奥托·迈耶宣称"无法律，即无行政"。二是通过司法审查对行政权及其行政行使进行控制，相对于立法机关的事前控制而言，司法审查这一控制行政权的模式是一种事后的控制，或者说，是在行政权已经造成对公民权利的侵害或有侵害之虞时进行的控制。

（二）服务行政兴起后行政功能的转变

实践中，三权分立并不是绝对的，不同的权力部门间行使其他部门的权力一直就有存在，如行政机关行使一定的规则制定权。服务行政兴起后，严格的三权分立更加难以为继，国家对社会干预的加强，导致了行政功能的膨胀，日渐越过"执行法律"的界限而进入到司法与立法的领域，具备了立法与司法的功能。

立法方面，在英国，1891 年时，行政机关依法律授权所制定的行政管理法规为议会所制定法律的两倍多。到 1920 年时，委任立法所制定的行

---

① 有关这一问题，蔡定剑早在 1991 年就对此进行了论述。参见蔡定剑《国家权力界限论》，《中国法学》1991 年第 2 期。

政管理法规达到议会所制定的法律的 5 倍多。到 1974 年时，议会只通过 58 件公法案，而行政机关制定的行政管理法规却达 2213 件。英国人的日常生活几乎大部分受行政机关所制定的法规支配。[①] 在美国，由于社会经济的发展，"如果我们在生活中成立一个机构来管理某一产业的话，那么它就不可能采用孟德斯鸠主张的方式。同样，在严格的三权分立条件下，也不能有效地进行工业管理"。因此，20 世纪以来行政机关取得了制定规章的大量职权，"行政机关拥有立法权已经司空见惯了"。[②] 美国行政程序法明确规定：规章系指机关为执行、解释、说明法律或政策，或为了规定机关的组织、程序或活动规则而发布的普遍适用于专门事项的、对未来有拘束力的文件的全部或其中一部分。包括批准或规定将来的收费标准、工资、法人的或财经的体制及其变革，价格、设备、器具及其服务或分配，还包括批准和规定与上述各项有关的估价、费用、会计或手续。[③] 也就是说，行政机关在上述规定的广泛范围内都具有立法权。

在我国，行政立法的扩张也达到了一个前所未有的高度。截至 2011 年 8 月底，中国已制定现行宪法和有效法律共 240 部，国务院通过的行政法规为 706 部，地方性法规 8600 多部，国务院各部委和各地方政府通过的行政规章则达数万部。[④] 仅仅规章以上行政立法数量就达代表机关立法数量的数倍，这还不包括数量更为巨大的无规章制定权的行政机关所制定的包罗万象的行政规范性文件。

行政立法的发展不仅仅体现在立法范围的拓宽和数量的增多，还在于其立法权的来源发生了变化，最初，行政立法都属于"委任立法"，即通过议会的授权针对某些特定事项制定规则。后来的发展已经使行政立法超越了"委任立法"而发展到所谓自主立法（职能立法），其权力直接来源于宪法的授权。如在法国，中央政府可以针对宪法未规定必须由法律规定的事项制定自主性的行政条例，此种自主性条例的立法权直接来自宪法，而不是来自议会的授权。[⑤] 我国《宪法》第89 条规定，国务院可"根据宪

---

① 王名扬：《英国行政法》，中国政法大学 1987 年版，第 109 页。
② ［美］伯纳德·斯瓦茨：《行政法》，徐炳译，群众出版社 1986 年版，第 29、31 页。
③ 美国《联邦行政程序法》第 551 条。
④ 参见国务院新闻办《中国特色社会主义法律体系》，2011 年 10 月发布。另参见吴邦国《加强立法工作　提高立法质量　为形成中国特色社会主义法律体系而奋斗》，《求是》2004 年第 3 期。
⑤ 姜明安主编：《外国行政法教程》，法律出版社 1993 年版，第 38 页。

法和法律，规定行政措施，制定行政法规，发布决定和命令"。有学者认为，此项规定意味着国务院可直接依据宪法制定行政法规。①

行政机关之所以取得范围如此广泛的行政立法权，其原因在于以下方面：（1）随着行政职能的扩张，立法机关已不可能有充裕的时间对公共行政所需要的法律作出详细规定，而只能授权政府制定规章。（2）现代社会的发展，社会分工越来越细，技术性越来越强，如原子能控制、外汇管制等等，立法机关不可能具备各种专门的技术与知识，所以有关这些方面的立法只能交由行政部门负责。（3）有些情况立法当时不能预见，需要根据情况采取灵活措施，如关税税率等等，法律只能规定原则的东西，授权行政部门作出具体规定。同时，行政立法程序的简便性也使得其更能适应社会变动的需要。（4）在紧急情况下，政府需要更大的权力，此时立法机关只能授权政府制定行政法规。（5）对于某些新问题为了取得经验，法律授权行政机关制定条例规定，以便适应改革本身变动性的需要，待时机成熟时再制定法律。（6）规章更具有可操作性。②

可见，行政立法功能的扩张并不是行政机关主观要求的结果，而是有其客观原因的，是社会发展的必然要求。可以想象，随着对经济的进一步发展和公共服务需求的进一步提高，行政立法还将继续发展，即使这种发展将伴随对其的控制。

在行政机关的司法功能方面，19 世纪末期以来也同样获得了巨大的发展，这不仅是社会发展的需要，也是其自身特点决定的。与正式的司法相比，行政司法程序简便、收费低廉或不收费、规则简单、专业性强，更适宜解决现代社会标的不大但数量巨大的各种纠纷，尤其是与公共服务有关的各种纠纷。在英国，法律为解决行政上的争端，以及公民相互间某些和社会政策有密切联系的争端，在法院和行政机关之外设立了行政裁判所。行政裁判所历史悠久，但其大规模的设立，却主要是 20 世纪以来福利国家发展、行政权急速扩张的结果。自 1908 年的老年退休金法设立相关裁判所以来，一个又一个的裁判所开始涌现，如土地裁判所、工业裁判所、租金裁判所、医疗裁判所、运输裁判所，等等。到了 20 世纪 50 年代，裁判所总数已经逾千，1958 年，英国通过了行政裁判所与调查法，对行政裁

---

① 详尽的讨论参见刘莘《行政立法研究》，法律出版社 2003 年版，第 60—65 页。

② 参见王名扬《英国行政法》，中国政法大学出版社 1987 年版，第 110 页；姜明安主编《外国行政法教程》，法律出版社 1993 年版，第 250—251 页。

判所制度进行了改革，对行政裁判所进行了一种程度的归并，但仍然种类繁多。① 在美国，行政承担司法功能的情况同样存在，如独立管制机构就是为了适应管制经济的需要而出现的同时具备行政、立法、司法三大功能的行政组织。特别是在一些涉及社会福利方面的事务，通常都由行政机构负责裁决。

在我国，行政机关也承担着司法职能，这一职能被一些学者称之为"行政司法"，即"行政机关作为行政或民事争议之外的第三方，按照准司法程序审理特定案件，裁决特定争议的活动"。② 具体则包括行政复议功能和行政裁决功能，前者负责解决行政争议，如不服行政处罚决定的争议；后者负责解决民事争议，如土地争议、森林争议、商标争议、专利争议等等。劳动仲裁作为一种特殊的行政裁决制度，也在我国得到了广泛运用。③此外，行政机关主导的在我国广为存在的行政协调、调解制度，实际上也体现了行政机关裁判纠纷的司法功能。从我国的法律规定来看，行政裁决作为一种纠纷解决方式，改革开放以来似乎日渐式微。但从我国当前现实与长远发展来看，行政司法本身的特点和社会转型期纠纷的大量滋生与累积，特别是公共服务需要增加而导致的行政作用范围扩展，都要求行政在纠纷解决中发挥更大的作用。可以预见，行政的司法功能还将进一步发展。

三　间接行政的兴起

（一）秩序行政背景下行政的直接性

服务行政兴起之前，公共行政的主要功能局限于秩序的维护范围，尽管也承担提供基本的公共基础设施的职责，但相对于秩序的维护而言，这

---

① 根据裁判所委员会1986年度的报告，所列裁判所种类多达12页之多。参见［英］威廉·韦德《行政法》，徐炳等译，中国大百科全书出版社1997年版，第668—699页。
② 罗豪才主编：《行政法学》，中国政法大学出版社1996年版，第235页。
③ 参见张树义主编《纠纷的行政解决机制研究：以行政裁决为中心》，中国政法大学出版社2006年版，第13章。

种职能是极为弱小的。这一时期因其行政方式以秩序行政为主，国家也常被称为夜警国家。与这一时期的政府职能及行政方式相适应，当时的公共行政主要由行政机关直接担当，公共行政实际上也就是政府行政，政府是唯一的行政主体。在有关行政事务上，公民须直接与政府打交道，行政在整体上体现出直接性的特点。

我国在计划经济体制时期，政府呈现出全能主义取向，全面负责社会的各项事务和公共生活的各个方面。公民作为社会的一员，其生活被最大可能地行政化和组织化，并附属于某一特定单位，而单位则隶属于国家，作为行政机构的延伸部分而存在。从而，公民的个人空间荡然无存，市场交易被禁绝，社会完全被国家控制，形成了一元化的所谓单位体制。

与国家掌控一切、行政主导社会与公民的社会结构相应，传统计划经济体制下的公共行政也同样呈现出了直接性特征。所有的社会事务都是政府的事务，所有需要外力介入的公民个人生活事务也都是政府的事务，尽管在很多时候这种事务都体现为公民所属单位的事务，但由于单位与国家的同构性，其权力、经费与合法性都来源于政府，因此单位承担的事务本质上也就是政府的事务。极端地说，社会的一切事务几乎都是政府的事务，除此之外没有其他事务。在这种情况下，行政机关只需也只能通过直接发号施令，对社会进行管理。实际上，行政的直接性并不仅仅在传统计划经济体制下存在，在改革开放后很长一段时间里这种直接管理依然很有市场。对于支持改革的人而言，出于对全能主义国家的恐惧，希望政府回归"守夜人"角色，从而行政的社会管理功能通过自由主义法治国家时期模式的直接行政来完成。而对于改革的对象及其他反对改革的人而言，原来的体制正是他们所希望维持的，直接行政自然是其中应有之义。

（二）服务行政背景下间接行政的兴起

服务行政兴起之后，行政职能不断扩张，一些公共组织也承担了某些行政职能，如公务法人对行政职责的承担等等。对于这种由行政机关之外的组织承担的行政职能，各国行政法学大多都将其纳入公共行政的研究范围。从而，行政职能的履行从原来主要依赖直接行政而开始向间接行政转变，直接行政与间接行政并重。

间接行政兴起的第一个体现是，为实现行政的"瘦身"，腾出力量满足社会公众的公共服务需求，行政机关开始向社会非营利性组织转移一定的行政管理职能。"在西方社会，自20世纪60年代以来即出现了公共产品的供给由政府向民间转移的趋势，涌现出众多的社会中介组织如商会、同业公会等。这些非营利性组织以其各自的方式实现市民社会的自主管理，参与社会公共产品的供给，从而形成介于市场与国家之间的调节机制，分担着社会的公共管理职能。有效地满足社会对公共服务的多元化需求，弥补了政府组织官方色彩过浓、行动僵化等弊端。"① 这种由社会组织代替行政机关承担一定行政事务的管理职能，正体现了现代行政由直接行政更多向间接行政转变的趋向。甚至对于传统上属于直接行政范围的秩序行政的一部分内容也设法转由行政之外的主体间接实施，如由银行负责收取罚款，甚至将犯人交由私人开办的监狱负责监禁。

间接行政兴起的第二个体现是，对服务行政所要求的公共服务，政府并不都是直接地向公民提供，而往往通过独立于行政机关的主体提供。实际上，大部分公共服务都不是由行政机关直接提供的，而是经由政府设立的特定主体承担提供职责的。比如，自来水公司负责提供自来水、煤气公司负责提供煤气、铁路公司负责提供铁路设施等等，而教育服务和医疗服务等专业性强的公共服务，更是需要通过专门设立的服务主体来具体承担。当然，这不是说政府没有承担直接提供公共服务的职责，如抚恤金、社会保障金之类的金钱与实物给付型公共服务，通常都是由政府直接提供的。

间接行政兴起的第三个体现是，在公共服务领域出现了市场化与民营化趋向，将行政的职责交由纯粹的市场主体承担，通过市场的手段达到提供服务的目的。实施服务行政，提供公共服务原是政府的职责所在，但这一职责并不要求政府亲自生产和直接提供公共服务给公民，而是要求政府保证公民有效获得这一服务。这样，在公共行政改革的浪潮之下，政府对许多公共服务内容不再亲自承担，也不再由政府设立的专门负责提供公共服务的主体承担，而是实施市场化，由私法主体通过市场的途径提供服务。如通过 BOT 的方式提供公路等基础设施，通过外包方式将清理城市垃圾的事务交由私法主体处理，等等。

在中国，经过30多年的市场化改革，已经实现了经济体制由计划经

---

① 李昕：《公共服务理念下现代行政的特征》，《行政法学研究》2002 年第 4 期。

济转向市场经济的转变，原先一切由政府主导的一元化社会结构也逐渐向多元化的社会结构转变。服务行政在这个过程中兴起后，也同样导致了行政从直接向间接的转变，间接行政的作用越来越得以凸显。党的十四届三中全会通过的《中共中央关于建立社会主义市场经济体制若干问题的决定》提出，"要发挥行业协会、商会等组织的作用"。八届全国人大四次会议通过的《国民经济和社会发展"九五"计划和 2010 年远景目标纲要》也提出，要"把不应由政府行使的职能转给企业、市场和社会中介组织"。党的十六届三中全会通过的《中共中央关于完善社会主义市场经济体制若干问题的决定》强调，要"积极发展独立公正、规范运作的专业化市场中介服务机构，按市场化原则规范和发展各类行业协会、商会等自律性组织"。党的十七大报告也强调，要"加快推进政企分开、政资分开、政事分开、政府与市场中介组织分开，规范行政行为"。可见，行政的间接化不只是在实践中发生，也为执政党和政府所认可、倡导。

在实践中，三种形式的间接化在我国都有出现。在社会中介组织承担行政管理职能方面，原先一些经济管理部门已经不再存在，其承担的一部分管理职能交由行业协会等社会组织承担。许多新的自治性组织也开始出现并承担了部分的社会管理职能。如中华全国律师协会、中国足球协会等都在一定程度上行使管理职能，可以制定自己的章程，收取一定的费用，设定并实施一定的纪律处分权，甚至可决定资格的授予和取消。在专门主体提供公共服务方面，我国的大部分公共服务，都是由专门的主体负责提供的。由私法主体提供公共服务，是我国近年来新兴的一种公共服务提供方式，它缓解了政府的财政压力，也满足了人们的服务需要，如我国很大一部分高速公路，都是由市场化的私法主体通过BOT 的形式提供的。

行政的间接化在我国还有值得注意的特殊之处，一是某些领域在形式上是间接化了，实际上却与直接行政无任何区别，如国家商标局目前被定性为"事业单位"，但在本质上却与改革前无任何区别，从行政性功能来看，完全属于"换汤不换药"。相类似的情况还有保险监督管理委员会、证券监督管理委员会、银行业监督管理委员会等实质上属于行政机关的所谓事业单位。二是一些公共服务提供主体至今政企不分，同样是处于形式上的间接行政，实际上的直接行政。如铁道部长期以来既是国家行政机关，也是公共服务企业，直到 2013 年才开始实行政企分开，而这种分开在多大程度上真正实现，还有待于进一步观察。三是在市场化过程中，出现了泛市场化的现象，一些本应由国家承担更多责任，由国家直接提供或由专门的公法主体提供的公共服务，也被彻底市场化，导致公民负担的加重。如几乎所有的高速公路都由市场提供，一些非高速的等级公路也收取通行费。在基础教育和公共卫生领域，改革的泛市场化倾向也饱受人们的诟病。

四　行政行为类型与方式的变革

（一）行政行为类型的变革

服务行政兴起之前，政府的职能主要在于秩序维护领域，行政也主要以秩序行政的方式体现出来，这一行政方式通过限制人民自由或权利的手段达到维持社会秩序的目的。也就是说，此时行政往往意味着公共行政权力的行使及其对人们所产生的强制力与命令性。行政的具体类型主要是行政处罚行为、行政许可行为、行政征收行为及行政强制等。

服务行政的兴起，标志了政府职能的扩张与加强，行政在秩序维护之外，还承担提供公共服务的职责。这种新的职责的履行，仅仅靠秩序行政下所常用的行政处罚、行政征收等行政行为已经难以胜任了，而必须寻找新的行为方式，发展新的行政行为类型。以法国为例，20世纪以来公共服务观念一度取代了原先的公共权力观念，公共权力已经不再是原先那种发号施令的权力。狄骥认为，"这种公共权力绝对不能因为它的起源而被认为合法，而只能因为它依照法律规则所作的服务而被认为合法"，"我们不应该再把行政权作用称为权力行为了，而应当把它称为公共服务行为即公务行为。因为它是为满足公众需要而组织和促进物质、文化、精神和道德发展的行为"。[①] 有关法律的性质，"在所有君主制度中，法律本质上是主权的体现。法律首先是某种由主权者所发布的，并且也因此加诸其臣民之上的命令。不过，今天这些已经不再是事实了，法律完全是某项规则的明

---

① ［法］莱翁·狄骥：《宪法论》，钱克新译，商务印书馆1962年版，第8、483页。

确表达和一系列社会事实的产物——政府在公共舆论的压力之下，为了使其自身获得最可能大的力量，而认为有必要将这些社会事实作为一项规则。大多数的法律在现实生活中都是为着组织和运营公用事业而颁布的。因此，法律首先是一种调整公共事务的法律"。[①] 在这种情况下，秩序行政所要求的行政处罚、行政许可等之外的其他行政行为类型得到更多重视成为必然。

与传统的秩序行政相比，服务行政本身就是新型的行政方式，体现了行政方式的革新。由服务行政引起的行政方式的变革并不唯此而足，在服务行政之下，一些新的行政行为类型越来越多地得到应用。这些行政行为类型包括行政指导、行政合同、行政规划、行政资助等等。

行政指导是行政机关在其职责范围内，为适应复杂多变的经济和社会生活需要，达到一定的行政目的，在相对方的同意或协助下，采取非强制的、不产生法律后果的行为。这一行政类型常用于为不确定的多数公民提供服务方面，所针对对象可能极为广泛，涵盖全国的某一个或几个行业，如国家发改委颁布的《汽车产业发展政策》；也可能只局限在较小的范围内，由某一个行政机关对部分居民发布的指导，如乡政府根据其获取的市场信息，引导农民种植某一作物，或指导农民如何加强某一类病虫害的预防等等。

行政合同是行政机关为达成一定的行政目的，在其职责范围内，依据法律的规定，经与相对人协商一致而达成的协议。行政合同是一种协议，但从行政机关角度来说，达成协议的过程也是一种行政行为，是现代服务行政兴起后，政府与相对人间的一种新型的行政关系，也是新型的行政行为类型。如在 BOT 中，特许合同就是一项行政合同关系，它确定了被特许方建设与经营权的取得，也确定了其提供公共服务的义务。

行政规划也称行政计划，是行政机关在实施公共事业及其他活动之前，首先综合地提示有关行政目标，事前制定出规划蓝图，以作为具体的行政目标，并进一步制定为实现该综合性目标所必需的各项政策性大纲的活动。[②] 也就是说，行政规划是行政机关就某一类社会事务，在具体采取

---

① ［法］莱翁·狄骥：《公法的变迁/法律与国家》，郑戈译，辽海出版社、春风文艺出版社 1999年版，第 54 页。

② 姜明安主编：《行政法与行政诉讼法》，北京大学出版社、高等教育出版社 2011 年版，第 260页。

行动前，就有关问题制定的综合方案。行政规划在某种程度上更是体现了现代公共行政以提供公共服务为其主要职责的特征，因为秩序行政通常不需要通过行政规划的方式来达成行政目标，而在服务行政中，行政规划则被广泛运用。比如，政府为加强旧城改造，为居民提供良好的生活居住环境，制定相应的城建规划；为加强文物的保护，制定某一范围内文物保护的规划；为科技发展而制定科技发展规划等。

行政资助是行政机关对于符合一定条件的相对人给予财政上的扶持帮助行为，这一行为方式通常是在行政相对人的行为或从事的事业符合行政机关的政策目标时作出的，资助的对象既可以是个人也可以是组织，内容一般都体现为资金上的支持。行政资助是政府实施服务行政的一种重要行为方式，如对贫困地区农民修路架桥行为给予资助，对民办学校从事教育事业给予资助，对某一企业或科研单位从事的某项符合政策目标的科研活动予以资助，等等。有时行政机关也会因某一组织在经济生活中所起的特殊作用或其做出的特殊贡献而给予行政资助。

总而言之，服务行政的兴起，使得原来经常运用的单方命令性的行政方式不敷现实需要，从而促进了新的行政行为类型的运用。这些新的行政行为类型尽管在秩序行政中也有使用，但随着社会的发展和服务行政的进一步发展，它们在我国的行政实践中发挥越来越重要的作用。与此同时，我们今天尚不能预见更新型的行政行为类型，也完全可能在行政领域扩张和行政方式转变的过程中得到重视。

（二）行政行为方式的变革

在服务行政兴起的背景下，不仅行政指导、行政规划、行政合同等新型行政行为得到了更多的重视，行政行为方式也由原先的单方命令加速向双方协商与沟通转变。

传统秩序行政中，行政机关作出行政行为时并不需要与相对人进行沟通和协商，而是直接行使行政权力。相对人对行政机关的行政行为只有消极服从的义务，没有沟通和协商的权利。单方命令型行政行为说明的是行政机关所代表的社会公共利益与公民个人权利相对立的行政理念，并且公共利益天然地优先于个人权利，当公共利益与公民个人权利发生冲突时，个人权利必须服从公共利益，因此公民个人也必须服从代表社会公共利益的行政机关。

随着民主行政的兴起，行政机关在权力行使的过程中，更多地注意到沟通与协调的价值，行政程序受到了更多的重视，尤其是说明理由、听取申辩、行政听证等体现沟通功能的制度更是如此。通过沟通与协商实施行政行为的方式体现了对社会公共利益与个人权利之间关系的不同认识，既承认两者间的对立性，也承认两者间的一致性。对立是客观存在的，也正是这种对立的存在才出现了协商与沟通的必要性。但公共利益与个人权利间的对立并不是不可协调的，命令与强制也不是解决对立的有效方法，对立中所包含的一致性使得沟通和协商成为可能。与单方命令式行政行为相比，沟通与协商有利于矛盾的最终化解，而不是暂时的压制；有利于在执行阶段相对人的配合和协助，而不是对立与抗争，从而促进了行政效率的提高和社会的整体协调。

在服务行政兴起，提供公共服务成为主要行政职能的社会背景下，行政机关仅仅依赖单方命令式行政行为更难达成其目的，必须更多地关注公民的意见，吸收公民参与到行政行为中来，与他们进行沟通和协商，在沟通和协商中完成行政使命。

在具体制度方面，服务行政所常见的行政合同、行政规划等行政行为类型都体现了行政机关与相对人间的沟通与协调关系。行政合同作为行政机关和相对人间平等协商达到一致的行为方式，沟通与交流是其中必不可少的因素，可以说，没有沟通协商，就没有行政合同的存在。就行政规划而言，一个合法有效规划的最终作出也不可能仅仅是行政机关"拍脑袋"的结果，而必然离不开公民的参与，离不开与规划有关的行政相对人的沟通协商。实践中，近年来各级政府和各行政机关对许多规划包括立法规划、城市规划、社会经济发展方面的综合规划都采取了一定方式征询公民的意见和建议，体现了沟通的协商的精神。①

在具体的服务行政领域，大部分公共服务提供过程都是通过沟通协商完成的。如在水、电、煤气的具体提供过程中，提供者与接受者双方间往往通过合同，在达成一致的基础上完成公共服务的提供；基础教育和医疗等公共服务的提供也大多通过和当事人的沟通协商。在公共服务价格的制

---

① 如《上海市城市规划条例》第 26 条规定："制定城市规划，应当听取公众的意见。控制性详细规划草案报送审批前，组织编制机关应当向社会公布该草案，可以采取座谈会、论证会、听证会以及其他形式听取公众的意见"。

定方面，更是要求通过听证会的形式听取公众的意见。在政府和公共服务的具体生产者间，也存在沟通和协商的过程，如在公共交通设施的建设过程中，需要主管行政机关和建设承包商间的协调与沟通，等等。

实际上，沟通和协商并不仅限于服务行政领域，现代行政在整体上都体现了沟通和协商精神，公民参与在各个行政领域包括秩序行政领域都有体现，行政程序法正是在这一精神之下制定的。秩序行政领域对沟通和协商的强调凸显了服务行政理念下公共行政的整体价值取向。

五 行政裁量权的扩张[①]

（一）行政裁量权：概念、内容与原因

按照严格的三权分立理论，行政部门是国家机构中负责执行的部门，其行政行为须有明确的法律依据。然而，行政面对的现实是法律的相对固定性、有限性和滞后性，以及现实生活世界的变动不居，法律不可能对人们生活的所有方面都作出详尽无遗的规定。这就势必出现行政在法律规定的范围内根据具体事实作出抉择的情况，行政裁量权由此产生。一般而言，行政裁量是指行政机关对是否作出某一行政行为或者作出何种行为具有选择的自由，它可以选择作出行政行为，也可以选择不作出行政行为；行政机关决定作出行政行为时，可以在多种可能的方案内自由选择某一种方案。行政机关裁量的范围包括某一行政行为的内容、幅度、时间、地点、方式等等，对其中任何一项（当然也包括数项）的选择，都属于行政机关的裁量权。须注意的是，行政裁量权是个相对的概念，"正如面包圈中间的那个洞，如果没有周围一圈的限制，它只是一片空白，本身就不存在"。[②] 也就是说，行政裁量权尽管以"裁量"为内容，但它并不是不受

---

① 行政裁量权通常被称为"行政自由裁量权"，鉴于"裁量"本身就意味着行政机关的"自由"，用"自由"作为"裁量"的定语属于同义反复，本研究选择使用"行政裁量权"这一术语。

② ［美］罗纳德·德沃金：《认真对待权利》，信春鹰、吴玉章译，中国大百科全书出版社 1998 年版，第 51—52 页。

限制的权力，恰恰相反，它是在法律规定范围内的裁量权限，至少也是法治原则限制之下的裁量。

行政裁量大致可分为"是否行为"和"如何行为"两大类。前者指行政主体是否作出行政行为的选择受许多不确定或不可简单列举的因素制约，因而需要视情况而定。如在抽象行政行为中立法规定行政机关"可在必要时制定行政规章，采取合理的措施"，以及是否作出某一具体行政行为等。而"如何行为"则包括：（1）何主体实施行为，这属于管辖权问题上的裁量。（2）行为性质的裁量，如对某违法行为是采取罚款还是拘留。（3）行为方法或措施的内容在幅度上的裁量，比如拘留几天，罚款多少。（4）行为程序上的裁量，如是否举行听证。（5）何时行为的自由裁量，如何时关闭污染企业。（6）行政对象的裁量，如给予某类符合条件的企业以财政补助等等。此外，还可能出现在何地作出行政行为的裁量。①

在服务行政兴起之前，行政职能十分狭窄，行政方式以秩序行政为主。人们需要行政权力以维护社会之有序运行及生活之开展，但又对行政权力充满疑惧，担心它可能造成对公民权利的侵害，因此对政府的要求是"管得最少的政府就是最好的政府"，严格限制政府的行动，除了法律所明确规定的必不可少的领域和限度外，不允许政府采取行动。在这样的情况下，由于法律本身的抽象性、滞后性、概括性等原因，行政裁量权尽管也有存在，但此时的裁量权是相当有限的，受到了法律的严格限制。

然而，在社会经济发展、社会生活日趋复杂、行政职能不断拓宽的背景下，面对数量越来越多，而又必须由行政机关出面处理的社会事务，法律不得不授予行政机关以越来越多的裁量权。对此，王名扬认为，法律授予行政机关自由裁量权力出于下列原因：

　　第一，现代社会变迁迅速，立法机关很难预见未来的发展变化，只能授权行政机关根据各种可能出现的情况作出决定；第二，现代社会极为复杂，行政机关必须根据具体情况作出具体决定，法律不能严格规定强求一致；第三，现代行政技术性高，议会缺乏能力制定专业性的法律，只能规定需要完成的任务或目的，由行政机关采取适当的执行方式；第四，现代行政范围大增，国会无力制定行政活动所需要

---

① 孙笑侠：《法律对行政的控制：现代行政法的法理解释》，山东人民出版社1998年版，第279页。

的全部法律，不得不扩大行政机关的决定权力；第五，现代行政开拓众多的新活动领域，无经验可以参考，行政机关必须作出试探性的决定，积累经验，不能受法律严格限制；第六，制定一个法律往往涉及不同的价值判断。从理论上说，价值判断应由立法机关决定，然而由于议员来自不同的党派，其观点和所代表的利益互相冲突，国会有时不能协调各种利益和各种观点，得出一个能为多数人接受的共同认识，为了避免这种困难，国会可能授权行政机关，根据公共利益或需要，采取必要或适当措施。[①]

（二）服务行政与行政裁量权的扩张

行政裁量权的兴起是由社会发展需要决定的，它体现在现代行政的各个方面。但在服务行政领域，行政裁量权更为必要和突出。因为在秩序行政领域，行政行为在方法、模式和程序上都相对单一，法律更容易对其作出限定。并且，由于秩序行政往往涉及对公民权利与自由的限制，更可能造成对公民的侵害，因此法律也更关注对秩序行政的限制，尽可能少地授予其裁量权。而在服务行政领域，行政行为的目的是在于为公民提供服务、增进福利，裁量权一般并不直接导致公民权利的侵害。同时，服务行政较之秩序行政而言，领域更加广泛，情况更加复杂多变，需要行政机关根据情况自行决定是否作出一定的行政行为，以及如何作出行政行为。因此，为了更好地履行服务行政职能，大量的行政裁量权被授予行政机关。诸如某一类型的公共服务在什么时候、什么地点开始提供，以什么样的标准、通过什么方式开始提供等问题，都属于行政机关的裁量权范围。如在教育领域，某一地区是否需要建造一所小学，这所小学规模有多大，能容纳多少师生，学校什么时候开建，选择在什么地方，硬件设施要达到一个什么档次都属于教育当局的行政裁量权。同样的，在一个原先没有自来水设施的城市郊区，当随着城市的发展而出现了铺设自来水管道的公共服务需求时，行政机关仍然具有决定什么时候铺设自来水管道的裁量权。而对于一个地区是否建设一条公路，什么时候、以什么速度建设什么等级的公

---

① 王名扬：《美国行政法（上）》，中国政法大学出版社 1995 年版，第 546—547 页。

路等问题，行政机关也具有相当的裁量权。对于上述问题，公民只能提出
要求，而不能在法律上影响行政机关的最终决定。

　　在我国，行政机关在服务行政领域的裁量权十分普遍，几乎所有法律
都授予了行政机关相当广泛的行政裁量权，包括授权行政机关制定法律的
实施细则。如在交通设施建设方面，《中华人民共和国公路法》第 12 条规
定："公路规划应当根据国民经济和社会发展以及国防建设的需要编制，
与城市建设发展规划和其他方式的交通运输发展规划相协调。"此处根据
"需要"编制规划，正体现了行政机关的自由裁量权，何谓需要、何时需
要、是否需要、什么样的情况才算需要都由行政机关确定。在教育领域，
《中华人民共和国义务教育法》第 6 条规定："国务院和县级以上地方人民
政府应当合理配置教育资源，促进义务教育均衡发展，改善薄弱学校的办
学条件，并采取措施，保障农村地区、民族地区实施义务教育，保障家庭
经济困难的和残疾的适龄儿童、少年接受义务教育。"本条规定中所谓的
"合理配置教育资源"是典型的不确定法律用语，体现了行政机关的裁量
权，而所谓的"采取措施"，并没有明确在何时采取何种措施，也体现了
行政机关的裁量权。在"学校"一章涉及学校设立的部分，该法更是都使
用了"根据需要"这一提法（第 16 条至第 20 条）。在能源领域，《中华人
民共和国可再生能源法》第 26 条规定："国家对列入可再生能源产业发展
指导目录的项目给予税收优惠。具体办法由国务院规定。"体现了行政机
关在这一领域具有的制定实施细则的裁量权。

六　行政态度的转化

　　消极行政与积极行政是两种不同的行政态度。消极行政并不意味着行
政机关什么也不做，而是指行政职能维持在尽可能狭窄的范围内，并且须
严格按照法律的规定作出行政行为，行政机关并不积极作为。同时，行政
机关还必须承担不能侵害公民权利的消极义务。积极行政并不是意味着行
政机关可任意采取其希望的行动，漫无边际地为所欲为，不受法律的控
制，而是指行政机关可在法律允许的范围内，按照公共服务的要求，积极
主动为公民提供服务。消极行政向积极行政的转变，也不是说消极行政不

再重要，或行政不再承担消极义务，而只是说行政在继续承担消极义务的同时，根据社会发展的需要，也开始承担一些积极为公民提供公共服务的职责。并且这种积极的行政行为开始在行政中占据越来越重要的位置。

（一）秩序行政的消极性

服务行政兴起之前，行政职能局限于维护秩序等有限的领域，较少承担提供公共服务的职责。这种行政职能定位是与对行政权的价值判断相联系的，人们相信自己的能力，而怀疑政府的品性，认为可通过自身的努力在市场环境中"自求多福"，政府的介入只会造成对公民自由和权利的破坏，而不能促进他们的福利。① 因此，必须对政府行政权力予以严格的限制，政府须严格按照法律的规定行使权力，不得越雷池半步，这样才不致让行政权力造成对公民权利的侵害。正如埃斯曼所说，"现代时期中那些最为牢固确立下来的、最为丰富的观念之一，就是个人拥有先于国家权力而存在，并高于国家权力的权利……它禁止主权者制定侵犯个人权利的法律，……个人权利具有一个共同的特征：它们限制着国家的权力，但却没有强加给国家以任何积极的职责，以及任何为着个人的利益而进行的先期工作。国家必须为了使个人的活动保持自由开展的目的，而避免某些对个人权利的侵犯"。② 与这种行政职能和理念相适应，秩序行政成了这一时期行政的主要方式，它所要达到的目标是在法律的规范下惩治和阻止破坏安全与秩序的行为。因此，行政在整体上呈现出消极性的特征，在维护秩序的过程中，它不需要也无法积极主动地采取行动，而只需消极地起到守护作用，在影响社会秩序行为出现时采取行动予以制止，同时承担消极的不侵害公民权利的义务。

（二）服务行政的积极性

服务行政兴起之后，行政的职能从消极的秩序维护扩张到积极的公共服务的提供，行政方式从秩序行政为主发展到秩序行政与服务行政并重。在秩序行政领域，行政机关固然还须秉承消极维护秩序的基本理念，承担

---

① 参见罗豪才主编《现代行政法制的发展趋势》，法律出版社2004年版，第178页。
② 转引自李昕《公共服务理念下现代行政的特征》，《行政法学研究》2002年第4期。

不得侵害公民权利的消极义务，但在范围更为广泛的公共服务领域，服务行政却须秉承与秩序行政完全不同的理念，它不再是完全消极的、被动的，而必须是积极的、主动的；它的职责不再是事后的被动惩罚，而必须是事先的主动筹划；它不再是仅仅承担不侵害公民权利的义务，而必须承担为公民谋取福利的职责。

服务行政之所以是一种需要采取积极态度的行政方式，是与社会的发展及服务行政本身的性质分不开的。服务行政的兴起本身就是由于在社会发展的过程中，人们仅仅靠个人努力"自求多福"已经不再能维持自身的生活，而必须仰赖国家为其提供通过市场不能获取的"生活之资"。由国家提供"生活之资"决定了对行政的要求不再是仅仅在有人"捣乱"时出面制止，相反，为完成提供"生活之资"这一使命，行政机关必须采取主动的作为，如在城市发展的过程中进行详尽的规划，在哪个地方、哪个时间需要建设自来水厂、架设电力线路、开建公共道路、设立医院、学校和菜市场，等等。这些行为的作出，需要行政机关行动起来，作出积极的作为，体现行政的积极性。

服务行政的范围随着社会经济的发展而不断扩展。一些是过去时代没有的公共需求在新的社会经济条件下可能出现；一些是在过去时代可从市场获取的服务在新的社会经济条件下也可能成为需要政府承担提供职责的公共服务；甚至，随着观念的转变，人们对一些原本纯属私人的事务也会要求由政府来承担，例如教育服务在中国的传统中一直是私人事务，但在现代，由于竞争的需要和人们观念的转变，教育特别是基础教育已经成了典型的公共服务，需要政府承担提供教育服务的职责。事实上，服务行政自其出现以来，范围一直在不断扩张变化中，政府需要承担的职责也越来越多。面对不断增加的公共服务需求，政府别无选择，只有未雨绸缪，以一种积极的态度事先规划，主动采取行动满足这种需求，消极行政在满足这种公共服务的过程中已经不可能再发挥主要的作用。

（三）积极行政在中国的发展

对于我国来说，计划经济时期的全能主义政府在理论上承担着为人民谋取全面福利的重任，因此行政在态度上并不是消极的而是积极的。在这一时期，行政权力极为广泛，涉及人们生活的各个方面，深入社会事务的各个领域，既包括国家社会经济的宏观管理，也包括具体事务的微观管理。本质上，计划经济就是一种行政权力居主导地位的经济，整个社会经济的运行依靠的是行政权力的推动。"在计划经济时代，微观经济的各个细小环节无不被行政命令所干预，企业的原材料统筹统配，资金统收统支，社会生活的方方面面也都纳入计划管理，政府俨然是一个独断专行的家长和婆婆妈妈的保姆，它什么都关心，公民的一切都必须听从它的安排，公民作为个体在社会生活中是没有独立地位的。"① 在这种体制之下，行政权力遍及社会的各个角落，行政的态度自然是积极的。但是，这种行政方式却不是我们所讨论的积极行政。因为其积极性超越了公共行政提供公共产品的范围，超越了公民权利与国家权力间的界限。它所提供的服务是家长式和命令式的，人们甚至没有不接受的自由，因此也并非服务行政所称的公共服务。计划经济体制下的行政态度问题，不在于态度不够积极，而在于混淆了政府与市场的界限，过多地参与和干预了私人物品的生产和交换，并因此没管好自己分内应该管的事，即没有安排好公共产品的供给。② 因此，消极更指政府"没管好自己分内应该管的事"。

改革开放后，政府职能开始转变，政府角色开始重新定位，从一些不必要的领域退出，行政的态度在一定程度上似乎与原来相比，更不"积极"了。然而，这种消极或不积极正是改革的目标所在，是建立市场经济体制的需要。与此同时，经济社会的发展同样在中国提出了服务行政的问题，新的公共服务需求不断出现，要求政府在这方面切实承担起自己的责任。这样，中国与所有国家一样，都开始面临消极行政向积极行政的转变。这种转变尽管晚到了数十年，但也恰恰因为晚到，其来势也更加汹汹。因为在计划经济期间，政府在公共服务方面积累了巨额的欠账，而在改革开放与全球化的背景之下，不得不集中偿还这笔历史欠账，以致政府面临着巨大的压力。如在公共基础设施建设方面，中国的交通设施建设不仅落后于发达国家，甚至一度落后于印度等第三世界国家。在公共卫生、基础教育、社会保障等公共服务领域，我们也都远远落后。这些问题的解决都需要政府以积极的态度，采取多方面的措施，实施积极的行为。因此，行政态度由消极转向积极在中国并没有因为我们从计划经济向市场经

---

① 罗豪才主编：《现代行政法制的发展趋势》，法律出版社 2004 年版，第 182 页。
② 樊纲：《作为公共机构的政府的职能》，载刘军宁等编《市场逻辑与国家观念》（公共论丛第一辑），三联书店 1995 年版。

济转型和正在推进市场化改革而消失，反而以更猛烈和集中的方式要求政府投入更多的力量，才有可能完成这一转变。

不唯如此，在纯粹的公共服务领域之外，中国也面临着以积极的行政态度推进经济发展和改革的问题。首先，中国的改革是由政府推动的，这一以改变计划经济体制、培育与扶持市场发展、建立市场经济体制为目标的改革，本身就需要政府采取积极的行政方式。其次，改革本身需要解决的问题和改革中出现和积聚的新问题，如贫富分化问题、地区发展差距问题、环境保护问题、农村与农业发展问题等等，都需要政府以积极的姿态主动采取行动予以解决。最后，经济的全球化与一体化也对政府的行政态度提出了新的要求，如增强企业创新能力，提高经济竞争力；加强与相关国家的协调，解决贸易争端；调整国家经济结构，以促进在世界经济体系中占据有利地位等方面，都需要政府以积极的态度采取主动的行为。

总而言之，对中国而言，消极行政向积极行政转变看似一个矛盾和反复的过程，但实质上却是回归与辩证的过程。政府须从一些原本不该进入的领域退出，变积极为消极，又须进入另外一些急需的公共服务领域，以积极的态度履行职责。这种转变正是市场化改革和行政法治所需的。

七　公法的私法化与私法的公法化

（一）公法与私法

将法律依其性质划分为公法与私法，是大陆法系通常的做法。这种区分的必要性在现代国家愈加凸显出来，因为，"现代的国法，是以区别其全部为公法或私法为当然的前提的，对于国家的一切制定法规，若不究明其所生的效果和内容，盖不可能"。① 但将法律区分为公法与私法，本身并不是目的，其真正的原因在于，公法与私法有着不同的出发点和功能，私法以个人意思自治为出发点，其任务是规范法律行为的实施，调整私人之

---

① ［日］美浓部达吉：《公法与私法》，黄冯明译，周旋勘校，中国政法大学出版社2003年版，第3页。

间潜在的或者已经发生的利益冲突；而公法，特别是其中最为重要的国家法和行政法，以作为主权者的国家为调整对象，作用在于确定国家权力的基础和界限。[①] 就法律所规范的对象而言，公法上的权利义务关系与私法上的权利义务关系具有不同的性质，遵循不同的原则与规则，在裁判管辖与法律解释等法律技术方面也不相同。

既然法律被划分为公法与私法，则一项具体的法律究属公法还是私法，势必涉及划分的标准问题：依据什么标准以确定特定法律的公法或私法属性？对此，主要有三种不同的观点，一是"主体说"，认为私法权利义务关系的双方主体都是私人或私人团体，而公法权利义务关系的主体双方或至少有一方是国家或其他特别的权力主体；二是"支配说"，认为公法所调整的权利义务关系主体之间是一种主从关系或支配关系，而私法所调整的权利义务关系主体间是平等的；三是"利益说"，认为应根据法律的目的去区分其为公法或私法，以保护公共利益为目的的法律为公法，以保护私人利益为目的的法律为私法。上述标准就任何一项而言，都存在不可克服的局限性，难以单独据此确定某一特定法律为公法或私法。就"主体说"而言，国家或国家机关作为主体的法律关系有时也可为私法关系，如行政机关到商场购买办公用品，即以私法主体身份出现。就"支配说"而言，现代法律的发展已经使得公法关系并不全然为支配关系，而同时也出现了平等关系或体现平等地位的关系，以行政合同为甚。就"利益说"而言，从广义上看，所有法律都是为公共利益而存在的，而公共利益又须最终落实到私人利益，对于一部具体的法律，想明确其究竟为公共利益或私人利益而存在并不容易。不仅如此，上述三项标准的任何一项，本身都存在难以界定的问题，何谓权力、何谓支配关系、何谓公共利益都不易界定。因此在实践中必须同时运用多种标准，在综合考虑基础上界分公法和私法。

尽管公法与私法的界分标准在理论上并不明确，但这种不明确并没有在现实中带来多大的困难，对一项法律属于公法或私法通常并无多大争议。现实的情况是，公法与私法的划分并不是绝对的，一部具体的法律即使在总体上可归类于公法，往往同时也带有私法的因素，反之亦然。如公司法通常被认为属于私法，但其中有关公司登记的内容无疑是公法性质

[①] ［德］哈特穆特·毛雷尔：《行政法学总论》，高家伟译，法律出版社 2001 年版，第 40 页。

的。事实上，大部分的法律都同时兼具公法和私法的属性，在服务行政的背景下，公法与私法互相混同、交叉与渗透的倾向更为明显。

（二）公法的私法化与私法的公法化

服务行政的兴起，特别是由其引发的行政间接化趋势，使得行政法出现了私法化的倾向。这一倾向并不是说行政法由公法而转变成了私法，而是指原来由作为公法的行政法调整的事务，在新的社会背景之下须辅之以私法的形式来调整，甚至在某些领域完全由私法来调整，通过私法的适用达成行政的目标。

新的行政实践要求政府在原有的单方性权力行政之外，更多地实施非权力性的服务行为，同时将自己的部分职能交由社会承担。行政法的任务也就不可能仅仅将解决个人权利与公共权力之间的冲突作为自己的唯一目标，它还须调整原来由政府直接承担而现在已经交由具体社会承担的职能，对它们进行组织。这意味着行政法已不再局限于规范行政机关的"权力"，而扩展到了"服务行政"实施的保障，行政法私法化的倾向（或说行政事务由私法规范的倾向）也在这一过程中呈现出来。如为保证煤气的有效提供，行政法需要为此制定规则，但是这种规则却与纯粹公法的规则（如行政处罚的规则）不同，它不再将具体承担提供服务职责的煤气公司及其用户视为作为纯粹公法的传统行政法之下的行政主体和相对方。一方面，煤气公司作为公法人而存在，它并不按照规范一般私法人公司的《公司法》进行组织、管理和经营，而是要根据其作为公法人的性质，接受法律更为严格的规范，遵守一些特殊的规则；另一方面，法律并没有将煤气公司与用户之间的关系视为"行政法律关系"，而是视为两个平等的民事主体之间的关系，通过民法的方式对双方的权利义务进行规范。这样，调整煤气供用关系的行政法（当由政府直接提供煤气时），已因行政实践的变化（煤气由煤气公司具体提供）而出现了私法化倾向，甚至主要按照私法的规则来运行。

行政法私法化的另一体现是在由纯粹的私法主体提供服务时，如通过BOT的方式建设运营高速公路时。这个过程中产生了一系列的法律关系，主要包括政府与经营方之间的关系及用户与经营方之间的关系等。在政府与经营之方间的关系上，经营权通过行政特许协议的方式取得，体现了政府职责的履行（提供基础设施），这一关系是公法性质的，主要由行政法进行规范。① 但在用户与经营方的关系上，却主要体现为私法性质的关系，他们之间是完全平等的民事主体，通过合同的形式，按照民事法律规则提供与接受服务，通过民事诉讼解决他们间的纠纷。因此，在私法主体提供公共服务的情况下，行政法的私法化倾向比公法人提供公共服务时表现得更为彻底。

然而，公法与私法尽管性质上不同，但它们的区别并不是绝对的，公法行为与私法行为之间也并不互相隔绝，相反，在许多情况它们都是相互联系甚至相互依赖的，如行政确认行为往往意味着公法行为对私法关系的确认，而财产登记则意味着作为私权的所有权的成立以公法行为为依据。正因如此，服务行政背景下公法的私法化在一定程度上也意味着私法在公法领域开始发挥作用，私法出现了公法化的倾向，私法与公法呈现出相互渗透的态势。例如，由自来水公司负责提供自来水一方面意味着通过私法的作用达成公法目的，但与此同时也意味着原本属于纯粹私法关系的自来水公司与用户之间的关系受到了公法的拘束，自来水公司承担着强制缔约义务、服从公共定价义务、持续供货义务等公法限制。不仅如此，间接化行政本身就要求公法对那些业经民营化、市场化的事务需发挥组织与保障功能，这同样意味着私法关系受到了公法限制，意味着私法的公法化。

---

① 参见蔡乐渭《BOT 中的行政法问题研究》，《行政法学研究》2003 年第 2 期。

第五章　服务行政对行政法学理论的影响

　　行政法学作为一门法学学科，其产生和发展是与公共行政及行政法的发展相辅相成的，它们互相影响、互相促进。公共行政和行政法的发展，势必影响到行政法学；同样，行政法学的发展，也将促进公共行政和行政法的革新。传统的行政法学理论，是以秩序行政为中心构建的，核心内容围绕着行政行为展开，其所关注的是行政权力的直接应用；服务行政则更多关注公共服务的提供而较少关注行政权力的运用。因此，服务行政一旦成为公共行政的重要内容之一，即不可逆转地对传统行政法学理论产生了有利影响。这种影响体现在对行政法理论基础的影响、对行政法原则的影响以及对行政法学学科体系的影响等方面。

一　服务行政与行政法的理论基础

（一）行政法的理论基础概说

　　"理论基础"这一名词由"理论"与"基础"两个词素组成，按现代汉语语法，当两个词素一起组成名词词组时，前一词素通常作为后一词素的定语。也就是说，"理论"是"基础"的定语，"理论基础"意味着"理论的基础"或"理论上的基础"。而"某某的理论基础"根据汉语的表达习惯则指"某某在理论上的基础"。根据《现代汉语词典》的解释，"基础"原指"建筑物的根脚"，引申为"事物发展的根本或起点",① 也就是说，"理论基础" 指某事物 "在理论上的根本或起点"，或 "某理论的根本或起点" 两个含义；而 "某某的理论基础" 则指 "某某在理论上的根本或起点"。据此，"行政法的理论基础" 则意味着 "行政法在理论上的基础"，具体而言，是指 "行政法到底以什么理论作为其存立的根本或起点" 问题。

然而，在具体讨论 "行政法的理论基础" 时，学者却出现了不同意见。有的学者从 "行政法的理论基础" 的原意进行考察，找寻行政法以何种理论作为其存立的根本，并认为行政法产生的理论基础是自然权利和三权分立理论。② 也有学者将 "行政法的理论基础" 理解成行政法的基本原理或基本理论。"行政法学虽属于应用法学，但应用法学同样有其理论基础。这种理论基础包括三大类别：第一类为行政法学与其他法学共同的基本原理……第二类为行政法学不同于其他应用法学的特有基本原理……第三类为行政法学的具体制度原理……"③ 然而，在更多的时候，学者们并不是从上述两种意义上行政法的理论基础这一概念，而是从 "行政法的基本作用" "行政法基本功能" 或 "行政法的存立目的" "行政法的价值取向" 的含义上来考察行政法的理论基础问题。实际上，行政法学者大多在这个意义上使用 "行政法的理论基础"，当提到这一表述时，我们首先想到的也都是行政法的 "功能" "价值"，而不是其他方面内容。

行政法学的理论基础问题，最初由应松年、方彦、朱维究等人于 1983 年在《行政法学理论基础问题初探》一文中提出。④ 该文在考察西方主要资本主义国家行政法（学）所关注的核心问题（如法国行政法的公共权力说、公务说，英国行政法的控权说）后提出，我国人民代表大会与行政机关之间的关系，不是资本主义国家所谓的三权分立的并立或制衡的关系，而是从属与执行的关系。制定和执行行政管理法规是国家行政机关实践为人民服务的宗旨的重要方法，"为人民服务" 应该是制定和执行行政管理法规的出发点和落脚点。因此，我国社会主义行政法

---

① 《现代汉语词典》（第 6 版），商务印书馆 2014 年版，第 600 页。

② 张树义：《行政法与行政诉讼法》，高等教育出版社 2002 年版，第 25 页。

③ 姜明安主编：《行政法与行政诉讼法》，北京大学出版社、高等教育出版社 1999 年版，第 21—22 页。

④ 参见应松年《中国走向行政法治探索》，中国方正出版社 1998 年版，第 36—44 页。

的理论基础只能是"为人民服务"。该文是我国改革开放后对行政法理论基础问题进行讨论的开端。其所称的"行政法学理论基础"指的是行政法所关注的核心价值。① 自此之后，行政法的理论基础这一概念的内涵相对固定下来，逐渐在行政法学界形成了统一的认识。此后无论是控权论还是平衡论以及所谓的服务论，都在这一意义上使用"行政法的理论基础"这一概念。

法律的概念可以视为用一简略的方式识别那些具有相同或共同要素的典型情形的工作性工具……没有限定严格的专门概念，我们便不能清楚地和理性地思考问题。② 而概念的形成，则往往是约定俗成的结果，经过人们长时间的反复使用，一个概念可能出现与其原意截然不同的内涵，而人们可能恰恰在新的含义上使用这一概念。因此，本研究在讨论有关"行政法的理论基础"问题时，也不在其原意上讨论，而是在行政法的价值、功能意义上进行考察。

行政法的理论基础是行政法赖以存在和发展的精神内核。它既不是各部门法普遍适用的，也不是针对微观行政行为的，既不同于行政法学的理论本身，更有别于行政法学基础理论。行政法的理论基础，必须全面、完整地回答行政法产生的背景和原因，行政法的特征以及行政目标等问题。③ 具体而言，行政法的理论基础应符合以下条件：④ 首先，它必须紧紧围绕行政法关系中最本质的关系，即行政机关与相对方的权利义务关系，并对与此相关联的基本问题作出较系统的回答；其次，对上述问题的回答，其自身应当具有连贯性、统一性，形成一定的逻辑一致的体系；最后，须具有一定的价值导向，集中体现该理论体系内在逻辑要求及其所寻求的目标和发展方向。唯有符合上述三方面标准的理论，才可能成为行政法的理论基础。

---

① 尽管在提法上，该文讨论的是"行政法学的理论基础"问题，但在行文中，所讨论的却仍是行政法的理论基础问题。事实上，有关"行政法的理论基础"还有不尽相同的提法，而所指的内容却基本相同。
② ［美］E. 博登海默：《法理学：法律哲学与法律方法》，邓正来译，中国政法大学出版社1999年版，第484—486页。
③ 杨建顺：《从哲学、宪政学、法学的视角反思行政法之理论基础》，《中外法学》1996年第1期。
④ 罗豪才：《关于现代行政法理论基础的研究》，罗豪才主编《现代行政法的平衡理论》，北京大学出版社1997年版，第1页。

一国行政法的理论基础，产生于该国特定的社会经济与历史背景。但对我国而言，"法治"本身即自西方传入，从制度到观念到理论莫不如是，尽管其在我国生根发芽的过程中，不断有本土因素的渗入。具体到行政法的理论基础，尽管每一时期的理论观点与当时的社会经济条件都密切相关，但每一种观点又都与国外的相应理论有割不断的联系，控权论和管理论更是直接来源于西方（及苏联）。因此，本研究在讨论中国行政法理论基础不同观点的时候，并不局限于该观点本身，而是同时也考察该观点的源流。

（二）服务行政与控权论

在控权论者看来，社会发展过程中国家的存在就是为了管理，在管理中必须拥有权力，这是任何国家都相同的。基于管理的需要，行政机关需要权力就必须赋予其权力，需要多少权力就必须赋予其多少权力，这不是行政法所能决定的。因此，行政机关享有权力、进行管理是一个事实问题而不是法律问题。行政法所能做的是规范权力行使的后果，即规范由于享有权力和行使权力所带来的法律问题。[①] 基于上述前提，控权论认为，行政法是规范行政活动的法律，其目的在于保障个人自由，控制行政机关权力。

控权论滥觞于自由资本主义时期的英国、美国等国家。其理论背景在于：（1）自由放任的经济学说和经济政策。以亚当·斯密为代表的自由主义经济学家倡导最大限度地发挥市场机制的作用，允许和鼓励理性的个人根据自己的判断谋求个人幸福，从而促进社会经济的发展，而国家职能则因其只会导致社会财富的减少而应局限在相当狭窄的范围内。[②] 相应地，国家也采取了自由放任的经济和社会政策，鼓励人们"自求多福"。（2）自由主义的政治哲学。自由主义认为，人的生命、健康、自由和财产权利神圣不可侵犯；政府的存在是必要的，其目的是为人民谋福利，其行动范围应受到严格限制，法律不能恣意地限制人民的自由；国家非经本人同意

---

① 王连昌主编：《行政法学》，中国政法大学出版社 1994 年版，第 19 页。

② ［英］亚当·斯密：《国民财富的性质和原因的研究》（下），郭大力、王亚南译，商务印书馆 1972 年版，第 252—253 页。

不能剥夺任何人的财产。① （3）法律实证主义理论。法律实证主义兴起于
19世纪，旨在"反对形而上学的思辨方式和寻求终极原理的做法，反对法
理学家试图辨识和阐述超越现行法律制度之经验现实的法律思想观的任何
企图"。② 在法律实证主义的理念下，法律与政治相分离，被认为是独立于
政治斗争之外的、在历史发展过程中被确立的符合正义的原则。法律实证
主义强化了法律的自治性和法官的独立性，它与普通法传统中法官的地位
相结合，促进了控权观念的形成与发展。（4）普通法传统。普通法法官和
法律家的传统价值观是控权理论生长的一个重要因素，从柯克爵士主张限
制王权到光荣革命时期法院和议会结盟反对国王专权，普通法系法官形成
了把自己定位于个人权利维护者的传统，并因保护公民权利而对行政机关
采取了敌视的态度。

在中国，控权论一方面继承了西方的行政法控权论的传统，另一方
面，它又是在改革开放的现实基础上形成的。改革开放促成了市场的成
长，市场经济体制最终取代了计划经济体制构成了我们的基本经济体制。
在这个过程中，原有体制下的国家和社会关系受到了质疑，个人的权利重
新得到了认可和重视。反映到行政法领域，"为保障商品生产者的合法权
益，促进经济的繁荣，尤其需要对行政活动加以规范和控制，需要一套明
确规定行政机关权力、职责范围、活动程序以及行政救济的法律规范"。③
基于此，控权被认为是行政法的根本属性和作用。

控权论的基本理念如下：（1）行政法的根本目的在于最大限度地保障
和维护个人的自由和权利，制止国家机关非法干预和限制个人自由权利。④
（2）行政权的范围必须受到严格限制，其范围应限于国防、外交、财政和
治安等维持国家社会正常运转所不可避免的领域，并最大限度地排斥不必
要的自由裁量权。（3）为有效达到对具有恣意和专断倾向的行政权进行控
制、保护个人自由权利的目的，行政法最重要的内容就是由独立的司法权
对行政权实行司法审查。事实上，我国行政法学就是以对行政行为进行司

---

① 参见［英］洛克《政府论》，叶启芳、瞿菊农译，商务印书馆1964年版，第58页。

② ［美］E. 博登海默：《法理学：法律哲学与法律方法》，邓正来译，中国政法大学出版社1999
年版，第116页。

③ 张树义：《行政法与行政诉讼法学》，高等教育出版社2002年版，第30页。

④ 参见王名扬《英国行政法》，中国政法大学出版社1987年版，第1—2、12—13页。

法审查为契机发展起来的。①（4）行政合法性（依法行政）原则是行政法的核心原则。法律规定了行政机关活动的权限、手段、方式，所有行政活动都必须以法律为依据，做到证据充分、权限合法、程序合法，法无明文规定不得为之，违反法律规定的都必须承担相应的法律后果。②

控权论源自西方自由主义理论和中国市场取向的经济体制改革，认为"行政权力是一种强制他人服从的力量"，"这种力量为国家行政管理所不可缺少"，且"无须法律保障"。单纯从文字表述观之，这种观点确有不够周延之嫌，也受到了广泛批评：首先，称"行政法所能规范的是权力行使的后果，是由于享有权力、运作权力所带来的问题"，这样的论点未免太过简单化、绝对化。行政权力在现代国家不仅仅是一个事实问题，它更是一个法律问题，控权与授权具有兼容性，二者并不相互排斥，只有先有权力才能谈得上对权力的控制。也就是说，控权是以授权为前提的。其次，尽管行政权在作为相对人的公民面前是无所谓软弱，不需要保障的，但在其他外在压力面前，行政权力仍然显得软弱和易受干扰，因此仍需行政法保障其能合法行使而不受损害。③ 此外，批评者还指出，控权论者大多认为行政法是在资本主义社会中随着民主法制的兴起而产生的，体现了对行政权进行控制的特点。但除近现代意义上的行政法外还有古代意义上的行政法存在，因此，"不能据此断言行政法学理论一定要建立在控权法的观点基础之上"。④

应该承认，上述批评并非全无道理，也指出了控权论不尽周延的问题。然而，行政法理论基础并非万金油，它的任务不在于面面俱到地指出行政法的各项主要内容，而在于指出行政法的本质特征，帮助我们认识行政法的根本性质和价值。从这个意义上，我们就不得不承认，尽管将行政权力的存在仅仅视为一个事实问题而不是法律问题，从而忽略行政法的授

---

① 不可否认的是，改革开放后中国行政法学的重新发展，固然离不开整个法制（法治）的重建，但直接促进中国行政法发展的，从而可称之为行政法发展契机的则是1982年颁布的《中华人民共和国民事诉讼法（试行）》，该法第21条规定：行政诉讼原则上由人民法院进行审查。1989年颁布的《中华人民共和国行政诉讼法》更是我国行政法发展历史上的一部具有里程碑意义的法律，正是这部专门的有关司法审查的法律，推动了中国行政法学的大发展。

② 张树义：《行政法与行政诉讼法学》，高等教育出版社2002年版，第19—21页。

③ 杨解君：《关于行政法理论基础若干观点的评析》，《中国法学》1996年第2期。

④ 熊文钊：《行政法理论基础的中心点与基石：保障公益、授权与控权》，《中外法学》1996年第8期。

权功能有简单化之嫌，但是授予行政机关以行政权力，何尝不是对行政权力进行控制的一种方法或途径？从我国的现实情况看，目前存在的最大问题是行政权力对公民权利的侵害，行政法最迫切的任务不是授予行政机关以权力并保障其有效行使，而是对行政权力进行控制确保公民权利不受行政权力的非法侵害，① 因此，规范和控制权力仍然是我国行政法的本质特征和中心任务。从这个意义上看，将"控权论"作为我国行政法理论基础有其特殊的价值所在。

控权论的核心在于控制行政权力以保障公民权利，"依法行政"原则集中体现了控权论的要求。然而，服务行政兴起后，行政任务发生了巨大变化，它不单要维护秩序，还要为公民提供各种各样"生存照顾"。这样，依法行政原则，尤其是作为其子原则的法律保留原则就受到了严峻的挑战：到底是应该严格控制行政权力，避免其对公民权利的侵害，还是应允许行政机关根据为公民提供服务的需要，在必要的时候超越法律保留的要求？或者说，当为公民提供公共服务成了行政机关的主要职责之时，控制权力是否还是行政法所关注的核心问题？是否还是行政法存立的根本目的和价值所在？

服务行政兴起后，行政机关的职责的确发生了巨大的变化，秩序行政不再行政机关的唯一行政方式，行政权力的直接运用也不再是行政机关履行职责的唯一手段。相反，服务行政在行政方式中占据了非常重要的地位，服务行政职责的履行一般也不体现为行政权力的直接运用。乍看起来，在服务行政兴起之后，控权似乎的确已经失去了其存立的基础，不再能体现行政法的基本价值，控制行政权力也不再是行政法所关注的核心问题了。然而，应该注意到，尽管表现为行政权力的直接运用的秩序行政在服务行政兴起后已经不再是一头独大的行政方式，但其仍然是与服务行政并列的行政行为两大主要方式之一，秩序的维护在任何时候都是行政机关的重要职责。首先，行政权力的直接运用在任何时候都是行政行为的重要手段。也正是由于这一点，行政法在服务行政兴起的大背景下仍然须严格关注行政权力的控制问题，防止其可能对公民权利造成的侵害。其次，就服务行政本身而言，由于服务行政是由行政机关提供公共服务的一种行政方式，行政机关因而享有行政权力，那么作为服务提供者的行政机关就有

---

① 参见潘云华《控权是平衡论的核心——关于行政法基础理论的思考》，《南京师范大学学报》（社会科学版）2000 年第 5 期。

可能运用其所掌握的行政权力，在服务行政过程中或名义之下造成公民权利的侵害。实践中这样的事例不胜枚举，所谓服务行政的异化很多时候就表现为行政机关滥用行政权力。这也说明，在服务行政中，控制行政权力，防止其滥用造成对公民权利的侵害仍然是行政法需关注的问题。最后，在某些情况下，服务行政的实施也需要行政机关运用行政权力为手段，此时对行政权力的控制是必不可少的。另外，尽管提供公共服务是政府的职责，但公共服务的具体提供途径和方法却有好多种，在通常情况下，并不是由政府直接生产并提供公共服务，而是由政府之外的主体间接提供服务。对于公民而言，与公共服务的直接提供者之间的关系通常是一种民事上的关系。也就是说，尽管提供公共服务是政府的职责，但公民与具体的服务提供者之间的关系通常并不完全由行政法进行规范。这样，即使在服务行政兴起的背景之下，行政法所规范的范围内涉及行政权力的运用仍占据相当大的分量。因此，服务行政兴起后，忽视行政法的控权作用仍是一种危险的倾向。

（三） 服务行政与管理论

作为行政法理论基础，管理论建基于政府主导社会和国家统制经济的理论。"简单地说，就是从行政管理的角度，从国家主权意志的角度，从统治阶级意志的角度去界定行政法的一种理论"。[①] 管理论有两种性质根本不同的典型表现形式，一种是"二战"前的德国和日本以及十月革命前的沙皇俄国，另一种在苏联。[②] 对于中国行政法来说，管理论的影响主要来源于苏联。苏联行政法学者 B. M. 马诺辛认为：行政法作为一种概念范畴就是管理法，更确切一点说，就是国家管理法。[③]

具体来说，管理论基本理念如下：（1） 在性质上，认为行政法是国家机器之一，是国家进行统治，管理经济和社会的一个工具，其根本功能是保障行政机关有效地实施行政管理，实现管理的目标和任务。"行政法是这样一个法律部门，它的规范是国家手中用以经常地、每日地、直接领导

---

① 陈端洪：《中国行政法》，法律出版社 1998 年版，第 56 页。
② 沈岿：《平衡论：一种行政法认知模式》，北京大学出版社 1999 年版，第 105 页。
③ ［苏联］ B. M. 马诺辛等：《苏维埃行政法》，黄道秀译，群众出版社 1983 年版，第 24 页。

社会的手段（与其他手段一起）"① （2）在内容上，行政法的核心内容是对行政组织的组成和职权范围的规定及有关行政管理活动的规则，而缺乏对公民权利的保障和当公民权利受到损害时的救济。② 尽管法律也规定了行政机关工作人员违反法律法规的责任，但这种责任是仅仅由国家承担的，目的还是为了实现国家管理的需要，公民并不能因为国家机关及其工作人员的侵权行为而获得有效救济。（3）在职能范围上，国家是一种"全能国家"，行政机关享有广泛的行政管理职能，几乎涵盖社会经济文化的所有领域。"苏维埃国家与资产阶级国家相反，它对经济实行全面的管理。它集中掌握着政治领导和经济领导，从而也就提供出一个在历史上前所未有的新型的社会组织。"（4）行政机关管理人员可以根据国家需要便宜行事，而不受社会主义法制原则的严格约束。作为国家管理基本原则之一的社会主义法制原则的宗旨在于保护、发展和巩固社会主义的政治和经济基础，因此只要是符合这个目的的，国家管理人员都可为之。中国改革开放之后，一些持管理论的学者对其观点进行了修正，为管理法"正名"。他们认为行政法既是管理行政机关和公务员的法，又是行政机关进行管理的法，"管理法不能简单等同于管制法，管理法的确切内涵是：第一，管理管理者的法；第二，规制管理者行为的法；第三，对管理者及其行为进行监督的法"。③

"管理论"作为一种概括行政法本质特征的理论观点，它的产生是具有特定的历史背景的。首先，社会主义国家传统的法和国家学说认为，国家只是统治阶级统治被统治阶级的工具，而法律作为上层建筑，只不过是国家机器的一个组成内容，行政法也同样如此。在人民当家作主的社会主义国家，行政法不过是对人民实行民主和对敌人实行专政的工具，而这些都须通过对国家事务的管理体现出来。其次，全能主义国家的思想和体制。无论是苏联还是改革开放前的中国，实行的都是计划经济体制，奉行全能主义国家理念，国家享有全面直接干预经济生活的一切职能，个人利益遭到了全面否定。这样，国家成了一个大企业，而政府则成了这个企业的管理者，行政法不过是这个企业进行管理的一些具体的规则。最后，对

---

① B. M. 马诺辛等：《苏维埃行政法》，黄道秀译，群众出版社1983年版，第33、52页。

② 参见沈岿在《平衡论：一种行政法认知模式》中的介绍，北京大学出版社1999年版，第114页以下。

③ 朱维究：《行政法的理念：服务、管理、法制监督》，《中外法学》1996年第5期。

于中国而言，管理论的形成还因于数千年来形成的家天下的观念，行政机关工作人员，尤其是行政首长被视为人民的"父母官"，而公民则被视为"子民"。既然如此，"父母官"当然有安排子民的生活，对子民进行管理的职责，子民也当然有接受"父母官"管教的义务。

应该说，20 世纪 80 年代以来的管理论从管理的角度着眼，将行政法分为管理管理者的法和管理者进行管理的法，管理者和被管理者都要依法进行活动，这本身并无不妥之处。然而，仅仅因此就认为行政法是管理法，未免过于简单化，因为它仅仅反映了行政管理的动态过程，却"回避了行政法的性质，对行政法无价值判断，对行政学与行政法学无明确之区分"，"给人以行政法为行政管理学之附属学科的感觉"，将行政法沦为管理技术法。① 更重要的是，在中国当前的现实之下，尽管作为政治要求，行政机关工作人员是"人民公仆"，是为人民服务的，但事实上颇有一部分行政机关工作人员特权思想严重，非但没有"为人民服务"的高尚觉悟，甚至连"依法行政"的基本素质和职业道德也不具备，行政权力被严重滥用，公民权利遭受行政权力侵害的现象极为普遍。在此背景下，再以"管理论"为中国行政法的理论基础，无助于改善中国的行政法治状况，甚至有可能助长违法行政、专断行政。

服务行政的兴起，使行政职能再次得到了扩张，为公民提供公共服务成了政府不可推卸的责任，国家的触角再次延伸至社会各个角落。从表面上看，国家似乎又开始走向全能主义，管理各种各样、似乎无所不包的社会事务。而法治的日臻完善，使得国家在提供"生存照顾"时，又越来越倚赖法律的方式，通过行政法进行规范。这种表象似乎印证了行政法在国家管理社会事务中功能日趋突出，是行政机关提供服务越来越重要的工具，因此，服务行政的兴起也似乎正说明了行政法的"管理法"地位，"管理论"是现实社会中行政法的理论基础。然而，事实并非如此。服务行政的兴起所导致的行政职能的扩张，并不说明国家重新回归"全能主义"。在服务行政背景下趋于扩张的政府职能，与全能主义国家的政府职能是有着本质区别的：全能主义国家的政府职能不仅及于公共领域，也及于私人领域，是不受限制的全面的职能，在一定程度上是其本身即是目的；而服务行政背景下的政府职能，尽管日益扩张，但仅及于公共领域

---

① 杨解君：《关于行政法理论基础若干观点的评析》，《中国法学》1996 年第 2 期。

（承担为社会和公民提供公共产品的职责），而不及于私人领域，政府职能仅仅是为提供"生存照顾"的手段，而不是目的。同时，服务行政理论并不认可出于服务的需要，政府即可超越法律的规定，任意为公民提供"生存照顾"，相反，政府在服务行政过程中仍应遵循"依法行政"原则。①此外，在服务行政兴起的现实之下，服务行政理论也并不认为，所有"公共领域"的事务都要由国家来负责，相反，公共产品在一定条件下也可由私人来提供。因此，服务行政的兴起并不等同于行政法已经重新回归管理法，"管理论"在服务行政理念之下也并不重新构成行政法的理论基础。

（四）服务行政与平衡论

以"平衡论"为中国行政法的理论基础最初是由罗豪才教授在1993年倡导的。② 相对于控权论与管理论的西方（苏联）渊源而言，平衡论并无国外的直接渊源，它是中国行政法"本土"的理论，是中国行政法学者基于中国公共行政与行政法实践发展而创立的理论。平衡论以行政机关与相对人的权利义务关系为坐标，认为这种权利义务关系从对立到统一，从不平衡到平衡的矛盾运动构成了行政法发展的历史。他们将行政法的发展历史分为古代的、近代的、现代的三段，分别对应于管理法、控权法与平衡法，并认为，管理论将公民置于被管理、被支配的地位，主张二者法律地位不平等，强调维护行政特权，在资产阶级革命后被控权论所取代；而控权论只强调对行政权力的控制，在处理民主和效率的关系上显得苍白无力，"二战"后行政权更加突出，控权论已因时过境迁而让位于平衡论。③
平衡论的内涵主要包括以下几个方面：④
（1）在行政法的价值导向上，平衡论认为涉及行政法领域的社会多元利益都要得到尊重和协调，主张在价值冲突中诉诸中庸、平和的制度性解决方案。行政法的平衡是以集体主义（而非个人主义）为基点的平衡，国家利益始终是中国调节社会利益关系的出发点和归宿。在个人利益和公共利益发生

---

① 参见陈新民《公法学札记》，中国政法大学出版社2001年版，第41—42页。
② 参见罗豪才等《现代行政法的理论基础——论行政机关与相对一方的权利义务平衡》，《中国法学》1993年第1期。
③ 陈端洪：《中国行政法》，法律出版社1998年版，第58页。罗豪才：《行政法的核心与理论模式》，《法学》2002年第8期。
④ 包万超：《行政法平衡理论比较研究》，《中国法学》1999年第2期。

不可调和的矛盾时，个人利益应服从公共利益（以合理补偿为基础）。

（2）在行政法的研究视角上，平衡论认为应当转移以法院或行政机关为中心的视角，直接以行政机关与公民的关系切入研究；在研究方法上，平衡论认为，应当强调行政权与公民权的配置，而以立法控制或司法审查作为一种宪政视野下的制度性保障。

（3）有关行政法的概念和调整对象，平衡论认为行政法是调整行政关系和监督行政关系的法律规范的总称。将行政法的调整对象归结为"行政关系"和"监督行政关系"两个方面。

（4）有关行政法关系，平衡论认为，行政法和民法一样，均调整平等主体间的关系，并且两者调整的状态都应该是一种平等平衡的关系。只不过行政法关系是非对等的动态平衡关系。任何一个具体行政法关系中，权利义务结构都是不对等的，但总体上，这种不对等以平衡为前提并最终实现总体上的动态平衡。

（5）在行政法治原则上，平衡论在下列三个方面对其予以发展：一是行政法治主体包括了行政机关和行政相对方，行政法同时规范两者的行为；二是一切行政都要服从行政法治原则，但不同的行政有不同的法治要求。对不直接影响公民的权利义务的行政，行政机关可在不与宪法和法律相抵触的前提下自由作为。对直接影响相对方权利义务的行政，则要严格依法行政，不得为法律没有规定的行为。三是在行政法关系中，行政法治对双方主体既要约束，又要激励。对行政主体重点是制约，对相对方重点则在于激励，其核心是参与管理。

（6）对于行政程序法，平衡论认为行政程序法的功能在于通过规范行政行为的空间和时间的表现形式，制约行政权力的行使，因而其规范应主要限定为行政机关的义务性规范，将更多的程序性权利赋予行政相对方。在行政程序法的价值导向上，应协调兼顾公正与效率，实现二者的动态平衡。

（7）有关行政法体系，平衡论倡导建立一种"行政权—公民权"之间的协调模式，认为行政法律制度应该分为保障行政权有效行使和抑制行政权违法行使及滥用两大类。现代行政法制的建设必须在宏观上做到这两大类型制度的平衡，并且在具体的行政法律制度中体现各种价值的平衡精神。

（8）有关行政法学体系，平衡论认为现有的学科体系应该进行改进，不能只注重行政组织法和行政作用法的研究，也要注重行政程序法和行政救济法的研究。要以"行政权—公民权"关系为中心，在立法、执法和司法领域更多地采用平衡方法，在一个广阔的框架里进一步研究行政法中的基础问题。

将实现行政相对方权利与行政主体权力的平衡作为行政法的目标，道出了行政法努力的方向。然而，法律作为社会关系的调节器，其功能恰恰在于协调各种利益冲突，若因行政法的目标在于达到行政相对方和行政主体权利义务的平衡，就认为行政法是平衡法、认为"平衡论"是行政法的理论基础，那就难免得出其他部门法也是平衡法、"平衡论"也是它们的理论基础的观点，"平衡论"也将因此失去其作为行政法理论基础的特色。从更深的层次，我们还需注意到，与其他部门法相比，行政法本身存在特殊之处，即它以行政关系为规范对象。在我们的现实生活中，行政关系首先体现为行政主体与行政相对方之间的关系，这往往是一种直接对立与冲突的关系，且行政主体处于更强势的地位，在行政权力面前，行政相对方的权利难以得到充分有效的保护，行政主体与行政相对方双方处于不平衡的状态之中。考虑到这一现实，我们就不得不承认，实现行政相对方和行政主体间权利义务的平衡这个目标具有何等的重要性，平衡论的提出具有其特殊的实践价值。更进一步，平衡论本身并不是静止的，它并非泛泛地指出平衡的重要性而不注意平衡的可能性。平衡除了可以表示行政法的状态外，同时也被用来建立一种新的行政法方法论，即以平衡的方法处理行政机关和相对方之间的权利义务关系的理论。[1] 平衡也并不否认控权的重要意义，恰恰相反，平衡论者指出，"就当前国情而言，更强调对行政相对方的保护以抗衡行政权的滥用"，[2] "控权是平衡论的核心"。[3] 换句话说，平衡论同样承认控权在当下中国的重要性，只是它着眼于"平衡"状态的达成，关注"平衡"这一目标，而控权论者所强调的控权则是实现"平衡"的不可替代的手段。

平衡论将现代行政分为两大类，其中行政权力的行使不直接影响相对方的权利义务的（如行政规划、行政指导、行政决策等），平衡论者称之

---

① 罗豪才、甘雯：《行政法的"平衡"及"平衡论"范畴》，《中国法学》1996 年第 4 期。

② 包万超：《行政法平衡理论比较研究》，《中国法学》1999 年第 2 期。

③ 潘云华：《控权是平衡论的核心——关于行政法基础理论的思考》，《南京师范大学学报》（哲学社会科学版）2000 年第 5 期。

为"积极行政"或"服务行政"。①这种分类与本研究有关服务行政的分类是两种不同的分类方法，遵循不同的标准，两者尽管有高度重合之处，但并不完全一致。在本研究的分类中，服务行政并非都不直接影响行政相对方的权利义务，如政府对被洪水冲垮的桥梁久久不予修复，即直接影响相关公民通行的权利，另外如政府在强行提供行政指导之类的"服务"时，也直接影响公民的权利。

服务行政的兴起对平衡论的影响在于，服务行政要求政府为公民提供公共服务，这点进一步体现了行政法平衡行政相对方和行政主体权利义务的取向：在服务行政兴起之前，行政方式以秩序行政为主，其手段主要是对公民权利的限制与干涉，在这种情形之下，尽管秩序的维护本身是为了社会整体的利益，但在具体的行政关系中，我们很难说它达到了或体现了行政相对方与行政主体权利义务的平衡。服务行政兴起之后，行政方式在秩序行政之外还强调服务行政，相对方在服从行政主体管理的同时，也接受行政主体所提供的服务，这样，平衡不仅体现于宏观的社会整体层面，也体现于微观的行政领域和具体的行政关系中。

然而，当我们说服务行政的出现，进一步体现了行政相对方与行政主体双方权利义务的平衡时，可能也恰恰说明，在服务行政兴起之前，双方权利义务至少从微观层次上看是处于不平衡状态的。由于服务行政的范围在很大程度上是个事实问题，并非行政主体能左右，若说随着服务行政范围的越来越广，双方权利义务越来越体现出平衡倾向，这也在一定程度上说明，行政相对方和行政主体权利义务关系总是处在不平衡中，平衡是我们的理想，是我们所要努力接近的目标。另须注意的是，有论者认为，在"服务行政"的领域内，行政机关只要不违反宪法和法律，即可自由作为。② 按照这一观点，则随着服务行政范围的扩展，将出现越来越多地放弃作为依法行政原则子原则的法律保留之范围而听任行政机关自由行动的倾向。在当前行政权力相对于公民权利而言还相当强大、随时可能形成对公民权利之侵害的现实之下，这一观点是值得商榷的。

---

① 包万超：《行政法平衡理论比较研究》，《中国法学》1999 年第 2 期。

② 同上。此处的服务行政，系按平衡论观点所作的分类，与本研究一般所指服务行政并不尽然相同，但鉴于两者的高度重合性，将其纳入考虑范围仍具意义。

二 服务行政与依法行政原则[①]

（一）依法行政原则概述

依法行政原则又称行政合法性原则或行政法治原则,[②] 指行政机关的一切行为都必须符合法律的规定。这一原则在我国行政法实践和理论中占据着重要的位置,对我国行政法治发展有着巨大的影响。自从中共十五大提出要"依法治国,建设社会主义法治国家"和"一切政府机关都必须依法行政,切实保障公民权利"以来,"依法行政"就成了我们耳熟能详的词语,它是学界和社会对行政机关的基本要求,也是行政机关的日常口号,国务院还于 2004 年专门出台了《全面推进依法行政实施纲要》。而在行政法学理论方面,尽管学者们对行政法有哪些基本原则众说纷纭,各持己见,但对依法行政原则属于行政法基本原则却没有异议,可以说,依法行政原则是学界普遍认可的行政法最重要的原则。

依法行政原则是从宪法的有关规定中推导出来的原则,现代民主国家认为,包括行政权力在内的国家权力来源于人民,人民是国家的主人,而国会作为代议机关,其制定的法律被视为人民的意志。这样就当然要求行政机关的行为要服从法律的规定。在德国,依法行政原则的宪法依据是分权原则、法治国家原则、社会国家原则、议会民主原则和基本权利保护原则。在我国,依法行政的宪法依据则在于:主权在民原则、民主集中制原则、社会主义法治原则、法律面前人人平等原则和法律救济原则。[③] 依法

---

① 本节写作过程中,笔者曾与曹顺宏先生进行过多次讨论,本节内容是两人共同努力的成果。

② 中共十五大正式提出了"依法行政"的概念,但在行政法著作中,对此一般仍称为"行政法治原则"或"行政合法性"原则。在笔者看来,有关的论述,如依法行政的理论依据、表现形态和理论内涵等等,都值得进一步深入探讨。参见马怀德主编《行政法与行政诉讼法》,中国法制出版社 2000 年版,第 38 页以下;张树义《行政法与行政诉讼法学》,高等教育出版社 2002 年版,第 19 页以下;姜明安主编《行政法与行政诉讼法》,北京大学出版社、高等教育出版社 2011 年版,第 67 页以下。

③ 马怀德主编:《行政法与行政诉讼法》,中国法制出版社 2000 年版,第 41—42 页。我国宪法的具体条文方面则有:第 2 条、第 3 条、第 33 条、第 41 条、第 85 条。

行政原则的意义在于，针对行政权相较其他国家权力具有主动性、灵活性的特征，以法律约束之，使其不得恣意妄为，保证人民权利不受行政机关之行为的任意侵害。

讨论依法行政原则，须注意将"依法行政"与"依法律行政"加以区分。在所谓形式法治国时期，强调的是依法律行政，即要求行政机关的行为要遵守国会制定的法律，通过法律防止对自由和财产的行政侵害，但对法律本身的内容并没有提出要求。到了实质法治国时期，则不但要求行政机关遵守国会所制定的法律，并且也要求行政机关所据以遵守的法律是符合正义要求的。如英国法治传统中将法的内容也视为"法治"（rule of law）的问题，如果国会制定了不当限制个人自由及财产的法律，那就违背了作为英国宪法原则的法的支配。①

在依法行政原则的内涵方面，奥托·迈耶认为，依法行政原则包括三个方面的内容：第一，法律的规范创造力原则。指法律对行政权的存在和运作具有绝对的和有效的拘束力，如同法律能对司法机关在审判个案时产生拘束力一样，在行政机关行使权力时，该法律也能产生规范创设效果。第二，法律优先原则，指经代议机关制定的法律即代表民意，具有崇高性。在经合法程序废止之前，其效力高于行政机关制定的规范性文件，因此，行政机关不论是在作出具体行政行为或抽象行政行为时，皆不得与现行法律相抵触。第三，法律保留原则，指行政机关的任何行政行为都应有法律的授权，在法律授予行政机关以行为之合法性之前，行政机关无任何行为之自由。② 对于本研究的讨论而言，法律的规范创造力自是无可否认的，无论在干涉行政盛行时期或服务行政时期皆然，所以下文的讨论将集中于法律优先与法律保留原则两个方面。

至于依法行政原则中的"法"究竟何指，我国学者一般认为，"法"是指一切行政法的法律渊源，包括人民代表机关制定的法律和法规，也

---

① ［日］盐野宏：《行政法》，杨建顺译，法律出版社1994年版，第50—51页。在下文的讨论中，如无特殊说明，都在实质法治国的意义上使用"依法行政"一词。但为讨论方便，在涉及早期的有关论著时，也以该词涵盖"依法律行政"，这并不是说笔者视两者为同一事物。

② 陈新民：《行政法学总论》，（台北）三民书局1997年版，第51—52页。但盐野宏教授对"法律规范的创造力"持不同意见，他认为，该概念乃指"制定一般法律的立法权的独占（但承认委任命令）"，即立法权只能由作为代议机关的国会来行使。参见［日］盐野宏《行政法》，杨建顺译，法律出版社1994年版，第50页。

包括行政机关制定的行政法规和规章。① 从行政法的法律渊源角度及行政机关行为所须遵循的规则角度，这种理解并没有错误。但按这种理解，则行政机关仅依其自身制定的行政法规或规章其或层次更低的规范性文件，也可作出相应的行政行为。这样就违背了"依法行政"原则要求行政机关按照代议机关的立法行事的旨意，② 实际上架空了"依法行政"原则。所以本研究也将依法行政原则中的"法"界定为人民代表机关制定的"法"。

（二）法律优先原则

法律优先原则指行政机关的一切活动，无论是具体行政行为或抽象行政行为，都不得与法律相抵触。法律优先原则对行政活动的要求仅仅在于不违反法律的规定而不与之相抵触，并不要求行政活动有明确的法律依据，行政机关只要不实施与法律规定不一致的行为即可认为满足该原则的要求。因此，该原则又被称为消极的依法行政原则。

法律优先原则有两方面含义：

首先，法律的效力等级高于行政立法。在法律的效力层级方面，法律优先原则仅针对立法机关制定的规范性文件和行政机关制定的规范性文件间的关系问题，而不涉及立法机关制定的不同层次的规范性文件间的关系，以及行政机关制定的不同层次的规范性文件间的关系问题。法律优先原则要求行政立法不得与人民代表机关制定的规范性文件相抵触，具体而言包括：（1）在法律已经对某些事项作了明确规定时，行政法规和规章都不得与法律相抵触，如有相抵触的，以法律为准。（2）在法律对某些事项没有作明确规定，而行政法规和规章作了规定时，一旦法律对该事项作出规定，则行政法规和规章的规定让位于法律的规定。（3）与法律高于行政法规和规章的规则相对应，地方性法规、自治条例和单行条例的效力等级高于地方政府规章。（4）与法律相抵触的行政法规和规章，与地方性法规、自治条例和单行条例相抵触的地方政府规章，应当由有关国家机关予

---

① 马怀德主编：《行政法与行政诉讼法》，中国法制出版社 2000 年版，第 39 页。这种观点当与德国基本法的规定有关，德国基本法第 20 条规定：行政应受"法律"（gesetz）与"法"（recht）的约束。

② 吴庚：《行政法之理论与实用》，（台北）三民书局 2001 年版，第 82 页。

以撤销和改变。①

其次，一切行政活动都不得与法律相抵触，此处"一切行政活动"包括行政机关为履行职务而实施的一切管理活动。既包括制定规范性文件（含行政立法）的活动，也包括具体行政行为，同时也包括基于公共利益的目的，以私法（民法）方法实施的管理行为。与法律相抵触的行政活动一律无效，应由有关机关按照法定程序予以撤销，并追究相应机关和人员违法行政的责任。

按照行政法学者吴庚的见解，法律优先原则旨在防止行政行为违背法律，但该原则的运用不是无条件的，而是必须具备两项前提：一是要确定规范的位阶性，即使是法律委任行政机关制定的行政立法，尽管有补充法律的功能，也不得违背法律。二是作为行政活动依据的法律规范应该具有明确具体的内容，一旦违反即有相应的制裁之效果出现，内容含糊空洞、不具实质含义的法律不可能发生"抵触"问题。②

（三）法律保留原则

行政法意义上的法律保留有别于宪法意义上的法律保留。在宪法意义上，法律保留在国家秩序范围内，某一事项只能由立法机关作出规定，其他任何机关都不能进行规定。如犯罪和刑罚；对公民政治权利的剥夺、限制人身自由的强制措施和处罚等等。③ 因此宪法意义上的法律保留又被称之为立法保留。而在行政法意义上，法律保留指没有法律的明确授权，行政机关就不能合法地作出行政行为，不仅不能以消极的与法律不抵触而视为合法，在不抵触之外，尚要求其为明确的法律授权。因此，法律保留原则又被称之为积极的依法行政。

一般而言，法律保留原则被认为是基于以下三个原则而产生的：④

第一，民主原则。依民主原则的要求，由国民选出的代议机关，被认

---

① 马怀德主编：《行政法与行政诉讼法》，中国法制出版社 2000 年版，第 43—44 页。至于行政法规与地方性法规、自治条例和单行条例之间的效力层次问题，以及地方政府规章与国务院部门规章的效力层次问题，《中华人民共和国立法法》作了相应规定，见《中华人民共和国立法法》第五章。

② 吴庚：《行政法之理论与实用》，（台北）三民书局 2001 年版，第 83 页。

③ 见《中华人民共和国立法法》第 8 条。

④ 翁岳生主编：《行政法》，中国法制出版社 2002 年版，第 179 页。

为直接代表民意，凡国家活动中的重大事项，特别是与人民权利有密切关系的，都应该由代议机关通过法律的形式予以规定，行政只能在立法规定的范围内进行活动，而不能越俎代庖进行规定。

第二，法治原则。法治国家原则要求以法律作为治理国家的方法，行政须遵循法律的规定而行动，不得在缺少法律依据时擅自行动，以保证人民预见自己权利及义务的范围，尤其是使人民对自己的行为准确预测在行政法方面的后果，从而据以决定自己的行为，确保法律秩序的安定，这就是所谓的"法确定性原则"（rechtssicherheit）。

第三，基本权利保护原则。基本权利保护原则要求作为民意代表的立法者必须以维护人民的利益——以基本权利为代表——作为规范与限制的前提，以保证行政机关只能在代议机关事前所许可的范围内对人民的权利进行干涉，避免恣意的侵害。

法律保留的范围指在哪些行政领域适用该原则，是在部分还是全部行政领域适用该原则。法律保留范围问题经历了一个长期的历史发展过程，而这个过程是与服务行政的发展紧密相连的，下文进行专门讨论。

（四）服务行政与依法行政原则

服务行政与依法行政的区别在于：是运用行政权力维护秩序，还是积极主动地为国民提供服务。就此而言，依法行政两大子原则（法律优先与法律保留）中，法律优先只要求行政活动不违背法律的规定，行政机关在无法律规定的情况下积极为国民提供服务，并不构成对法律的违背。因此服务行政的发展，并不直接形成对法律优先原则的冲击。当然，若法律有明确规定而违背法律提供"服务"的情况，则又另当别论。对法律保留原则，因其要求行政机关的活动都要有法律的明确授权，所以在服务行政的场合，行政机关的活动即与法律保留原则产生了冲突：到底是应依服务行政要求，积极为国民提供服务；抑或按法律保留原则要求，在没有法律明确授权的情况即不作为？

1. 秩序行政时代的法律保留范围

法律保留原则在19世纪西方自由主义法治国时代孕育而成，当时普遍的观念认为，管得最少的政府就是最好的政府，因此法律保留原则的意义在于减少行政对人们自由行动的干涉。若不考虑当时实际存在的行政对国民提供福利的行为，则法律保留适用于整个行政领域，任何行政行为都须有实证法上的明确依据，才可肯认其合法性。这就是所谓的"全面保留原则"（totalworbehalt），奥托·迈耶称之为"无法律，即无行政"。

2. 服务行政与法律保留范围

现代社会，国家任务已发生了巨大的变化，它已经不是单纯的秩序维护者，而同时也从不同的角度，以不同的手段介入社会，为人们提供公共服务。这样，行政活动也相应地区分为干涉行政与服务行政两大部分。单就干涉行政而言，严格意义上的法律保留自然有适用的必要，但对包括服务行政在内的行政活动的整体而言，若严格实行法律保留原则，则不免使国家难以恪尽为人民提供福利之责。然而，若服务行政只要不侵害公民的自由和财产，就可以不受国会的约束而自由活动的话，那么，一方面，从对行政的民主控制来说是有问题的，另一方面，国民的现实或将来的生活将掌控于政府之手。① 这就产生了行政机关在服务行政中是否也需要法律基础，服务行政时代"法律保留"原则还应否得到严格遵循的问题。对此，学界出现了各种不同意见。②

一是，认为在服务行政时代，法律保留原则应限于可能侵害公民权利的领域，在行政权侵害公民的权利自由或对公民课以义务时才适用，而对于在此之外的行政活动，则可以自由为之。持这种观点者认为，政府为民众提供服务，多做一件算一件，不必严格按照法律进行拘束，即使无法律之明确授权也可为之。③

二是，认为应该予以"全部保留"。即认为依据民主原则，一切权力皆源自人民，人民之代议机关为最高权力机关，一切行政行为，其对象、要件及条件等等，都应有法律依据才可为之，服务行政也不例外。且按照宪法有关人民享有社会经济权利的规定，行政机关也应确保公民的这些权利得以实现。

也有人认为，民主与法治原则要求服务行政遵循法律保留原则。今天大部分的给付行政领域是由法律规定的，比如社会救济由救济法规定，助学行政由助学法规定。如果关于某一给付或补助没有专门法律基础，而在议会通过的预算法中有一定的批准，也可认为已经满足了法律保留原则的

① ［日］盐野宏：《行政法》，杨建顺译，法律出版社 1994 年版，第 55 页。
② 翁岳生主编：《行政法》，中国法制出版社 2002 年版，第 180 页以下。
③ 参见陈新民《行政法学总论》，（台北）三民书局 1997 年版，第 54 页。

要求。①

三是，认为应该根据立法机关与行政机关的不同性质，确定哪些事项当由哪个机关负责。即要求国家决定应由在内部结构、组织方式、功能与决定程序等方面均具备最佳条件的机关担当。由此，保留仅限于适合由立法机关作出决定的事项，对适合由行政机关作出决定的事项，则不适用法律保留原则。

四是，认为对于重要事项应该遵循法律保留原则。这种观点最初为德国联邦法院所采取，认为基于法治国家原则和民主原则，不仅干涉人民自由权利之行政领域应有法律保留原则的适用，而且在服务行政原则上也应有法律保留之适用。也就是说，在服务行政中，凡涉及人民基本权利的实现与行使，以及涉及公共利益的，都应适用法律保留，由具有直接民主基础的立法机关予以决定。

对于中国的现实而言，笔者认为，上述诸观点中第四种即所谓"重要事项说"较为可采，在服务行政领域，涉及人民基本权利的，还须由法律来规定。其原因除上述"重要事项说"已涉及部分外，还在于，尽管服务行政旨在为公民提供服务，但若在没有法律规定的情况下为某一部分人提供了服务，而该服务又不能平等地及于所有公民，则意味着对未能享受服务的公民的不公平。而现代意义上的"依法行政"（区别于"依法律行政"）恰恰要求所依之法是良法，是体现平等精神的法。如此一来，所谓的服务行政可不遵循"法律保留"，本身即已与依法行政原则相违背。"社会法治国不仅关系到不受国家干涉的自由，而且还涉及能够通过国家获得的自由。对于公民而言，不给予国家补贴的行为可能同干涉他人自由或所有权的行为一样严重。"②

此外，在大部分情况下，行政机关所提供的公共服务都不是无偿的，而是有相应对价的。当服务行政要求人民提供相应对价时，若不遵循法律保留原则，而任由行政机关自由为之，就可能形成"强制服务"，这无疑形成了公民的负担，与法治精神不相符。当然，"重要事项说"本身并不能解决所有问题，如哪些事项属"重要事项"等即需进一步明确。尽管如此，对重要事项实施法律保留仍然为问题的解决提供了一个指导性的方向。

---

① ［德］奥托·迈耶：《德国行政法》，刘飞译，商务印书馆 2002 年版，中文版序言。
② 同上。

三　服务行政与行政国家理论

（一）服务行政与行政国家的兴起

在自由资本主义时期，政府承担的行政职能主要是维持社会秩序，行政部门在人们生活中并不起到重要作用。而在立法、行政与司法三大部门中，行政部门的地位相对而言也并不是那么突出。但 19 世纪下半期以后，社会经济经历了一个急速发展的时期，为了应对新的社会背景下的一系列问题，政府不得不改变原来"管得越少越好"的价值取向，大量介入人们的生活。韦德教授这样描述 20 世纪后政府对人们生活的介入：

> 有人曾说，直到 1914 年 8 月，除了邮局和警察以外，一名具有守法意识的英国人可以度过他的一生却几乎没有意识到政府的存在。但是，这位可敬的先生不是一位善于观察的人，因为到了 1914 年，大量的迹象表明政府的概念发生了深刻的变化，这些变化是 20 世纪的特征。国家学校的教师、国家的保险官员、职业介绍所、卫生和工厂检查员以及他们必不可少的同事——税收员，就是这些外在的、可见的变化。现代行政国家正在形成，纠正社会和经济的弊病是政府的职责，这种看法反映了人们的情感。
>
> 如果国家对公民从婴儿照管到死，保护他们的生存环境，在不同的时期教育他们，为他们提供就业、培训、住房、医疗机构、养老金，也就是提供衣食住行，这需要大量的行政机构。①

可见，到了 20 世纪，政府在人们生活中的作用已经越来越重要，其职能与原来相比已经大幅扩张。随着经济技术的进一步发展，社会的每一个角落几乎都能发现政府的影子，原来的守夜型政府已经消失，代之而起的是一个从摇篮到坟墓、从社会到家庭无所不在、无所不及的政府。针对

---

① ［英］威廉·韦德：《行政法》，徐炳等译，中国大百科全书出版社 1997 年版，第 1—2 页。

这种行政职能在国家职能中越来越重要的状况，人们称现代国家为"行政国家"。姜明安教授认为：所谓行政国家，是指人类发展到这么一个阶段——国家行政权渗透到人们社会生活的各个领域，人们在其生命的整个过程中都离不开行政机关，行政机关的行政行为成为影响人们生命、自由、财产和国家安全、稳定、发展的几乎无所不能之物。①

从行政国家的产生过程可知，服务行政兴起的过程，实际上也就是行政国家兴起的过程，只不过行政国家关注的是行政职能在人们生活中的作用及其在整个国家中所占据的地位，而服务行政则关注政府提供公共服务的职责。很显然，正是服务行政的兴起，导致了国家职能的增加和"行政国家"的出现，若非社会的发展要求政府为人们提供各种各样的"生存照顾"（公共服务），政府的职能便不会如此急速增加，从而也不会有所谓"行政国家"问题。

（二）行政国与立法国、司法国的界分②

1927 年，奥地利行政法学家梅克尔（Adolf Merkl）在其《行政法学总论》一书中首先提出了行政国家概念。他认为，由于奥地利的诉愿及行政诉讼制度已经使行政权力具有了相当程度的决定权，且当时许多权力已经由法院转移至行政部门掌握，因此奥地利是一个行政国家而不是司法国家。梅克尔将行政国作为和司法国相对立的概念，同时认为基于依法行政原则，其与立法国及法治国并不矛盾，可以和平相处。

1931 年，德国行政法学家卡尔·史密特发表了《宪法的维持者》一文。在该文中，卡尔·史密特将国家分为三种形式，即司法国或审判国（justizoder jurisdikationsstaat）、立法国和政府国。1932 年，卡尔·史密特发表了《合法性与正当性》一文，又将政府国细分为由极权、个人意志及权威之国家元首统治之"政府国"，以及可以依时宜及事实需要，颁布实质有用的措施权限的"行政国"。他认为，当时的德国已经由国会土治的立法国朝向"整体的行政国"（totaler verwaltungsstaat）。

二战以后，汉斯·彼德斯于 1952 年发表了《为行政的国家奋斗论》，

---

① 姜明安：《行政国家与行政权的控制和转化》，《法制日报》2000 年 2 月 13 日。
② 参见陈新民《公法学札记》，中国政法大学出版社 2001 年版。有关行政国、司法国与立法国的界分问题，主要参考了该书内容，谨致谢意。

认为现代国家的权力重心已经由立法部门和司法部门转移至行政部门，国家已经成了行政国家。其界分行政国与立法国、司法国的标准为何者是国家权力的中心（详见下文）。

1967 年，日本法学家手岛孝在纪念汉斯·彼德斯逝世的论文集上发表了《论行政国家》一文。在该文中，手岛孝认为，区分行政国家与立法国家或司法国家有法律的和事实的两种方法。法律的方法即是以实证法的或者是法律的眼光来观察，其中又有四种区分方法：一是梅尔克的"优势地位论"，即看行政权是不是具有优势地位。二是以有无特殊的行政法院负责行政诉讼作为认定是否行政国的标准。三是以维也纳学派创始人凯尔森（Hans Kelsen）的标准来区分，若一个国家以实行"直接行政"为主，即行政直接将其意图贯彻为主，则该国为行政国家。若一个国家贯彻其目的时，通过法律产生人民的义务，一旦人民违反义务，便会遭到来自国家的强行处分，这种国家里法院扮演了重要角色，是司法国。四是学者乌勒（C. H. Ule）的区分，当立法和司法权力都融入行政权，集中到行政官僚手中，行政权掌握了分辨是非、制定法规的权力时，行政权不论在功能上和法律上都统揽了国家权力，国家就成了行政国。用事实的方法区分是否为行政国也有四种标准：一是国家行为重心标准，当国家行为重心置于行政之上时，国家为行政国。二是从功能上区分，当行政居于国家意志最高且关键性的位置时，国家为行政国家。三是以行政权是否具有主动性、积极性和实证性来区分。当行政进入"服务行政"时代后，这种行政国家开始出现。四是以纯粹的行政概念区分，将传统的行政区分制定政策和纯粹的行政，后者为由技术性行政官僚组成的"行政国"。最后，手岛孝教授得出结论：国家应该按卡尔·史密特的观点划分成立法国、司法国和政府国、行政国四类，若行政处于"实际形成并决定政策"的地位，则国家为行政国。

在手岛孝教授之后，福斯多夫教授在其 1972 年出版的《行政法教科书》中又提出了"现代行政国家"的概念，认为为适应现代社会经济的发展，行政的地位已经日趋提高，立法和行政的界限也趋于模糊。按福斯多夫的观点，"现代行政国家"是与"行政国家"不同的，因为现代行政国家尽管立法和行政界限日趋模糊，但仍奉行三权分立和依法行政原则，行政权仍在立法权之下，而原来的"行政国家"的行政则脱离了法律的约束。

（三）从立法国、司法国走向行政国：汉斯·彼德斯的理论

汉斯·彼德斯在其《为行政的国家奋斗论》一文中，[①] 对国家由立法国和司法国向行政国的演进，及其行政国理念进行了详尽的阐述。

1. 立法国

中世纪以后，特别是经过启蒙主义与法国大革命的洗礼以后，以孟德斯鸠"三权分立"学说为代表的自由主义国家观开始深入人心，并得以实践。出于对专制国家的恐惧，人们授予国会以立法权，"依法律行政"原则开始确立，行政部门与司法部门都居于立法部门之下。这个时期，立法部门是国家权力中的最强者，在国家政治生活中扮演决定性的角色，因此，国家可称为是立法国家。

2. 司法国

立法国家的兴起，乃基于人民对立法者的信任。但对立法者的过度信任，也无疑会产生相应的问题。托克维尔即指出，这种过度的信任会造成"多数人的暴政"。基于上述担忧，以及由于立法部门对日益繁重的国家任务的力不从心，一些国家将国家权力的重心转移到法官手中，形成了所谓"司法释宪"制度，如美国于 1803 年确立了法院的司法审查权。这样，司法权在国家权力体系中的重要性即日益显现出来。至于司法权与行政权的关系，司法权早在专制时代即从行政权中分离出来，随着时代推移，基于保障人民权利的现实需要，司法权渐渐获得了对行政权进行审查的权力。在德国，1852 年制定的《普鲁士争议处理法》规定了司法机关对行政行为的审查权，此后魏玛宪法与基本法都规定了法院可对行政权力是否侵权进行审查。这样，司法权便确立了其可有效抑制立法权和行政权的地位，这种情形在汉斯·彼德斯看来，即是"司法国理念"的胜利，此时国家可称之为司法国。

3. 行政国

汉斯·彼德斯认为，现代国家既是法治国，也是行政国。就立法权而言，随着社会经济的发展，国家任务日益加重，许多新出现的问题需要加以规范，面临这种新的形势，立法部门显然力不从心，无论从技术角度还是精力上，它都不再能承担起通过立法对新的层出不穷的问题予以规范的

---

① 陈新民：《公法学札记》，中国政法大学出版社 2001 年版，第 22 页。

重任，只能以概括的方式，将规范制定权授予行政部门。就司法权而言，因其性质与功能所限，对完成日益繁重的国家任务也同样无能为力，甚至连司法判决本身也有赖于行政力量来执行。相较而言，行政部门更有力量和能力实现现代国家的国家目的，国家权力的重心也由此逐渐移转到行政部门身上。也就是说，行政国家已经不仅仅是一种理念，而且已经成为一个既存的现实。

针对行政国家是否会产生政治上危险的质疑，汉斯·彼德斯认为，这种担忧是不成立的。首先，立法者经由立法与宪法所赋予之权限，已经无法期待其如立法国家时代一般，发生重大影响力。国家的重心已由政党政治，转移到行政人员身上。其次，如果立法者想取代行政国家的必要性，将会产生"法律肥大症"及"遁入概括条款"之后果，法律数量庞大，但品质粗糙肤浅，人民也会失去对法律的信仰。最后，立法者将规范制定权授予行政部门，并不会造成立法萎缩，因为当行政权力超出授权时，可由司法介入予以解决。

综上可见，关于"行政国家"理念，可以说是众说纷纭，不一而足。本研究认为，判断一国究竟是否属行政国家，主要应视行政部门在该国扮演何种角色，如果其所扮演的是超于立法与司法部门的、对人民影响最大的重要角色，即可称之为行政国家。正如陈新民教授所言："对于三者中针对国家目的——维护人权、人性尊严及社会正义——必须扮演最重要、最积极，甚至付出最大能力的权力，如果是在行政权之上者，便可以称之为行政国。"[1] 按照上述标准，现代国家大多可以归类为"行政国家"。而先贤们的论述，对帮助我们认识我们自己所处的社会现实，无疑有着重要的帮助。需要注意的是，行政国家并不等于说行政权力在这样的国家里即是专横、独断和没有制约的。在这点上，汉斯·彼德斯的观点尤为值得关注，即行政国家同时也应是法治国家，行政国家的行政权要受到立法权的监督，其行使须受依法行政原则的拘束及司法审查的限制。只是在现代国家"三权"中，行政权是最具前瞻力、灵活性和积极性的权力，最利于达到现代国家之目的，特别是公共服务职责的履行。

---

[1] 陈新民：《公法学札记》，中国政法大学出版社 2001 年版。

四　服务行政与行政法学理论体系的发展

　　行政法理论与行政法实践相辅相成，整个行政法学理论体系就是在公共行政发展的基础上，经学者的研究整理并融入自己的观点后形成的。服务行政作为公共行政的一个重要部分，其发展也影响着行政法学理论体系的发展。

　　在现代行政法产生之前，尽管行政事务客观存在，也有对相关行政事务进行规范的法律，但在当时情况下，行政是优于法律的，君主就是法律，"夫生法者，君也；守法者，臣也；法于法者，民也"。① 所谓的行政法律是为君主的行政服务的，行政是中心，法律不过是工具而已。现代行政法兴起之初，行政职责主要限于秩序的维护，通过限制人们的权利和自由达到行政的目的。这个时期，整个行政法理论体系围绕秩序行政而建立，关注的是法律对行政权力的控制，较少涉及其他方面内容。德国现代行政法鼻祖奥托·迈耶所著《德国行政法》一书，通篇围绕秩序行政展开，其核心概念是"依法律行政"（herrschaft des gesetzes）、"法律优先原则"（vorrang des gesetzes）、"法律保留原则"（vorbehalt des gesetzes），以及"具体行政行为"（verwaltungsakt）、"特别权力关系"（besonderes gewaltverhaltnis）、"公法上的权利"（subjecktives offengliches recht）。这些围绕行政权力及其控制的概念形成了奥托·迈耶行政法学体系的核心，"目标在于在专制国家的基础上建立起保护公民权利的法律制度，并建设法治国家"。② 法国行政法发展之初，其行政法学理论体系同样是围绕公共权力展开的，"公共权力"是行政法学的基本观念。莫里斯·奥里乌1892年初版的《行政法与公法精要》一书，包括以下几个部分：行政制度、行政组织、行政管理与诉讼、公共权力法、私法和私人活动、行政诉讼，围绕公共权力的来源、组织、运行、救济展开。在英国，出于对行政权力的防范和控制，以戴雪为代表的法学家更完全否认行政法，认为那是行政特权与专制的体现。

---

① 《管子·任法》。
② ［德］奥托·迈耶《德国行政法》，刘飞译，商务印书馆2002年版，中文版序言。

然而，服务行政兴起之后，行政法不得不对相应的行政事务进行调整，行政法学理论体系也随之发生了变化：从原来仅仅关注秩序行政到同时关注服务行政，从原来仅仅关注行政权力的制约到同时关注公共服务的提供。有关服务行政的行政法理论成了行政法学体系中的重要内容。这从20世纪以来各国行政法学著作的转变中可见一斑。行政法学教科书方面，其理论体系的发展也体现了服务行政所产生的影响，在德国，汉斯·J. 沃尔夫等人所著《行政法》① 一书，其中即包含了行政合同、行政计划、行政补偿等体现服务行政要求的新的行政行为类型，并且对行政公产这一服务行政的基础进行了研究。在法国的行政法学理论体系中，有关服务行政的内容也占据重要位置。行政法学家莱昂·狄骥所著《公法的变迁》② 一书，其主要内容就是围绕公共服务如何成为行政法的基础展开。行政公产、行政征收与征调、公共工程都是行政法学研究的重要内容，行政公务则是与行政警察并列的行政行为方式。日本行政法学家和田英夫所著《现代行政法》一书更是直接将秩序行政与给付行政并列为现代国家的两大行政领域。认为"现代国家的行政，无论在原理上还是在实定法制上，以19世纪自由法治国家的行政为前提，同时又发展充实20世纪社会福利国家的行政，把这两重特性很好地结合在一起，或者进行调整，就成了一个重要课题"。③ 而行政作用法的体系也就因之由规制——侵害行政及给付——助长行政两大部分组成。

在中国，三十余年来行政法与行政法学理论体系的发展，同样也体现了服务行政的兴起及其影响。对此，我们可以行政法教科书的发展为例进行考察。

1983年，我国改革开放后第一部统编教材《行政法概要》出版。该书的体例如下：第一编为绪论，包括行政法的概念、行政法学是法学的一门分支学科、我国社会主义行政法和行政法学的产生、发展和现状三章；第二编为总论，包括我国国家行政管理的指导思想和基本原则、国家行政机关、国家行政工作人员、行政行为、国家行政管理的法律监督五章；第

---

① ［德］汉斯·J. 沃尔夫、奥托·巴霍夫、罗尔夫·施托贝尔：《行政法》，高家伟译，商务印书馆2002年版。

② ［法］莱昂·狄骥：《公法的变迁/法律与国家》，郑戈译，辽海出版社、春风文艺出版社1999年版。

③ ［日］和田英夫：《现代行政法》，倪健民、潘世圣译，中国广播电视出版社1993年版，第235页。

三编为分论，包括军事行政管理、外事行政管理、民政行政管理、公安行政管理、司法行政管理、国民经济的行政管理、教育科技文化卫生体育的行政管理共七章。① 该书编著时，我国的改革开放刚刚起步，行政法学尚在萌芽之中，作为中国数十年来的第一本行政法学教材，该书一定程度上并不纯粹是行政法学意义上的教材，而是融合了行政管理学与行政法学，着眼于行政事务管理的一本教材，连传统控权思想都未能得到充分体现，当然谈不上服务行政在其整个体系中的地位。

随着改革的深入，特别是行政诉讼实践的发展，行政法慢慢发展起来，行政法学也随之逐步发展。1989年《行政诉讼法》出台之后，我国行政法学发展到了一个相对成熟的阶段，形成了自己相对独立的理论体系，一般按绪论、行政组织法、行政行为法和行政救济法进行编排。以张树义所著《行政法学新论》② 一书为例，该书共分四编，第一编为行政法学绪论，包括行政法概述、行政法的历史发展和行政法的基本原则三章；第二编为行政主体；第三编为行政行为，包括行政行为概述、行政行为分类、行政行为的实施形式、行政行为的内容、行政行为的效力、行政程序共七章；第四编为行政救济，包括行政救济概述、行政侵权责任和复议诉讼与赔偿三章。与第一本统编教材相比，该书已经从兼杂行政法学与行政管理学的体系发展到相对完整、独立的法学体系，体现了行政法学的发展，特别是控权思想成了该书的基本精神。有关服务行政的内容，虽有了一定程度的体现，但总体上并不占重要地位。

20世纪90年代后，中国确定了建立社会主义市场经济的经济体制改革目标，此后社会经济在质和量上都有了较大的发展。到90年代中后期，已有一大批行政法学教科书出版。以1996年罗豪才教授主编的《行政法学》③ 一书为例，该书并未分编，而直接按章编排，分别是：一、绪论；二、行政法律关系主体；三、行政行为概述；四、抽象行政行为；五、具体行政行为；六、行政合同；七、行政指导；八、行政程序法；九、行政违法与行政责任；十、行政赔偿；十一、行政复议；十二、司法审查。从上述内容可见，该书仍遵循了行政法绪论、行政主体法、行政行为法、行政救济法的基本体例。所不同的是，体现服务行政要求的相关内容在其中

---

① 王珉灿主编：《行政法概要》，法律出版社1983年版。
② 张树义主编：《行政法学新论》，时事出版社1991年版。
③ 罗豪才主编：《行政法学》，北京大学出版社2000年版。

占据了较大的分量。如分别专列一章讨论行政合同（第六章）和行政指导问题（第七章），具体行政行为中也专门以一节讨论了行政给付问题。可见，有关服务行政的内容已经在行政法理论体系中占据了一席之地。

进入 21 世纪，中国的经济社会已经发展到了一个新的阶段，"社会主义市场经济体制初步建立"。更多的行政法学教科书出版，其中台湾学者陈新民在对大陆行政法进行研究后出版了《中国行政法学》一书，以一个体制外学者的视角对行政法进行了研究。该书共五章，分别是通论、行政组织法、行政行为法、国家责任、行政救济制度——行政争讼法。其体例仍延续了 90 年代以来的行政法学基本体例，但对服务行政的关注还是得到了相当的体现，在行政行为部分中专门讨论了行政合同问题与行政指导问题，另外还讨论了较少被注意到的行政计划问题，体现了学者们对服务行政的关注已经进一步深入。

张树义教授主编《行政法学》一书，[①] 则将对服务行政的关注提高到了一个新的高度。该书在行政活动的方式一章中，将服务行政（给付行政）与秩序行政并列为行政活动的两大方式，并且从直接行政和间接行政的角度，对服务行政进行了深入分析。专门讨论了行政指导在行政方式中的地位作用，还以专章讨论了行政合同问题。尤需注意的是，该书还以一章的篇幅对服务行政的基础——行政公产进行了专门讨论。从该书的体例编排可见，服务行政在整个行政法学理论体系中已经占据重要位置。

2011 年再版的《行政法与行政诉讼法》一书，更对"新行政法"的形成与发展进行了专门的探讨，论述我国社会转型过程中行政法在调整范围、调整方式与行政法法源形式方面的变革；指出在新行政法下，行政行为从单方性向广泛的公众参与转变，行政命令越来越多地为行政契约所取代，行政强制越来越多地为行政指导所取代，公私互动、公私合作、公法私法化在行政管理中越来越成为发展的趋势。而所有这些变化，都反映了市场化改革进程中服务行政兴起背景下行政法理论体系的变革。[②]

从行政法学教科书考察行政法学理论体系的发展，我们可以发现，在行政法学随着社会经济发展，特别是随着公共行政实践发展的过程中，服务行政从最初的根本不被注意而逐步受到重视，至今已经成为整个行政法

---

① 张树义主编：《行政法学》，北京大学出版社 2005 年版。
② 参见姜明安主编《行政法与行政诉讼法》，北京大学出版社、高等教育出版社 2011 年版。该书此后又多次再版重印，都保留了对新行政法的讨论。

学理论体系中不可或缺的重要组成内容，离开了服务行政，离开了与服务行政紧密相关的行政合同、行政指导、行政计划和行政公产等内容，就很难说行政法学理论体系是完整的。

第六章　服务行政的原则

正如前文一再强调的，服务行政是以向公民提供公共服务为宗旨的行政方式，这一行政方式范围极为广阔，几乎涉及人们生活的每一方面，从而在不同的领域也都形成了独特的具体制度，如供电制度、供水制度、公共交通制度。面对这样一种行政方式，可能产生的疑问是：既然服务行政已经形成了一系列具体的制度，那么再强调对其进行法律规制是否必要？答案是肯定的：尽管服务行政以为公民提供公共服务为宗旨，但它仍存在侵害公民权利的可能，必须通过法律手段进行规制，使其符合为公民提供公共服务的宗旨。具体的服务行政制度尽管对该领域的行政行为产生规制作用，但这种作用是特定化和有局限的，仍需考虑适用于服务行政的一般原则和规则。本章即从原则和程序两个角度考察对服务行政的规制问题。

一　辅助性原则

（一）辅助性原则下的国家与个人关系

辅助性原则（subsidiaritatsprinzip）① 也称为补充性原则，这一概念源自天主教的社会理论。

20 世纪以来，国家的社会经济职能日渐得到了法律上的确认，这使得

---

① 对于辅助性原则，还可从两个不同的路径进行理解，一是将上位主体的权限分为专属权限和非专属权限，从非专属权限的行使方式来理解；二是从个人自治、社会自治和地方自治的角度来理解。参见苗静《辅助原则研究》，中国经济出版社 2013 年版。本研究主要从个人与国家关系层面理解辅助性原则。

国家的职能开始急剧扩张。

1962 年，卫斯顿菲（W. Weustenfeld）发表了名为《现代法律及国家思想的公益意义》的论文，认为个人应主动地、积极地以全力谋求自己的幸福及利益，当这样还不能达到目的时，方可请求国家及社会予以援助。国家不是人民追求利益、幸福的监护者，而是要保障人民有一个可以独立追求自己幸福的空间。国家本身不是福利机器，也不是产生幸福的制度，只是法律的保护者，因此，必须以法律界定国家行动的范围。1968 年，依什热发表的《辅助性原则与宪法》认为德国基本法尽管没有明确提及辅助性原则，然而基于实质法治国家的理念，国家应尽量保障人民的基本权利，对于自由权也应尽量给予活动的空间，也就是说，辅助性原则本身即是宪法的成立背景，是宪法的题中应有之义。因此，国家应尽可能给予个人以追求幸福的权利，从而满足公共利益，只有当个人自由的自发性仍不能达成公共福祉的追求时，国家才可介入。总而言之，尽管实现公共利益是国家责无旁贷的任务，但这种国家追求和实现公共利益的行为，必须在个人依自己的努力无法获得利益，也即公益无法凭个人努力获得时，方得为之，因此是一种次要的补助性的辅助行为。①

根据辅助性原则，个人能够也应该尽其所能满足自身生存和发展的需要，市场机制及社会团体也在人们满足生存和发展需要的过程中发挥着不可替代的作用。② 国家尽管在一定范围内发挥其提供公共服务，满足人们生活所需的作用，并且这种作用在很多时候是不可替代的，但从根本上讲，国家的作用是补充性的，它只能局限于个人与市场无力自我满足的领域，"行政机关从事、私人同样可以从事的经营活动的前提是前者比后者好"。③ 否则，若由国家包揽全面社会事务，而公民个人无所作为或不被允许有所作为，将严重抑制个人创造力的发挥，危及社会的顺利发展。

然而，辅助性理论尽管对保证现代社会中的个人自由具有极为重要的

① 参见陈新民《德国公法学基础理论》（上），山东人民出版社 2001 年版，第 189—191 页，该书对辅助性理论及其发展情况有关较为详尽的论述。

② 也有观点认为，国家在提供福利方面作用的"补充性"，体现在国家作为社会福利生产的四大部门（非形式部门，包括家庭亲友等；市场部门；第三部门；国家部门）之一，其是作为其他部门的补充而出现的，尤其是作为第三部门的补充而出现的。参见张桐锐《补充性原则与社会政策》，载《黄宗乐教授六秩祝贺 公法学篇（一）》，（台北）学林出版社 2002 年版。

③ ［德］汉斯·J. 沃尔夫、奥托·巴霍夫、罗尔夫·施托贝尔：《行政法》，高家伟译，商务印书馆 2002 年版，第 39 页。

意义，但它仍是不够明确的。最明显的一点是，按照辅助性理论，国家唯有在个人无法达成公共利益的时候才能介入，那么，什么时候才是个人和社会本身达成公共利益的时候？什么时候国家才能进行介入？这种标准由谁来判断？依辅助性原则本身，这些问题无疑都是无法解决的。

（二）辅助性原则对服务行政的要求

当中国从计划经济开始转向市场经济，政府从全能政府转向有限政府的时候，政府行动的范围或说职能的确定无疑是一个极为重要的议题。而改革的推进和社会经济的发展，使得由政府提供公共服务已经成了一种必然的趋势，服务行政对于政府而言已经是责无旁贷。但对于转型中的中国而言，问题更在于，单纯强调政府的有限性可能导致政府的失职，未能提供应由其提供的公共服务；而一味地强调政府提供服务，则可能导致服务行政的异化，甚至再次陷入全能政府的旋涡。在这样的情况下，尽管辅助性理论本身尚存在明确性不足的问题，但其对"辅助"的强调，对在提供服务时陷于进退两难境地的政府来说，依然是具有重要意义的。

在辅助性原则的要求下，政府一方面应该认识到，提供必需的服务乃是政府职责之所在，当公民个人努力无法维持自身之生存及符合人类尊严的生活时，及社会本身无法达成公共利益的需要时，政府必须承担起这个辅助性责任，提供必要的"生存照顾"，这种职责是没有任何理由（包括力所不及）可以推卸的；另一方面，甚至更重要的一方面，是政府应该认识到，提供全面的无所不包的服务并非其职责所在，政府也不可能做到为公民提供全面服务。即使在全能主义取向的计划经济时代，政府也未能做到提供全面服务，那么在社会生活日益复杂化、多元化和全球化社会中，国家更无提供全面服务之可能。相反，这种提供"全面服务"的宏大抱负的后果还极可能限制公民发挥自身创造力的自由，妨碍个人的自由全面发展。这样，提供"全面服务"本身即可构成了对公民个人权利的侵害，阻碍社会的进一步发展。

辅助性理论的另一个现实意义是国有经济的定位问题。[①] 由于国有经济是政府达成其目标的重要途径，无论在东方国家还是西方国家，都

---

① 事实上，辅助性理论本身即兴起于对国家经营事业的权限的讨论。见陈新民《德国公法学基础理论》（上），山东人民出版社 2001 年版，第 192 页。

有国有经济的存在，宪法也并不禁止国有经济本身的存在。但若国有经济的存在到了排斥私人经营同类事业的地步，那么其合理性是值得考量的。根据辅助性原则的要求，只有当私人无力或无意经营，而迫于公益的需要又必须有人经营的时候，国家才应经营该项事业。对中国来说，国有经济无论过去和现在都具有不可替代的重大作用，但是，国有经济本身不应是目的，这种形式本身也不等于公有制。我国现阶段的国有经济的合理定位应在于，主要是提供自然垄断和公共性质及投资风险很大、个人无力或无意提供的产品和服务。国有资金应当进入并可发挥控制力的领域，主要是关系国家安全和国民经济命脉的重要行业和关键领域，而在一般竞争性领域则不但不应进入，即使事实上已经存在的、也应该考虑退出。①

二　平等原则

（一）　平等的意涵

按《现代汉语词典》的解释，平等指人们在社会、政治、经济、法律等方面享有相等待遇。② 然而，平等的理论和实践是一个极为困难的问题，远非以这样简单的解释可以明了。实际上，经过数千年的发展，平等及其实践至今依然困扰着人们，也正因为这个原因，它引起了古往今来无数的哲学家、政治学家、伦理学家和法学家的兴趣，并对它们进行了深入研究和深刻论述。

在西方，亚里士多德认为，正义意味着某种平等，而平等又可分为两种：一是"分配的正义"，即根据每个人的功绩、价值来分配财富、官职、

---

① 近些年以来，伴随着国有经济的发展，学界出现了"国进民退"争议，不同的人们对是不是存在"国进民退"现象、是不是应该"国进民退"等各执一词。国家统计局有关负责人则于2010年指出，统计数据不支持"国进民退"观点。《国务院关于鼓励和引导民间投资健康发展的若干意见》则指出："政府投资主要用于关系国家安全、市场不能有效配置资源的经济和社会领域"。

② 《现代汉语词典》（第6版），商务印书馆2014年版，第1000页。

荣誉。二是"矫正的正义",即对任何人都一样地看待,仅计算双方利益与损害的平等。这类关系既适用于双方权利、义务自愿的平等交换关系,也适用于法官对民事、刑事案件的审理,如损害与赔偿的平等、罪过与惩罚的平等。①

16 世纪,马丁·路德以基督教"神前平等"的教义为由,掀起了以反抗教会专制为目标的宗教革命。尽管他在政治上的主张仍是专制的,但"神前平等"这一教义却在此之后逐步发展为否定封建社会因身份阶级而决定权力支配的平等学说。洛克、卢梭等人提出了主权在民、天赋人权等理论,平等与自由成为当时民主理论的两大基石。在实践中,平等的主张也逐渐从政治上的理论转化为法律上的规定,即法律面前人人平等,主张绝对禁止人的差别待遇。②

历史发展到当代,人们对平等也产生了与古代不尽相同的认识。罗尔斯在所著《正义论》一书中,对正义要求下的平等问题进行了论述。他认为,人们的不同生活前景受到政治体制和一般的经济、社会条件的限制及影响,也受到人们出生伊始所具有的不平等的社会地位和自然禀赋的深刻而持久的影响,然而这种不平等却是个人无法自我选择的。因此,这些最初的不平等就成为正义原则的最初应用对象。换言之,正义原则就是通过调节主要的社会制度,从全社会的角度处理这种出发点方面的不平等,尽量排除社会历史和自然方面的偶然任意因素对于人们生活前景的影响。为达到这一目标,人们将选择以下两个处在一种词典式序列中的正义原则,即平等自由的原则,以及公正平等原则和差别原则的结合。而这两个原则经过数次过渡性的陈述后其最后的表述是:第一个正义原则:每个人对于与所有人所拥有的最广泛平等的基本自由体系相容的类似体系都应有一种平等的权利(平等自由原则):第二个正义原则:社会的和经济的不平等应该这样安排,使他们:(1)在正义的储存原则一致的情况下,适合于最少受惠者的最大利益(差别原则);(2)依系于在机会公平平等的条件下的职务和地位向所有人开放(机会的公开平等原则)。③

---

① [古希腊]亚里士多德:《尼各马科伦理学》,中国社会科学出版社 1990 年 11 月版,第 91—95 页。

② 邱基峻、邱铭堂:《论行政法上之平等原则》,载城仲模主编《行政法之一般法律原则(二)》,(台北)三民书局 1997 年版,第 101 页以下。

③ [美]约翰·罗尔斯:《正义论》,何怀宏等译,中国社会科学出版社 1988 年版,第 60—61 页,"译者前言"第 6—7 页。

在中国，先哲们对平等问题也多有论及。儒家主张对所有人一视同仁，认为每个人都有生存的权利，对每个人都有必要关心，每个人也都应有接受教育的权利和发展自己的机会。[①] 比如科举制度，在一定程度上就体现了一种机会平等的思想，使每个具有相当才学的人都有机会得到国家的认可与任用。法家则强调了在法律面前的人人平等，强调"法不阿贵，绳不挠曲""法之所加，智者弗能辞，勇者弗敢争""刑过不辟大臣，赏善不遗匹夫"。墨家则提出了"兼爱"主张，要求对所有人都公平对待，"今天下无大小国，皆天之邑也；人无长幼贵贱，皆天之臣也"。

（二）平等的类别

平等是人类最为恒久的理想之一，但它似乎也永远只是人类所不懈追求的目标而已，在现实生活中则充斥着各种各样的不平等的现象。卢梭认为，人类有两种不平等："一种，我把它叫做自然的或生理上的不平等，因为它是基于自然，由年龄、健康、体力以及智慧或心灵的性质不同而产生的；另一种可以称为精神上的不平等，因为它是起因于一种协议，由于人们的同意而设定的，或者是它的存在为大家所认可的。第二种不平等包括某一些人由于损害别人而得以享受的各种特权，譬如：比别人更富足，更光荣，更有权势，或者甚至叫别人服从他们。"[②] 人们正是在这种不平等的现实中追求平等、考虑平等问题，平等也被按不同标准分为多种类型，在行政法上值得探讨的平等包括以下种类：

（1）权利平等、机会平等与结果平等。这主要是依平等的内涵所进行的分类。权利平等即国家承认所有公民在法律面前平等，都享有广泛、相同的权利；机会平等指社会上每个人都有通过自己的智慧与能力实现自己愿望和利益的可能，社会应该为每个成员追求自身利益、自我发展和自我完善平等地提供必要的机会和条件，如罗尔斯所称的"职务、地位与价值物对所有人开放"；结果平等即全社会的产品和价值物对所有人平等地分配，人们在每一具体的事项中及社会事务或分配整体上都具有相同的

---

① 参见何怀宏《选举社会及其终结——秦汉至晚清历史的一种社会学阐释》，生活·读书·新知三联书店 1998 年版，第 74 页。

② ［法］卢梭：《论人类不平等的起源和基础》，商务印书馆 1962 年版，第 70 页。

结果。

（2）法律上平等与事实上平等。法律上平等指人们在法律规范的适用上是平等的，享有平等的法律地位和相同的机会，而实际上人们的生存状况平等与否则在所不问；事实上平等指要求人们之间的状态在事实上平等的，事实上平等并不是通过法律上的平等能必然达到的，但国家必须负责除去事实上的不平等，在这个意义上，事实上的平等不是国家行为的出发点，而是目标。①

（3）绝对平等与相对平等。绝对平等基于自然法上"人人生而平等"的理念，主张在任何情况下，不论人们存在着何种事实上自然或社会属性的差异，如身高、长相、性别、年龄、智力等等方面的差别，一律给予平等之对待，任何人都不能享有比他人更多的权利，也不能比他人承担更多的义务。相对的平等则主张，根据事物的本质，相同者即应予以平等对等，而对于具体的个别差异，则应依事物本质予以差别待遇。并且，根据事物的差异而进行差别待遇，乃是平等的基本要求之一，若事实上存在差别，而法律无视这些差别的存在不为差别对待，也是一种不平等。

（4）形式平等与实质平等。形式平等指法律以同一个标准对待所有的人。如自然法中所谓"人人生而平等"的理念即体现了对形式平等的要求。形式平等忽视了一些明显的事实：所有的人在许多方面往往不平等，如体力、智力、道德判断、自制力、行为和其他许多方面，都是不一样的，因而这种意义上的平等只是形式上的。实质平等即基于不同的情况给予不同的对待。例如，未成年人具有不同于成年人的法律能力，因而法律规定未成年人只承担有限的法律责任；刑罚适用的"个别化原则"，即基于犯罪前科、年龄、参与方式等不同情形而作出的规定，考虑是处罚效果的平等，而不是处罚种类的平等；民法中，根据当事人所受的损失不同，而将不同数量的损害赔偿金判给不同的当事人；在税法中，对不同的纳税义务人规定了税额的不同起征点，税额的不均等并不意味着个体的不平等。②

---

① 邱基峻、邱铭堂：《论行政法上之平等原则》，载城仲模主编《行政法之一般法律原则（二）》，（台北）三民书局1997年版，第101页以下。

② 张春莉、杨解君：《论行政法的平等理念——概念与观念》，《文史哲》2005年第5期。

（三）平等与服务行政

在实定法层面，近代世界各国宪法都确定平等原则，如规定"人人生而平等""法律面前人人平等"等，并建立了相关制度对平等予以保障和落实。我国宪法也对平等问题作了规定，如第 33 条第 2 款规定：中华人民共和国公民在法律面前一律平等；第 34 条规定：中华人民共和国年满十八周岁的公民，不分民族、种族、性别、职业、家庭出身、宗教信仰、教育程度、财产状况、居住期限，都有选举权和被选举权。

服务行政作为政府为公民提供公共服务的行政方式，平等原则是其必须遵循的基本原则。这一原则不仅仅是一种理念上的要求，还要求在具体的制度中、在服务行政的具体实施过程中都予以遵循。更应注意的是，平等的要求往往是针对不平等的现实而提出的，正是因为不平等现实的存在，人们才提出了平等要求。从另一个角度看，我们更可以说，哪里存在不平等，哪里就会有对平等的要求。就此而言，平等原则对服务行政的要求主要体现在以下方面：

一是城乡间的平等。城乡间的不平等是服务行政在事实上和制度上都存在的最大不平等，这种不平等体现在服务行政的各个方面：从服务行政的种类而言，从金钱实物给付型服务行政到设施提供型服务行政，从维持型服务行政到发展型服务行政，从免费的公共服务到需公民付费的公共服务，都存在着城乡间的不平等，居住在城市的公民得到了政府提供的远较居住在农村的公民更好的公共服务。从服务行政的范围而言，几乎服务行政的每一个领域，都在城乡间存在着不平等，如公共基础教育领域、社会保障领域、交通基础设施等等，而在文化体育和教育方面，这种平等尤为突出。① 即使在乡村内部，也存在政府提供的服务行政集中在县城而不是集中在乡下、集中在镇上而不是集中在村庄、集中在政府所在地而不是集中在其他自然村落的情况。而根据平等原则的要求，这些不平等的现象都是应该受到关注的。

---

① 当然，城乡间存在不平等，是一种总体上的判断，不意味着农村地区在任何事项上都遭受了不平等待遇，在某些方面，农村可能享受比城市更好的待遇，比如在基础教育领域，国家从 2006 年开始免除农村地区义务教育阶段学生的学杂费，而从 2008 年秋季学期开始，才全部免除城市义务教育阶段公办学校学生学杂费。

二是地区间的平等。地区间的不平等也是当前服务行政所面对的严重问题，特别是在东部与中西部间，不平等的问题相当突出，东部地区无论是在基础设施方面，还是在社会保障方面，相对而言都得到了政府所提供的远较西部为好的公共服务。尽管政府提供公共服务的数量和质量与经济发展水平相关，但按照平等原则的要求，这种地区间的显著差异仍是不应该的，尤其是中央政府承担职责的公共服务方面，不同地区间的公民更应该享受同样的公共服务。甚至，按照实质平等的要求，西部地区还应该得到更好的、更多的服务。

三是不同群体间的平等。这方面以同在城市生活的具有城市户口的公民与不具有城市户口的外来公民之间差异为典型。尽管在一些方面，作为同在城市生活的人，城市户口公民与农村户口公民客观上平等享受公共服务，如对公共广场、公共道路、公共交通的使用等等，但即使是这些方面的平等也往往是在歧视的目光之下实现的。而在其他许多方面，这两个不同的群体间还面临着明显的不平等，如在基础教育方面，城市户口的孩子可以享有几乎是全免费的义务教育，而居住于同一城市的农民工的孩子，却可能需要付出高额的"借读费"等费用才可能有机会接受本应平等享受的基础教育，甚至存在着支付高额学费也不能得到相同教育机会的情况，以至于出现了专门为农民工子女服务（但并不是由政府举办）的学校，这些都是违反服务行政平等原则要求的。

以上所述，基本上针对的是服务行政在整体上的平等方面。但平等原则对服务行政的要求不仅仅体现于服务行政的整体方面，还应该体现于服务行政的每一个具体方面。对一项已经设定的公共服务，每一个相同情况的公民都应该有机会得到同等的服务，而这一过程的基本要求是同等情况同等对待，不同情况不同对待。如在最低生活保障方面，每一个符合法定条件的公民都有权利向民政机关申请领取最低生活保障金，行政机关不得拒绝任何一个符合条件的申请者。如果对于状况相同的两个人甲和乙，民政机关接受了甲的申请而拒绝了乙的申请，或者对甲给予了更高标准的保障而对乙只给予低标准的保障，这都是对乙的不平等对待；如果甲和乙都符合领取最低生活保障金的条件，但甲的状况明显较乙为好（如甲身体健康而乙体弱多病），而民政机关却给予了相同标准的保障金，那么这种处理方式没有体现不同情况不同对待的要求，也违反了平等原则。

从服务行政的过程来看，平等原则还应体现于这一过程的每一个环节，从服务行政的设立到服务行政的实施，从公民对公共服务的申请到对公共服务的接受，服务行政的提供到服务行政的救济，都应该平等地对待每一个公民。

三 参与原则

（一）公众参与服务行政的必要性

参与原则是公共行政的一个重要原则，要求在公共行政过程的每一个环节中，都尽可能吸纳与体现行政相对人的意见。马克斯·韦伯认为，与传统的权威正当化的途径即通过习惯、个人魅力等方式不同，现代社会中权威之正当性的源泉是理性。对于行政活动来说，其结果（行政决定）正当化、权威化的要件来自于相对方的参与、基于对话和理性说服而产生的确信和承认。[①] 参与对于行政活动具有如此之重要性，以致对参与的要求几乎成了所有行政活动的正当性来源。

对于服务行政而言，参与原则意味着服务行政在其创立、实施过程中，都须充分注意吸纳公民的意见，特别是在直接影响到当事人权益的环节（如公共服务价格的确定），更应告知当事人相关事实，保证其参与服务行政实施过程并发表意见的权利，并对他们的意见予以充分考虑。参与原则并不要求服务行政在每一个环节，每一种服务过程中都要接受公众的参与（如紧急救援、灾民救济等），但必须在可能的种类与环节中体现公众的参与。参与原则也并不要求行政机关完全按照公众参与的意见决定自己的行为或作出相应的行政决定，但必须考虑公众尤其是利害相关人的意见，而不能视之为无物，否则这种参与将毫无意义。

服务行政对公众参与的要求，不仅仅是因为参与原则是现代行政活动的一般原则，更是由服务行政自身的特点决定的。对于公共服务的具体接

---

① 罗豪才、王锡锌：《行政程序法与现代法治国家》，载罗豪才主编《行政法论丛》（第三卷），法律出版社 2000 年版。

受者来说，服务的提供与否、提供什么样的服务、如何提供服务等直接关系到其切身利益，参与当然是有必要的。即使不是直接的接受者，参与在一定程度上也应该得到体现。这首先是因为，服务行政往往涉及一定财政性资金，这些资金主要来源于税收，如何使用这些资金有必要听取纳税人的意见。其次，服务行政旨在提供公共服务，但在许多时候，一定区域内的公民不可能得到完全相同的公共服务，这个时候如何确定公共服务就有必要听取公众的意见。比如，某县决定建造一条乡村公路，这条公路可经过甲乡，也可经过乙乡，且两种选择从造价、技术要求等方面都无大的差别，此时有关行政当局应如何确定该公路的走向？最可行的办法就是广泛吸纳公众的参与，听取他们的意见。最后，服务行政往往可能以减损部分公民的利益为代价，此时利害受到贬损的公民虽不是服务的直接接受者，但听取其意见无疑是必要的。

（二）参与原则在制度上的要求与体现

公众对服务行政的参与不仅仅是原则上的一般性要求，还须在具体制度方面得到体现。

首先，在服务行政的创设方面，是不是要提供一定的公共服务，在何时、何地、以何种方式提供某一公共服务，都需要吸纳公众的参与。如在设立公共基础设施的城市规划方面，各国都规定了公民对城市规划的参与。德国《行政程序法》第73条第3款规定：计划书应由听证官署移送将受该计划影响之各乡镇，陈列一个月，供人阅览。如已知悉关系人之范围，并已给予相当期间阅览该计划之机会时，得不陈列之。第4款规定：凡其利益受计划之影响者，均得于陈列期间取得了后两星期内，以书面或以记录笔录之方式，向听证官署或乡镇，对计划提出异议。第8款规定：已供展览之计划有变更之必要，而官署之职权或第三人之利益将因而受影响时，应对其通知此项变更，并给予表示意见以及两星期内提出异议之机会。[①] 在日本，行政计划的确定也同样要求公众的参与："鉴于对计划的裁量得以广泛承认，为了行政计划内容的公正化，对其进行程序性规制，便具有极其重要的意义，在这种情况下，与行政

---

① 译文来自胡建淼主编《境外行政法规库》，浙江大学公法与比较法研究所2003年编印，第353页。

行为的程序性规制目前只是在与处分的相对人的关系上来考虑相对。在行政计划中，基于目标的设定和为实现该目标的复合性手段的提出这种行政计划的性质，程序参与的根据也分为复数：计划的民主控制、利害关系人的参与、专门知识的导入等。此外，作为其具体方法，可以考虑：咨询委员会方式、听证方式、公开听证方式、协议方式，进而还有居民直接参与方式等。"①

在中国，服务行政的创设过程中的公众参与原则至今没有在法律上得到充分的体现。在《铁路法》《公路法》《邮政法》《义务教育法》中，都没有对公众参与进行明确规定。在《公路法》中，该法第二章"公路规划"部分中有关规划的确定，遵循的基本上都是由有关行政机关编制、报上级行政机关批准的模式，并未要求规划的编制与确定要听取公众的意见。而具体公路项目的确定，则根本未进行规定。《义务教育法》第三章"学校"的有关规定，也并未要求对学校的设置须听取公众的意见，而仅仅是规定各级政府分工负责，根据需要设置学校。

但近年以来，在服务行政创设的过程中公众参与日渐得到了较多的重视。如《城乡规划法》第 26 条规定："城乡规划报送审批前，组织编制机关应当依法将城乡规划草案予以公告，并采取论证会、听证会或者其他方式征求专家和公众的意见。公告的时间不得少于三十日。组织编制机关应当充分考虑专家和公众的意见，并在报送审批的材料中附具意见采纳情况及理由。"在与服务行政密切相关的环境保护方面，2014 年修订的《环境保护法》专门增设了"信息公开与公民参与"一章，以 6 个条文对此进行了专门规定。

其次，参与原则还要求在服务行政的实施环节吸纳公众参与，听取公众意见。就我国而言，较之公共服务的创设，实施环节的公众参与得到了更好的体现。如关于是否向特定的公民提供某一项公共服务方面，《农村五保供养工作条例》第 7 条规定："接受农村五保供养待遇，应当由村民本人向村民委员会提出申请；因年幼或者智力残疾无法表达意愿的，由村民小组或者其他村民代为提出申请。经村民委员会民主评议，对符合本条例第六条规定条件的，在本村范围内公告；无重大异议的，由村民委员会将评议意见和有关材料报送乡、民族乡、镇人民政府审核。"这一规定体

① ［日］盐野宏：《行政法》，杨建顺译，法律出版社 1994 年版，第 227—228 页。

现了对特定农村居民是否给予五保供养待遇，须公告听取其他村民的意见。《城市居民最低生活保障条例》第 7 条第 2 款规定："管理审批机关为审批城市居民最低生活保障待遇的需要，可以通过入户调查、邻里访问以及信函索证等方式对申请人的家庭经济状况和实际生活水平进行调查核实。申请人及有关单位、组织或者个人应当接受调查，如实提供有关情况"，这也体现了对公民参与的要求。

服务行政实施过程中最能体现参与原则的当属服务标准的确定方面，其中以公共服务的价格的确定为代表。就此而言，《价格法》第 23 条规定："制定关系群众切身利益的公用事业价格、公益性服务价格、自然垄断经营的商品价格等政府指导价、政府定价，应当建立听证会制度，由政府价格主管部门主持，征求消费者、经营者和有关方面的意见，论证其必要性、可行性。"国家发改委于 2008 年制定了《政府制定价格听证办法》，对定价机关依法制定、政府定价过程中的听证问题进行了详尽规定。上述规定都体现了在服务行政实施过程中的公民参与，至于具体的参与制度，下文有关服务行政的程序部分还将有进一步的论述。

四　连续性原则与适应性原则

（一）　连续性原则

连续性原则是指行政机关或具体承担相应职责的公共企业或受特许的私法主体应保证其提供的公共服务是连续的，无法定原因不得中断服务，否则将承担相应法律责任。连续性原则是由公共服务的特性所决定的，因为公共服务的内容一般都是市场无力提供或无意愿提供的物品，而这些物品对公民而言又极具重要性，以至于一旦中断这些公共服务将给人们生活带来重大的影响与不便，甚至导致社会生活不能顺利进行，由此，就要求相关主体在提供公共服务时保证这种服务是连续的。在法国，公共服务（公务）被认为代表重要的公共需要，这种需要应得到不间断的满足，否则将引起严重的社会混乱，因此连续性原则是公共服务的重要原则。在 1979 年的一个判决中，法国宪法委员会还认为这个原则具有宪法意义。①

　　在我国法律上，公共服务的连续性原则也有体现，在有关供电、供水、供气、供热的公共服务中，《合同法》虽未明确规定这些合同中供应方需保证相应服务的连续供应，但其条文内容却体现了这一精神。如《合同法》第 180 条规定："供电人因供电设施计划检修、临时检修、依法限电或者用电人违法用电等原因，需要中断供电时，应当按照国家有关规定事先通知用电人。未事先通知用电人中断供电，造成用电人损失的，应当承担损害赔偿责任。"第 181 条还规定："因自然灾害等原因断电，供电人应当按照国家有关规定及时抢修。未及时抢修，造成用电人损失的，应当承担损害赔偿责任。"这条规定意味着，即使因不可抗力造成服务中断的，也应采取措施保证服务的连续性，否则将承担相应责任。《城市供水条例》则明确提出对城市自来水的供应应该是不间断的，该条例第 22 条规定："城市自来水供水企业和自建设施对外供水的企业应当保持不间断供水。由于工程施工、设备维修等原因确需停止供水的，应当经城市供水行政主管部门批准并提前 24 小时通知用水单位和个人；因发生灾害或者紧急事故，不能提前通知的，应当在抢修的同时通知用水单位和个人，尽快恢复正常供水，并报告城市供水行政主管部门。"《公路法》第 35 条规定："公路管理机构应当按照国务院交通主管部门规定的技术规范和操作规程对公路进行养护，保证公路经常处于良好的技术状态。"第 40 条规定："因严重自然灾害致使国道、省道交通中断，公路管理机构应当及时修复；公路管理机构难以及时修复时，县级以上地方人民政府应当及时组织当地机关、团体、企业事业单位、城乡居民进行抢修，并可以请求当地驻军支援，尽快恢复交通。"

　　与服务行政的平等原则不同的是，连续性原则是有条件的，而不是在任何时候任何场合下都适用的。一些公共服务本身具有时间性，在这一时间段时，服务的提供应该是连续的而不是间断的，如义务教育服务，在一个人应受义务教育的法定年龄段内，行政机关应根据连续性原则，保证受教育人可得到不间断的教育。而在义务教育阶段之外，行政机关就不再有责任为其提供连续的教育服务。另外一些公共服务，其向特定的公民提供时需要这些公民符合一定条件，此时服务应该是不间断的，

---

① 王名扬：《法国行政法》，北京大学出版社 2007 年版，第 386 页。

一旦特定公民不再符合这些条件，服务即予中止。如为居民提供的最低生活保障，在公民甲符合领取最低生活保障金的条件时，社保机关应该不间断地为其提供保障金，一旦其收入超过特定标准，社保机关提供最低生活保障金的服务即予中止。在某些情形下，公共服务本身就是一次性的，对此类公共服务而言，在具体的提供方面，它是不受连续性原则的制约的，如某地发生洪灾，需要政府予以救助，这种救助是一次性的，一旦灾情结束，人们生活恢复正常，救济即行停止。但作为一种制度的存在，诸如救灾、最低生活保障等公共服务应该是连续的，一旦有灾情出现，或有公民符合了领取最低生活保障金的条件，则这一制度应立即启动，提供相应的服务。

（二）适应性原则

服务行政的适应性原则指公共服务应该是"与时俱进"的，要根据现实情况的需要进行调适，当情势的发展需要提供某一公共服务时，政府就应提供这一服务；当情势出现变更时，公共服务得相应予以变动。在法国行政法上，适应性原则意味着不论是公务员或公务的使用人，都没有既得权利主张维持公务的继续存在，不能改变。[①]

适应性原则首先体现在公共服务的创设方面，如果社会的发展使得某一公共服务成为人们生活的必需，则此时政府应创设公共服务。如某地原来依靠水井解决饮用水问题，但随着工业化与城市化的发展，当地的水质发生了变化，已经不适宜于饮用，则此时政府应为当地居民提供供水服务。其次，适应性原则体现于公务的终止方面，当社会的发展使得一项公共服务不再有存续的必要时，政府可根据适应性原则停止这一公共服务，如随着科技的发展，一旦灯塔的存在成为多余之时，则这项公共服务即予终止。最后，适应性原则还体现于一定公共服务本身的变化方面，如通信服务，原来仅仅有电报服务和固定电话服务，但科技的发展促使新的通信手段出现，如出现了移动电话服务和互联网服务，这时就需要通信服务提供方改变原先单一的手段，而提供与时代发展相应的服务。适应性原则不仅仅在于服务种类和手段的改变，价格的变化也是适应性原则的体现，如

---

① 王名扬：《法国行政法》，北京大学出版社 2007 年版，第 387 页。

随着经济的发展，原先的邮政资费标准已经不再适应，此时即可提高邮政服务价格。又如，随着国际油价的变更，原先确定的成品油价格已经不再能适应现实的需要，根据适应性原则，有关行政机关可决定对成品油价格进行调整。

第七章　服务行政的方式与程序

一　服务行政的方式

服务行政是行政的一种方式，国家有义务实施服务行政，为公民提供公共服务。然而，提供公共服务本身又涉及一个方式与途径问题：政府是否必须亲自提供公共服务？还是既可直接提供，也可通过其他途径间接提供？从实践来看，公共服务既可由国家直接提供，也可通过其他方式间接提供。具体包括行政机关提供、通过公共设施提供、通过公共企业提供、通过公务法人提供和通过特许由私营主体提供五种方式，其中前两种属于国家直接提供，后三种属于间接提供。

（一）行政机关直接提供

公共服务由行政机关直接提供是指国家利用行政机关组织和人员，直接向公民提供相关服务。它以行政机关为服务的具体承担者，人们接受服务，需要与行政机关打交道，感受到的是某一服务直接来自某一具体的行政机关。公共服务的行政机关直接提供与国家直接提供是有区别的，后者除了行政机关直接提供之外还包括国家通过公共设施提供服务，如公共道路、公共广场等，人们在接受这一类服务时，并不需要直接与某一行政机关打交道，所能感受到的是抽象的"国家"提供了这一设施。

本来，国家直接提供公共服务从形式上讲应该是没有区别的，但行政机关直接提供的特别之处在于，现代社会中"政府"往往体现为各个具体的行政机关，人们在日常生活中所能直接感受到的"行政"往往不是来自抽象的政府整体，而是一个个具体的行政机关。在中国，行政机关在纵向关系上包括中央政府、省级政府、地市级政府、县级政府和乡镇政府五级。而在横向体系上，以中央政府为例，目前具有独立法人资格的行政机关包括：国务院组成部门 25 个、国务院直属机构 15 个、国家部委管理的国家局 16 个，另外还包括国务院特设直属机构 1 个和国务院办公厅。更需要注意的是，一个机构是否属于行政机关，除了由其设立的目的、从事的事务和经费来源决定外，有时候可能仅仅是一个命令所决定的，如原国务院证券委员会是行政机关，但后来的中国证券监督管理委员会却成了事业单位，尽管从设立目的、从事事务和经费来源等方面它都与行政机关无异。

行政机关直接提供的公共服务往往是单方性的服务，主要是金钱或实物给付型服务。这是由这一类型的公共服务适宜由行政机关直接提供的特性所决定的。因为实物与金钱给付型服务形式较为简单，由行政机关直接提供也不涉及相对于其他机构的效率问题，因而没必要再经过其他环节。而设施载体型服务则因其事务的复杂化等原因不宜由行政机关直接提供。

行政机关直接提供服务在许多国家早有存在，如在法国，行政机关直接管理公务是公务的最重要管理方式，在这种方式下，行政机关不仅决定公务的政策，而且执行实施公务的活动。① 在英国，直到 20 世纪 80 年代撒切尔夫人的行政改革之前，行政机关还在相当程度上垄断了公共服务的供给。② 在中国，行政机关直接提供是服务行政的重要方式之一，诸如生活保障、救灾扶贫等事务多由行政机关直接负责。如《城市居民最低生活保障条例》规定："公民申请城市居民最低生活保障待遇，须由户主向户籍所在地的街道办事处或者镇人民政府提出书面申请，由其所在地的街道办事处或者镇人民政府初审，由县级人民政府民政部门审批。县级人民政府民政部门经审查，对符合享受城市居民最低生活保障待遇条件的家庭，批准其享受城市居民最低生活保障待遇"。同时还规定："城市居民最低生活保障待遇由管理审批机关以货币形式按月发放；必要时，也可以给付实物"。③ 在申请与接受最低生活保障这一过程中，公民须直接与行政机关

---

① 王名扬：《法国行政法》，北京大学出版社 2007 年版，第 393 页。

② 这种垄断是相对于私营主体提供的垄断，但其中诸如救济款的发放等事务，仍由行政机关直接负责。

③ 参见《城市居民最低生活保障条例》第 7 条、第 8 条。

（街道办、镇政府、民政局）打交道，并直接从行政机关那里接受给付的货币或实物。

（二） 通过公共设施提供

通过公共设施提供服务是国家直接提供服务的一种方式，它是指政府通过某一具体行政机关直接投资建造公共设施，公民则自由免费使用该公共设施。这一提供方式的特征是：首先，公共设施由政府直接投资建造，至于建造过程中如何发包、如何建造，是否是项目法人模式等则在所不问。其次，公民对该公共设施的使用是免费的。最后，公民直接使用政府建造的公共设施，使用时不需与任何一主体打交道，既不需与行政机关打交道，也不需与管理该设施的组织打交道。若非如此，就不属于通过公共设施直接提供的公共服务，如某些公共图书馆是免费使用的，但因使用时须与图书馆管理当局打交道，因此其属于通过公务法人提供的公共服务。总之，公民在具体接受这一形式的服务时，由于其不经过任何环节，因而所感受到的仅仅是在直接利用国家已经提供的服务，而不会感觉得在接受某一具体机关或组织提供的服务。因此，这种形式的服务不同于行政机关直接提供的服务，也不同于政府通过其他主体间接提供的服务。

在我国，通过公共设施提供的公共服务包括城市道路、免费公园、城市广场、城市绿地等等。但此种方式提供的公共服务在公共服务中并不占据主要地位，特别是在市场经济改革过程中泛市场化倾向影响下，许多本来该免费使用的公共设施都开始收费。

（三） 通过公务法人提供

公务法人原系法国行政法上的概念，是国家或地方团体认为某种公务的管理需要一定程度的独立性和灵活性，由行政机关直接管理不妥当时，为增加管理机构的自主能力而创设的一种法人。公务法人是公法上的机构，其设立和运行规则不受规范私法人的法律如公司法的规范，而有其独特的规则。① 通过公务法人提供公共服务是服务行政的重要提供方式，如

---

① 参见王名扬《法国行政法》，北京大学出版社 2007 年版，第 394 页。

医疗服务、教育服务等都是通过公务法人提供的。

在中国，公务法人还不是一个法律上的概念，而仅仅是学理上的概念，学者们将履行公共管理职能的事业单位、社会团体定位为公务法人，认为公务法人与其使用者之间的关系不仅仅存在民事法律关系，也存在行政法律关系。公务法人与利用者、使用者发生行政性纠纷后，应通过行政诉讼途径来解决。[①]

在公务法人的意义上考虑服务行政的提供问题，就不能不对我国的事业单位现象进行研究。事业单位是我国独有的一种组织形态。1965 年 5 月 4 日国家编制委员会《关于划分国家机关事业、企业编制界限的意见（草案）》规定，"凡是直接从事为工农业生产和人民文化生活服务活动，产生的价值不能用货币表现，属于全民所有制的编制，列为事业单位编制"。具有此种编制的单位，自然就是事业单位。1984 年《关于国务院各部门直属事业单位编制管理的试行方法（讨论稿）》则规定，"凡是为国家创造或改善生产条件，从事为国民经济、人民文化生活、增进社会福利等服务活动，不是以为国家积累资金为直接目的的单位，可定为事业单位"。据此，各类学校、医院、图书馆、博物馆、出版社等都属于事业单位。

然而，随着改革的深入与经济的发展，我国的事业单位性质与表现形态已经变得复杂了，不能仅仅以上述定义来概括。一些名义上的事业单位实际从事的是经营性事务，在性质和功能上已经向企业转变，其所追求的中心目标是经济效益。另一些所谓的事业单位，则完全是行政性的，其功能、从事的事务等均与行政机关无异，如国家商标局、中国证券监督管理委员会等等。因此，若从事业单位名称或存在的现象着眼，我们已经难以将事业单位和服务行政直接联系起来。但若从"为国家创造或改善生产条件，从事为国民经济、人民文化生活、增进社会福利等服务活动"着眼，事业单位与公务法人还是有密切联系的，甚至可说他们在总体上是相同的。在这个意义上理解事业单位，那么我国公共服务中的很大一部分都是通过作为公务法人的事业单位提供的。

（四）通过公共企业提供

公共企业是以提供公共服务为目的的企业，它以服务公共利益为存立

---

① 参见马怀德《公务法人问题研究》，《中国法学》2000 年第 4 期。

基础，在设立、运营等方面遵循一定的公法规则，但总体而言，其在运行上却按作为私法主体企业的逻辑与规则进行运作，是企业与公共服务目标的结合。公共企业都由政府投资设立，有时由某一行政机关具体负责投资设立。但每一家公共企业都是独立主体，而不从属于特定的行政机关。通过公共企业提供公共服务是服务行政的重要方式之一，人们日常生活必需的一些基本服务通常由公共企业提供的，如煤气、电力、自来水都来自公共企业。

与一般的企业相比，公共企业往往在某一区域内实行垄断，但同时也受到更为严格的管制，如价格上可能完全由政府定价，产品提供方式和标准上也受到严格控制。与同为国家作为投资主体的竞争性国有企业相比，公共企业最大的特点在于以提供公共服务为直接目的，而后者则以营利为直接目的。与事业单位相比，公共企业的特点在于运行规则的不同，它在提供服务时，需要按企业的模式，出售产品、收取费用，而事业单位尽管也可能实行收费服务，但所收费用的标准却不是像企业那样与所提供产品直接联系的。

以城市公共供水企业为例，我们可以更好地考察它与其他企业组织和事业单位的同与不同。按照《城市供水条例》规定，城市公共供水，是指城市自来水企业以公共供水管道及其附属设施向单位和居民的生活、生产和其他各项建设提供用水。在供水设施建设与维护上，城市供水工程的建设，应当按照城市供水发展规划及其年度建设计划进行；对因工程建设确需改装、拆除或者迁移城市公共供水设施的，建设单位应当报经县以上人民政府城市规划行政主管部门和城市供水行政主管部门批准，并采取相应的补救措施。在经营上，供水企业须建立、健全水质检测制度，确保城市供水的水质符合国家规定的饮用水标准，保持不间断供水。在收费上，城市供水价格应当按照生活用水保本微利、生产和经营用水合理计价的原则制定。另外，该条例还规定，公共供水企业有水质、水压不符合国家规定标准，擅自停止供水或者未履行停水通知义务、未按照规定检修供水设施或者在供水设施发生故障后未及时抢修等情形的，由供水行政主管部门责令改正，可以处以罚款。情节严重的，报经县级以上人民政府批准，可以停业整顿。可见，城市公共供水企业在目的上乃是以供应城市用水为直接目的，它的公共性决定了其在一定区域内的垄断地位，而与此同时，它在价格上，保证服务的连续性、普遍性，服务质量等方面都受到了法律的严格规定。

（五）通过特许由私法主体提供

服务行政是政府的职责，一般情况下，公共服务都由政府组织直接提供或通过公共性质的组织提供。但随着社会经济的发展，随着科技的进步，甚至由于人们对事物认识的改变，服务行政有时不再由国家或公共组织提供，而是通过国家特许的方式，由以营利为目的的私法主体在政府的规制下提供。比如市政府将清理城市垃圾的事务交由某一私人企业负责。又如，政府通过 BOT 方式，由私人企业建立并在一定期间内经营高速公路、自来水厂、过江隧道等基础设施，待合同约定期间届满后再将相关设施交由政府。在通过私法主体提供公共服务的情况下，私法主体是完全以商业企业的身份，在法律规定和特许合同约定范围内，按商业逻辑提供某一服务。事实上，从服务行政的过程来看，大部分公共服务都曾经在某一个或几个阶段是由私法主体负责的，免费提供的公共设施如城市道路在建造之时由某一私营企业承包等等。但由于这种情况仅仅是服务行政的一个环节，所以本研究不将其列入私法主体提供的方式。

私法主体提供公共服务在各国都有存在，在公共行政改革的背景之下，它更成为一个潮流。如在英国，撒切尔夫人上台开始了大规模的公共行政改革，在公共服务方面，这一改革以市场化和私有化为中心，在公共服务的供给方面推行合同出租（外包）制（contracting-out）或称竞争招标制（competitive tendering），即政府公共部门先确定某种公共服务的数量和质量标准，然后通过竞争招标的方式将这种原属于政府公共部门的事务和义务承包给私营企业和非营利性机构，由这些组织向公众提供公共服务。①在德国、日本、法国、菲律宾等国家，由私法主体提供公共服务的情况也大有存在。在我国，自 20 世纪 80 年代中期后，这种提供服务行政的方式也逐渐兴起，近年来在公共设施建设，特别是高速公路建设等领域更是广泛被运用。由于此问题在很大程度上是一个服务行政市场化的问题，下文将对此进行进一步的研究。

---

① 参见周志忍《当代国外行政改革比较研究》，国家行政学院出版社 1999 年版。

二 服务行政与行政程序

（一） 行政程序及其对于服务行政之意义

"程序，从法律学的角度来看，主要体现为按照一定的方式、顺序和手续来作出决定的相互关系。其普遍形态是：按照标准和条件整理争论点，公平地听取各方意见，在使当事人可以理解和认可的情况下作出决定。"[①] 行政程序作为法律程序的一种，不同于行政诉讼程序，它只是行政权力运行的程序，是行政机关行使行政权力、作出行政决定所遵循的方式、步骤、时间和顺序的总和。行政程序的特征在于：第一，行政程序是行政权力的运行程序，不同于立法程序，也不同于司法程序。它包括内部行政程序，也包括外部行政程序，而以后者是为主。同时，行政程序作为行政权力运行的程序，并不意味着行政程序由行政机关独立完成，还需要有相对一方的参与和推进，最终形成行政决定。第二，行政程序是行政机关为行政行为的程序，行政机关以行政主体之外的其他身份作出行为，如以民事身份进行民事行为时所遵循的程序不是行政程序，行政机关以被告的身份出现在行政诉讼中时的行为程序也不是行政程序。第三，行政程序的构成要素包括：方式、步骤、时间和顺序。第四，行政程序的运行结果是产生行政规范性法律文件或行政决定。第五，行政程序是一种法律程序，这意味着行政程序一旦为法律所规范，就成为行政机关和相对人在法律上的程序权利义务，具有规范性、强制性，行政机关必须履行行政程序法所规定的程序义务，否则，要承担相应的法律责任。[②]

行政程序的出现及其在法律上的确定，并非出于人们的凭空想象，而在于其在法治社会中具备特定的价值。欧内斯特·盖尔霍恩等人认为，行政程序可以在各种重要的但可能相互冲突的公共价值中间取得某种切实可行的妥协方案，这一价值可归纳为公正性、准确性、效率性与可接受性四

---

① 季卫东：《法治秩序的建构》，中国政法大学出版社 1999 年版，第 12 页。
② 参见王万华《行政程序法研究》，中国法制出版社 2000 年版，第 3 页以下。

个方面。公正性是指通过行政机关在作出影响个人权益的决定前对其进行通知与审理等规则的设定，保证实体公正的实现。准确性指通过一系列科学严格的规则设置，降低行政机关错判的风险，促进行政权力的正确行使。效率性则是通过对客观规律的固定化与法律化，保证行政效率，节省与降低人力、物力、财力及时间的耗费。可接受性则指，由于合法地行使法定权力最终取决于被管理者的同意，通过一系列行政程序的设置，充分考虑行政相对人对行政决定的态度，可使其更易为相对人所接受。[①] 在我国，学者们也对行政程序的价值进行了研究，如马怀德认为，行政程序法具有以下价值：一是公正价值。程序正义是立法者在程序设计、司法者在操作过程中所要实现的价值目标。实体正义是一种结果价值，而程序正义是一种过程价值。它主要体现在程序的运作过程中，是评价程序本身正义与否的价值标准。二是效率价值。实现公正并不是行政程序的唯一法律价值。从行政权的本质需要看，它还要求行政程序能够体现效率的法律价值。三是秩序价值。行政程序在体现公正价值和效率价值的同时，还应当体现为秩序价值。这一价值通过两种途径实现的：一是通过保障利害相关人的权益，增加行政机关与相对人之间的沟通，使得行政决定变得更容易接受，为行政活动的最终目的提供了秩序保障。二是通过行政程序维护正常、稳定的社会秩序，创造有序的社会生活环境。[②] 章剑生认为，现代行政程序具有以下功能：一是完善沟通，提高行政行为为社会接受的程度；二是建立和维系一个可持续发展的稳定社会；三是确保行政实体法实施，并展示自身独立的法律价值。[③] 综合各学者的观点，行政程序的意义主要在于保证实体法的实施，维护一定的法律秩序；控制行政权力的行使，保护公民合法权利；提高行政行为的可接受性及行政效率等方面。

作为行政类型之一，服务行政如其他行政行为一样，须遵循相应的行政程序。然而与一般所理解的行政行为特别是秩序行政中的行政行为不同，服务行政有其特殊之处：尽管因为政府在提供公共服务中的义务所致，相关的活动被通称为"服务行政"，但在具体的实施过程中，并不是所有的公共服务都是由行政机关直接提供，很多公共服务事实上都是由行

① 参见〔美〕欧内斯特·盖尔霍恩、罗纳德·M.利文《行政法和行政程序概要》，黄列译，中国社会科学出版社 1996 年版，第 3—5 页。

② 马怀德：《行政程序法的价值及立法意义》，《政法论坛》2004 年第 5 期。

③ 章剑生：《行政程序法基本理论》，法律出版社 2003 年版，第 22—29 页。

政机关之外的公务法人、公共企业或受特许的私法人承担的。具体的公共服务提供行为也并不都受行政法的规范，而是受私法规范，从而行政程序并不适用于所有提供公共服务的行为。基于服务行政的这一特性，我们必须先予明确，所谓的行政程序对服务行政的意义所涉及的范围仅仅在于公共服务提供过程中适用行政法规范的部分，而不是所有与提供公共服务有关的活动。

在这一范围的限定之下，行政程序对于服务行政的价值在于：

首先，服务行政成为现代国家行政的一种重要方式的根本原因在于，现代社会的发展已经到了公民生活的许多需要已经无法通过个人及市场机制得到满足，不得不由政府出面的地步。这些被称之为"公共服务"的需要之所以在不能通过个人与市场得以满足时须由政府提供，正是由于其本身的重要性。这样我们就可明了：公共服务的出现，不是因为现代人主观上的依赖性太强，推卸自我照顾的责任，而将此责任委于政府；也不是因为现代政府具备了高超的能力或意愿，欲为公民提供多方位的照顾。其原因仅仅在于：为了保证社会的正常运转，促进社会的顺利发展，政府不得不承担起提供公共服务这一任务，否则社会生活将难以为继。一句话，服务行政是基于现实需要而经由法律确定的政府的义务。既然服务行政是政府所承担的如此重要的一项义务，那么就必须保证其得到切实的履行。这时行政程序的价值得到了体现：严格而科学的行政程序，将有力促进政府职责的履行，若无相应的行政程序，政府服务行政职责的顺利履行将难以保证，从而社会生活将难以正常进行，整个社会的运转与发展将难以为继。

其次，服务行政与公民的生活密切相关，接受公共服务是公民的权利所在，若政府不能有效提供这些公共服务，无疑是对公民权利的损害。不止于此，正如我们前面所提到的，服务行政不但会由于不能有效提供而损害公民权利，而且其本身还存在异化问题，以提供服务为目的的行为可能最终变成对公民权利的损害，如强制服务、"霸王"服务等等。更有甚者，由于服务行政与秩序行政并不能截然分开，服务行政往往需要以秩序行政为手段，在提供公共服务的过程中将不可避免地涉及对公民权利与自由的限制，如建造一条公路，通常会涉及土地征收问题。在这个过程中，如何保证行政机关不侵害或尽可能地减少对公民权利的侵害，就成了人们需要关心的问题。此时行政程序的存在就具有了特殊的意义：通过一系列具体的程序规则，避免相对人的权利在服务行政中受到不法的侵害。如通过告知制度，保证行政相对人知悉相关的事实，以决定下一步的行动；通过回避制度，避免不公正的产生；通过听证制度，听取相对人的意见，避免偏见的产生，等等。

再次，与秩序行政一样，服务行政也涉及效率问题，甚至相较于前者，效率在服务行政中更显重要。作为提供公共服务的行政方式，相关的职责不能及时履行，服务不能及时有效提供，本身就已经构成对公民权利的侵害。行政程序的存在，对保证服务行政的效率具有极为重要的意义：服务行政往往涉及大笔资金的运用，严格科学的行政程序，有利于厉行节约，保证这些资金得到合理的利用，减少浪费，提高资金利用率。如在建设公共基础设施的过程中，如不遵循严格的行政程序，而任意决定工程的设计、工作进度、技术标准等问题，就可能出现工程设计频繁改动、建筑质量低劣等问题，造成资金的浪费，甚至造成整个工程的废弃。严格科学的行政程序也有利于保证服务行政的时间效率，如同样是建造一座大桥，按既定的行政程序办事，明确相关单位的职责，按统一化标准化的规程施工，而不是由个别领导"拍脑袋"指挥，或相关单位间互相"扯皮"，将有利于工程建设的顺利开展完工。不止于此，行政程序通过公众参与等具体制度的设计，让公众参与到服务行政过程中来，还有利于减少行政决定的成本，提高行政机关有关决定的可接受性，减少可能引发的矛盾与争端，从而提高服务行政的效率。

最后，我们还须注意到，当下中国正在进行的变革，是一种基于外来压力但由政府主导的自上而下的改革。这一变革的默示前提是：被变革的对象更多的是民众的传统行为方式，而不是国家行政权威的机会机构（opportunity structure）。在此种背景之下，当前的行政，也可称之为"发展挂帅的行政"（developmentalist government）；[①] 我们所讨论的服务行政、政府及政府官员所乐道的"服务"口号，内含着一种"发展的冲动"。也就是说，服务行政的最终压力虽属外在，但追溯其直接基础，却只能是国家机关的统治良心和反思理性，而不是人的自然权利。有鉴于此，我们在首肯服务行政作为一种行政方式的时候，不得不对其程序予以更多的关注，舍此不能有效规范政府的行为。而从政府的角度看，一个理性的政府也不

---

① 参见季卫东《法治秩序的建构》，中国政法大学出版社 1999 年版，第 8 页。

应拒绝程序，其在社会事务中发挥的作用越积极、越重要，对程序的需要应越强烈。不按程序办事尽管可能带来一时的方便，但这样做的代价非常高，甚至会危及统治体制的正统性。①

（二）服务行政与行政听证制度

1. 听证制度的内涵

听证制度是现代行政程序法的核心制度。一般而言，听证指行政机关在做出影响相对人合法权益的行政行为之前，由行政机关告知决定理由和听证权利，行政相对人陈述意见、提供证据以及行政机关听取意见、接纳证据并做出相应决定等程序所构成的一种法律制度。② 听证在英国和美国法上源自于古老的自然公正原则，最初这一原则适用于司法程序，但后来法官通过判例将这一原则贯彻到合法权利受行政权侵害的所有案件中，成了约束行政权行使的一项程序规则，行政机关在行使权力给公民带来不利影响时，必须听取当事人的意见，只有这样行政权的行使才是有效的。美国继承了英国的普通法，在自然公正原则的基础上发展出了"正当程序原则"，使得听证制度在行政程序中得到了全面的贯彻。而大陆法系国家在第二次世界大战之后，传统上重实体、轻程序的做法也得到了改变，建立了以听证为核心的行政程序制度。

然而在各国行政程序法发展的过程中，听证也具有了不同的含义。如在美国，"听证"（hearing）泛指听取利害关系人意见的程序，行政机关可采取从审判式听证到非正式的会议等二十多种听证形式。在多数大陆法系国家，听证指通过听证会的形式听取当事人意见的程序，而其他听取当事人意见的程序则不称之为听证。如韩国将听取当事人意见的形式分为"听证""公听会""提出意见"；日本则在听证之外，还有"辩明"等听取当事人意见的形式。在我国，目前规定了听证制度的法律主要有《行政处罚法》《价格法》《立法法》《行政许可法》等。根据这些法律的规定，听证指行政机关在作出行政行为前，通过听证会的形式，听取当事人或社会公

---

① 参见季卫东《法治秩序的建构》，中国政法大学出版社1999年版，第79页。
② 姜明安主编：《行政法与行政诉讼法学》，北京大学出版社、高等教育出版社2011年版，第269页。

众的意见的程序，① 行政法学界对此也有着较为统一的意见。本研究所称听证，即指这个意义上听证制度。

2. 服务行政听证制度的意义

服务行政与公民权利密切相关，从公共基础设施建设到最低生活保障，从教育服务到医疗服务，都关涉到公民的切身利益。当行政机关的决定对公民权利形成相当的影响时，即应通过听证程序，保障公民权利不受非法行政行为的侵害。具体而言，听证具有以下功能：一是有利于查清相关行政行为所根据的事实。对于行政行为所根据的事实而言，利害关系人往往是最了解的，他们的参与有利于行政机关全面掌握即将作出的行政行为所根据的事实。比如是否对某人发放最低生活保障金问题，由当事人参与听证过程，将有利促进行政机关了解其面临的真实生活状况，促进行政机关作出正确的行政行为。二是有利于辨明是非，保护行政相对人的合法权利。仍以最低生活保障金的发放为例，若行政机关根据群众反映所掌握的情况，拟取消特定公民甲的最低生活保障金时，若能通过听证的形式，听取多方面的意见，将有利于更好地辨明是非，作出合法合理的行政行为。而对于一些涉及不特定多数人的行政行为的作出，如公用事业价格的调整，采取听证的形式，可使行政机关听取来自多方面的意见，对各方的利益予以通盘的考虑，作出适当的抉择。三是有利于提高行政效能。采用听证程序，须耗费一定的时间与金钱，表面上看似乎提高了行政成本，但从长远来看，却有利提高行政效能。就具体的服务行政决定而言，经过听证的决定，由于事先吸纳了当事人的意见，更易为当事人所接受；就公共服务调价之类涉及公众利益的行政行为而言，经过听证程序的决定在综合协调各方意见的基础上作出，对各方利益予以了相应的考虑，因此也更容易得到公众的认可。

3. 服务行政听证的范围

服务行政听证的范围指行政机关作出哪些行政行为时须适用听证程序。从保护公众参与权利的角度出发，当然是听证范围越广越好。但现代

---

① 如《中华人民共和国行政许可法》第19条规定：起草法律草案、法规草案和省、自治区、直辖市人民政府规章草案，拟设定行政许可的，起草单位应当采取听证会、论证会等形式听取意见，并向制定机关说明设定该行政许可的必要性、对经济和社会可能产生的影响以及听取和采纳意见的情况。这说明，行政许可听取意见除了采取听证会这一形式外，还可采取其他形式。

社会服务行政涉及的事务范围广泛，在所有涉及公共服务的行政行为中都适用听证程序是不可能的，因此只能有选择地确定听证的范围，主要可分为涉及不特定多数人的行政行为的听证和涉及特定人的行政行为的听证两类。前者如一项公共基础设施是否建设，何时、在何地建设，或者一个城市的自来水执行什么价格问题。而后者如取消一个人的五保供养待遇问题。一般而言，一个服务行政行为是否听证应以行为的性质与影响程度为标准，可能对公民合法权益造成较大影响的，都可适用听证程序。

在适用听证程序的服务行政行为之外，出于公共利益、紧急情况、行政成本等方面考虑，一些服务行政行为不可能或没有必要适用听证程序，因此应被排除在听证程序之外。在这方面，西方国家已经作了长期的探索，取得了较好的经验。如德国《联邦行政程序法》和美国《联邦行政程序法》都对免于听证的事项作了明确规定。[1] 法院还通过判例发展出了不适用听证程序的情形，包括：当事人放弃听证权利的；立法性事实；用计算、视察、考试测验或选择代替听证的；紧急行为。[2] 总体上，经过数十年的发展，各国已经得出了有关免于听证相对统一的标准，主要考虑以下因素：（1）决定对个人权利的影响程度；（2）个人利益与公共利益的平衡；（3）公正与效率的协调，以及给财政和行政带来的负担。[3] 这些考虑的因素针对整个行政听证问题，服务行政的听证自然也包括在内。

4. 服务行政听证的主体

听证的主体指参与听证程序的人，与所有行政听证一样，服务行政中听证主体主要包括听证主持人、听证参与人、听证代理人及辅助人员等。（1）听证主持人。听证主持人负责组织、掌控、推进听证程序的进行，对整个听证的进行及其是否能真正达到制度目的具有十分重要的影响，因此必须选定公正的人员来主持听证。听证主持人的确定主要有两种方式，一是由特定的人员担任听证主持人，如美国由行政法官担任主持人；二是由行政机关首长或其指定的人员担任听证主持人。从各国法律规定的情况看，采取第二种方式确定听证主持人的占绝大多数。我国《价格法》第23条也规定，价格听证由政府价格主管部门主持。（2）听证参加人。在服

---

① 参见德国《联邦行政程序法》第28条和美国《联邦行政程序法》第554条的规定。
② 王名扬：《美国行政法》，中国政法大学出版社2005年版，第385—390页。王万华：《行政程序法研究》，中国法制出版社2000年版，第70页。
③ 参见王万华《行政程序法研究》，中国法制出版社2000年版，第210—212页。

务行政中，听证参加人指因其利益与拟作出的服务行政行为具有一定的利害关系而加入听证程序中来并陈述意见的人。在具体的服务行政行为听证中，听证参加人一般是该服务行政行为直接针对的相对人，但有时也扩展至利害关系人。比如，在 2005 年关于圆明园福海湖底铺设塑料膜问题的听证，参加人就包括各方面的代表。在抽象行政行为中，由于其针对的是不特定的人，具有听证权的人往往人数众多，因此只能采用随机选取等方式确定参与人。（3）代理人。代理人是代理听证参加人加入到服务行政听证程序中来的人，其地位相当于听证参加人。为弥补当事人在生理方面、精神方面和专业方面的不足，保护他们的合法权利，只要法律没有相反规定，就应该允许参加人聘请代理人参加。这在具体的服务行政行为听证中应无疑问，但在服务行政决策听证中，尽管法律对此并无明确规定，实践中并无代理人加入到听证程序中来的情况。笔者认为，在诸如公共服务价格听证之类的听证中，参加人若本身不具备一定的能力，即不宜成为参加人，因此其不宜聘请代理人。但是，已经确定的参加人为了提高自己的参与能力，在听证会之前通过咨询等方式向相关的专业人员获取协助，则并无不可。

5. 服务行政听证的通知与申请

在服务行政中，通知指行政机关在作出行政行为之前告知行政相对人将作出的行政行为的基本内容、相对人具有的法律权利及相关程序等事项。其目的在于使相对人知道行政行为的有关情况，保证相对人听证权利的行使。对此，各国（地区）法律都作了相应规定，如美国《联邦行政程序法》第 554 条第 2 款规定："有权得到行政机关听证通知的人，要就下列事项及时得到通知：（1）听证的时间、地点和性质；（2）举行听证的法律依据和管辖权限；（3）听证所要涉及的事实和法律问题。"

行政相对人接到听证的通知后，可自行决定是否申请启动或参加听证程序。对于具体行政行为听证，若相对人不申请的，则听证程序不予启动；对于公共听证，特定人的不参与决定不影响听证的进行。若得到通知者决定参与听证的，则对于具体行政行为听证，听证程序予以正式启动；对于公共听证，则由举行听证的行政机关根据一定的程序决定由哪些申请人参与听证程序。

6. 服务行政听证的实施

听证的实施指召开听证会的过程，包括听证会的预备、召开、调查、陈述、举证、抗辩等等。任何听证程序，都必然涉及这一系列具体的步骤，服务行政中的听证同样也不例外。听证的实施是整个听证制度的核心部分，可谓是程序制度中的"实体"问题，这一过程的具体程序设置如何，是否高效公正，将对整个听证制度产生巨大的影响。听证的实施也可分解成一项项更为具体的环节，体现为一些更为具体的制度，如证据制度、调查制度、回避制度、记录制度等。其中最值得关注的是听证记录制度。听证记录指就听证过程中听证主持人、参加人、听证时间、听证地点、陈述的内容、听证证据及听证的进程等所作的书面记录。听证记录的重要意义主要在于具有对行政机关的一定约束力，这种约束力体现在行政机关应斟酌听证记录之后，方可作出最终的行政决定，德国、韩国、瑞士等国家都作了此种规定。但也有些国家规定行政机关应依据听证记录作出行政行为，如美国联邦行政程序法规定，在审判式听证程序中，行政机关须依据听证记录作出行政裁决或制定规章。在我国，《价格法》等法律仅仅规定了要举行听证，并没有就听证记录效力等作出明确规定。但从听证记录的重要性上看，听证会要发挥其应有的作用，就必须对听证记录的效力作出明确规定，这样才能避免听证成为走过场的形式。特别是在具体行政行为听证程序中，须明确规定行政机关须充分考虑听证记录后方可作出行政行为。而在行政立法等抽象行政行为的听证程序中，则可考虑采取公开听证记录等形式提高听证记录的约束力，保证听证的有效性。

　　7. 我国服务行政听证的不足及其改进

　　我国服务行政一直到 20 世纪 80 年代以后才得到了真正意义上的发展，较短的历史决定了服务行政的相关制度是不够完备的，听证制度同样如此。从总体上看，服务行政听证制度尚存在一些明显的不足：

　　(1) 听证范围覆盖面不够广。现代社会经济的发展，导致服务行政的范围广阔，人们生活的各个方面都离不开政府提供的公共服务，而这些公共服务中许多都与公民的权利密切相关，都可能对公民权利造成影响。无论从维护公民权利还是从提高行政职能的角度着眼，都有必要在较大的范围内实施听证。但目前服务行政听证的范围狭窄。从现有法律规定看，许多有关服务行政的重要法律都没有对听证问题进行规定，如公路法、铁路法、邮政法、义务教育法等都没有规定听证制度。已有的法律规定主要是《价格法》第 23 条关于政府在制定公用事业价格、公益性服务价格、自然垄断经营的商品价格等时须进行听证的规定，以及《城乡规划法》第 26

条、第 46 条、第 50 条的规定。从服务行政的实施过程看，已有规定主要在于公共服务的价格方面，而对具体某项公共服务的创设、建设与维护等少有规定。比如是否需要在某地建造一所学校，或者某一公共道路走向如何等方面，都未见有听证的规定。在服务行政具体实施过程中涉及特定个人部分，更是缺少听证的规定，如在取消某公民的最低生活保障资格或五保供养待遇时，尽管这样的决定对特定公民权利影响重大，但并没有设置听证制度对公民权利进行程序保障。

（2）公共听证参加人产生规则不明确。公共听证往往涉及不同群体的利益，以公共交通价格听证为例，它涉及的利益方包括作为乘客的社会公众、公共交通公司、公共交通从业者和行政管理方等。因此，听证参加人如何产生、名额如何分配对公共听证制度功能的有效发挥具有重要的意义，但相关法律法规对这方面的规定仍不够明确，其合理性也值得探讨。[①] 实践中，各地有着不同的做法，以 2014 年 10 月举行的北京市公共交通价格调整听证会为例，25 名听证参加人全部由市消费者协会、市人大、市政协、市交通委等有关单位推荐产生，这种推荐产生的方式如何保证公正性不无疑问。在 25 名听证参加人中，有消费者 10 名，市人大代表与市政协委员 8 名，政府部门人员 3 名，专家学者 2 名，经营者代表 2 名。[②] 问题在于，听证的目的主要是听取不同利益方的意见，为何有多达 8 名市人大代表与市政协委员参加？他们代表哪一方的利益？而已确定的听证参加人，其在听证会上发表的意见，可否与其所在群体的多数意见不同，也同样值得探讨。

（3）听证方案提交资格的规定不合理。听证方案是供听证会讨论的拟作行政决定的方案，包括其主要内容，因此，哪些主体具有提交听证方案

---

① 参见《政府制定价格听证办法》第二章，其中第 9 条规定：听证会参加人由下列人员构成：（一）消费者；（二）经营者；（三）与定价听证项目有关的其他利益相关方；（四）相关领域的专家、学者；（五）政府价格主管部门认为有必要参加听证会的政府部门、社会组织和其他人员。参加听证会的人数和人员的构成比例由政府价格主管部门根据听证项目的实际情况确定，其中消费者人数不得少于听证会参加人总数的五分之二。第 10 条规定：听证会参加人由下列方式产生：（一）消费者采取自愿报名、随机选取方式，也可以由政府价格主管部门委托消费者组织或者其他群众组织推荐；（二）经营者、与定价听证项目有关的其他利益相关方采取自愿报名、随机选取方式，也可以由政府价格主管部门委托行业组织、政府主管部门推荐；（三）专家、学者、政府部门、社会组织和其他人员由政府价格主管部门聘请。政府价格主管部门可以根据听证项目的实际情况规定听证会参加人条件。

② 参见武文娟《北京公共交通价格调整听证会参加人名单发布》，《法制晚报》2014 年 10 月 13 日。

的资格意义十分重大。对此,《政府制定价格听证办法》并没有规定行政机关之外的其他听证参与人或利益群体可提交供听证会讨论的听证方案。对于行政机关提供的听证方案,在其拟定时也未有实质性程序约束。在实践中,涉及价格调整听证时,基本上所有听证方案都是涨价方案,参加人只能在不同的涨价方案中选择一个为基础并提出进一步意见。实际上,听证方案并不等于行政决定,它仅仅是行政决定的一种可能性,当前行政机关所提供的方案也往往在两个或两个以上,因此,行政机关之外的其他听证参加人完全可以参与听证方案的提供。

(4)未规定听证中可对相关问题进行实质性调查,参加人所提意见可否得到充分尊重缺少保障。例如,对于听证方案所涉及的相关数据及事实,是否在听证会上就可假定其是符合真实情况的呢?抑或还须重新查证?对此,当前的相关听证规定并没有明确可对此进行调查。实践中,一些听证方案所涉及的数据(如价格成本数据)受到了广泛的质疑,但在听证的过程中,却直接在这些数据的基础上进行讨论。而有关听证会的意见,《政府制定价格听证办法》第 26 条规定,定价机关作出定价决定时应当充分考虑听证会的意见,但此规定并没有明确的责任条款进行约束。有鉴于此,服务行政听证会应允许对听证方案所涉及的事实问题进行实质性调查,以保证最后所做行政决定的公正性。同时,对听证会上的意见,应通过公布听证报告、设定法律责任等方案确保其得到充分的考虑。

(5)实践中一些听证流于形式,并没有真正达到听证制度的目的。以公共服务价格听证为例,历年来举行的价格调整听证会中,除了极个别的经听证后降价案例外,几乎所有听证之后,价格都进行一定幅度的上调,以至于给人们造成了一种"逢听必涨"的印象,许多人认为听证会完全是走过场,没有实际作用。[①] 服务行政听证这方面问题的后果在一定程度上比没有确立听证制度更为严重,它不但没有达到听证的目的,使听证形成虚设,更严重的是,它使公众失去了对听证制度本身的信心。

我国服务行政听证中无疑还存在很多问题,这些问题的解决不是一朝一夕可完成的,但为促进服务行政公正合理地实施,必须对这些问题予以高度的重视,逐步地同时也是积极地解决这些问题,尤其是不能让已经存

---

① 目前可收集到的公共服务经听证后降价的案例是 2007 年 9 月 26 日举行的轨道交通路网票制票价方案听证会,在提交的单一票制和计程票制两套方案中,超过八成代表同意实现单一票制,每人次 2 元。

在的听证会走过场，成为垄断方或强势方攫取利益的遮羞布，而让公众失去对听证会的信心，失去对政府的信任与对法治的信仰。

（三）服务行政与其他行政程序制度

1. 行政公开制度

行政公开指行政主体在行使行政职权时，除涉及国家机密、个人隐私和商业秘密外，必须向行政相对人及社会公开与行政职权有关的事项。①行政公开制度与公民权利的保护有着密切的关系：公民要通过行政程序保护自己的权利，就必须参与到行政程序中去，对行政行为的事实根据、法律依据、作出的时间、地点等有所了解，否则，就不可能真正通过行政程序保护自己的权利。从这个意义上，可以说行政公开是公民参与一切行政程序的前提性条件，没有行政公开就无所谓行政程序。行政公开制度是一项重要的行政程序制度，其本身也体现为一系列更具体的制度，如公布制度、送达制度、通知制度、案卷查阅制度等等。

行政公开的内容有以下几个方面：（1）行政机关的职权依据，指行政机关应公开其由法律所规定的职权，表明其有从事某类行政行为的主体资格。（2）行政行为的法律依据，这种公开通常是向行政行为所针对对象或行政相对人所作的公开。（3）行政行为所根据的事实，在作出一个行政行为之前，行政机关应将作出该行为所根据的事实向相对人进行公开。（4）特定行政程序的时间、地点，如举行听证的，应向参与人公开举行该听证的时间和地点。（5）行政程序的参与人，如听证的主持人等等。（6）行政行为的内容，如行政处罚书的内容。（7）其他应为公众所了解的信息。

基于公共服务对于公民的重要性，让公众参与到服务行政程序中去是极为必要的，这就要求将服务行政的有关内容向公众公开。如某一学校的设置、道路的改造、自来水与煤气管道的铺设、暂停供水供电情况、最低生活保障的标准与申请办法、公共服务价格的调整等等。以前述公共交通价格听证为例，行政机关在这一过程中应公开的内容包括：作出调价行为的法律依据、作出调价行为的事实理由与证据、所拟定的价格调整方案内容、听证会举行的时间与地点、听证代表产生的程序及公众的参与途径等

---

① 章剑生：《行政程序法基本理论》，法律出版社 2003 年版，第 46 页。

等。通过这一系列信息的公开，使公众有效地参与到行政程序中来，并且将行政机关作出决定的整个过程中都呈现于社会公众面前，促进服务行政决定从过程到结果都趋于公正，并为社会公众所接受。

2. 说明理由制度

严格地说，说明理由制度是行政公开的一项重要内容，但其具有自身的特征。具体而言，说明理由指行政主体在作出对行政相对人合法权益产生不利影响的行政行为时，除法律有特别规定外，必须向行政相对人说明其作出该行政行为的事实根据、法律依据以及进行自由裁量时所考虑的政策、公益等因素。① 具体内容包括：（1）行政行为的事实依据。在具体行政行为中，指行政行为所针对的事实，如行政机关拟对相对人进行处罚时，须向相对人说明之所以作出这一处罚的事实。在抽象行政行为中，指基于什么样的事实或现实，行政机关才考虑作出相应的行政行为。（2）行政行为的法律依据。包括行政机关依据什么职权作出行政行为，以及根据什么法律的规定，针对前述的事实可采取拟作出的行政行为。（3）行政行为的正当性依据，通常指在自由裁量行为中，行政机关为何适用这一法律而不适用另一法律，为何适用法律的这一条文而不是另一条文；在法律规定的幅度内，为何确定这一内容而不是其他内容。此外还包括依据什么证据认定事实等等。当然，并不是所有行政行为都须说明理由，在法律有特别规定时，也存在不必说明理由的情形。如德国《联邦行政程序法》第39条规定，在下列情况下，可不说明理由：（1）行政机关准许一申请或一声明，且该行政行为未侵犯他人权利的；（2）行政行为针对或涉及被害人，已知悉行政机关对事实情况和法律状态所持的观点，或即使未书面说明理由，当事人也能立即知悉的；（3）行政机关大量公布类似之行政行为，或借助于自动化设备公布行政行为，且根据具体情况，无说明理由之必要的；（4）依法无须说明理由的；（5）一般命令经公告的。

说明理由制度对服务行政具有重要意义。对行政机关来说，这一制度要求其在作出相应公共服务提供行为时必须持慎重态度，避免独断专行、滥用裁量权，保证行政行为的合法性与合理性。对相对人来说，这一制度使得其有机会获知行政行为的真正原因，以自由决定对将作出的行政行为的态度。同时行政机关对理由的说明，还为相对人提出自己同意或反对行政行为的意

---

① 参见章剑生《行政程序法基本理论》，法律出版社 2003 年版，第 190 页。

见准备了前提，也使其在不服行政行为时，可有针对性地寻求救济的途径与依据。如《城市居民最低生活保障条例》第 8 条第 2 款规定："县级人民政府民政部门经审查，对不符合享受城市居民最低生活保障待遇条件的，应当书面通知申请人，并说明理由。"此时若申请人对决定不服，可根据行政机关的理由，提出自己相对应的理由和证据进行辩驳，或寻求救济。假若行政机关在作出拒绝决定时无须说明理由，那么申请人将无从知悉该如何提出自己的反驳理由和证据，或难以有效寻求救济。

说明理由并不仅仅是对具体的行政决定的要求，在作出涉及不特定多数人利益的公共服务决策时，行政机关同样应说明理由，如对一条城市道路为何确定这一走向而不是另一走向，为何确定道路宽度为 50 米而不是 30 米，为何要等到两年之后才动工修建而不是马上开工修建等，都需要对公众说明理由，取得公众的支持与谅解。当然，与秩序行政一样，服务行政中也并不是所有行政行为都需说明理由，在一定程度上，由于服务行政的根本宗旨是为公民提供公共服务，因此服务行政程序中存在更多的不必说明理由的情况，如决定给予某一农村居民五保供养待遇而没有反对意见时，或为遭遇洪水灾害者提供住所时，都不必说明理由。

3. 征询意见制度

征询意见制度指在听证程序之外，行政机关在作出行政行为之前，须征询公众的意见，并在考虑公众意见的基础上作出行政行为。一般而言，征询意见制度适用于抽象行政行为的公众参与过程中或具有较多利害关系人参与的行政程序中。由于听证程序的特点决定了其只能在有限的范围内适用，因此，征询意见制度对保证公众的参与权利、保证行政行为的公正性和提高行政效率方面就具有了特殊的意义。

在中国，征询意见制度的宪法依据在于《中华人民共和国宪法》第 27 条规定："一切国家机关和国家工作人员必须依靠人民的支持，经常保持同人民的密切联系，倾听人民的意见和建议，接受人民的监督，努力为人民服务。"在宪法之外，其他法律、法规也对征询意见作出了规定，如《立法法》《行政许可法》《行政法规制定程序条例》《规章制定程序条例》等。① 在服务行政领域，相关法律法规也对征求意见制度进行

---

① 参见《立法法》第 37 条，《行政许可法》第 19 条，《行政法规程序条例》第 12 条，第 19 条第 2 款，《规章制定程序条例》第 15 条的规定。

了规定，① 如《价格法》第22条规定："政府价格主管部门和其他有关部门制定政府指导价、政府定价，应当开展价格、成本调查，听取消费者、经营者和有关方面的意见。"《城市居民最低生活保障条例》第9条规定："对经批准享受城市居民最低生活保障待遇的城市居民，由管理审批机关采取适当形式以户为单位予以公布，接受群众监督。"

在征询意见的方式方面，根据当前的法律规定，包括书面征求意见、座谈会、论证会，以及调查研究②等多种形式。其中具有特色的是专家论证制度，如《行政法规制定程序条例》第21条规定："行政法规送审稿涉及重大、疑难问题的，国务院法制机构应当召开由有关单位、专家参加的座谈会、论证会，听取意见，研究论证。"据此，在制定有关公共服务的行政法规的过程中涉及重大、疑难问题时，法制机构就必须通过适当的方式听取社会公众的意见。在听取意见的方式上，特别值得注意的专家论证制度。当前，这一制度已经成了政府作出行政行为前听取公众意见的一项重要制度，在实践中得到了广泛运用。但与此同时，现有的专家论证制度也存在难以克服的问题，特别是专家论证会成了一些行政机关为其行为寻求合理性与正当性依据的幌子。因此，对专家论证应进一步加以规范，特别是要增加专家的独立性，使其真正做到以所拥有的专业知识对相关行政行为提供独立的、公正的意见，并改变现在有偿听证的方式，避免专家"吃了人家的嘴短"，谁给钱组织听证就为谁说话。

4. 回避制度

回避制度是指行政机关工作人员在行使职权过程中，因其与所处理的事务有利害关系，为保证实体处理结果与程序进展的公正性，根据当事人的申请或行政机关工作人员的请求，有权机关依法终止其职务的行使并由他人代理的一种法律制度。③

回避制度对保证服务行政的公正实施有着重要的影响，特别是在一些单纯的服务给付（或取消）案件中，这一制度更显出其意义。人们都生活在一定的群体当中，各种各样的社会关系错综复杂，行政官员和一

---

① 应注意的是，《立法法》《行政法规制定程序条例》《规章制定程序条例》都可能涉及服务行政领域的内容。
② 如《规章制定程序条例》第20条规定、《价格法》第22条的规定。
③ 章剑生：《行政程序法基本理论》，法律出版社2003年版，第131页。

般社会公民一样，都脱离不了一定的社会关系的影响，因此可能与特定的行政事务具有利害关系，这个时候实行回避，可减少服务行政实施过程中不公正现象的发生，也可避免人们对行政不公正的合理怀疑。如在给予或取消五保供养待遇的过程中，与申请人有个人恩怨的行政官员即应回避，以避免不公正地给予或取消申请人的待遇。否则即使该行政官员在这样的行政过程中能做到公正执法，不因个人恩怨影响其行政行为，也难以消除社会公众对其作为的行政行为是否合法公正的怀疑。又如，当公共道路建设涉及房屋征收时，被征收房屋的主人或其亲戚就应回避，不能成为裁决有关拆迁纠纷案件的行政官员，以保证纠纷的合理解决。

第八章　服务行政的市场化和民营化

——以公共基础设施为例

　　服务行政以为公民提供公共服务为宗旨，但在现实生活中，却可能产生异化现象，背离其原初目的而损害公民权利。为此，有必要采取一定措施，减少和避免这一现象的发生。就此而言，可采取的手段有多种，如加强对公务员或公共企业员工的教育培训，提高他们的职业水平和职业道德；完善服务行政的相关制度，填补制度漏洞；加强监督并严厉惩罚服务行政实施过程中的腐败行为，等等。然而，这些措施并不能解决根本性的问题，只要还有行政权力的存在，只要服务行政的资源还掌握在相关人员的手中，那么权力滥用、效率低下和侵犯公民权利的可能性就必然存在，服务行政异化的现象也永远不会消失。相对而言，服务行政的市场化与民营化是一种更为彻底的改革方式，通过市场的途径提供公共服务，可使资源不再集中于特定人手中，使行政机关借助市场的力量，由市场对服务的供给与需求进行调节，从而减少服务行政异化的可能性。本章即以公共基础设施为中心，对服务行政的市场化问题进行研究。

　　选择公共基础设施作为本章研究中心的原因在于，服务行政作为向公民提供公共服务的行政方式，公共基础设施在其中占据了极其重要的位置，甚至是公共服务中最主要的内容。同时，公共服务中的部分内容须由政府亲自组织并直接提供的，如最低生活保障、救灾抢险等等，在这些领域中，缺少实施市场化改革的空间，而公共基础设施的特性却决定了其具有通过市场提供的现实可能性。

一 公共基础设施及其垄断与管制

（一） 垄断与自然垄断

一般意义上，垄断指控制、把持或独占。在经济上或法律上讨论垄断时，往往指某一行业由一家或几家企业控制，除此外没有其他的企业进入并提供产品。现实社会经济生活中存在着多种形式的垄断，如由于对某项技术的独占形成对某一行业的垄断；由于拥有某独一无二且不可替代的资源而形成的垄断；由于政府特别授予的独家经营权而形成的垄断；更常见的垄断情形是，在市场竞争的情况下，一家占优势的企业采取掠夺性定价行为排斥竞争者形成的垄断，或多家占优势的企业为排斥其他的经营者组成托拉斯，形成对某一市场的垄断。然而上述类型的垄断都不是本章所要考察的自然垄断。

自然垄断是由于某一行业的经济技术等方面的特征，致使出现了在一定的产出范围内由一家企业生产比两家或多家企业生产更有效率的现象。世界银行在《1994 年世界发展报告：为发展提供基础设施》中认为，自然垄断是一种由单一生产者承担的最有效率的经营活动。[①] 自然垄断的理论经历了一个长期的演进过程，1844 年，朱尔斯·迪普特在定量测算公共设施对社会带来的福利时发现，某些经济部门由一个追求最大化的企业垄断经营会比多个企业竞争性经营更有效。1848 年，约翰·斯图尔特·米尔指出：伦敦的某些公共设施不应该竞争性经营，如果煤气、自来水由一家公司垄断经营，而不是像当时那样由许多家企业竞争性经营，就会取得巨人的劳动经济性，按当时的利润率，就可大大地降低收费价格。1887 年，亨利·亚当斯在《政府与产业行为的关系》一文中，将产业按规模效益不变，规模效益下降和规模效益上升分为三种类型，并认为第一、第二种产业可以运用市场竞争机制，第三种产业则是自然垄断产业，不适宜市场竞

---

① 世界银行：《1994 年世界发展报告：为发展提供基础设施》，中国财政经济出版社 1994 年版，名词解释和资料说明。

争而宜于实行政府管制，以实现社会福利最大化。在他看来，自然垄断的特征就在于产业的规模经济技术状况。1902 年，托马斯·法勒对自然垄断行业进行了归类，将那些从来没有发生过竞争，或者发生过竞争而最终失败的产业归为自然垄断行业。并认为自然垄断行业具有以下特征：一是必须提供生活必需的产品或服务；二是必须具有良好的生产环境和地理条件；三是产出品必须是无法储存的；四是这些产业的生活必须以规模经济为特征；五是这些产业的顾客要求获得稳定的、可靠的供应，通常只能由一个企业才能提供这种供应。1937 年，理查德·T. 伊利提出了有关自然垄断的新观点，他将自然垄断划分为三类，即：（1）那些依靠独一无二的供应资源而形成的自然垄断；（2）那些以秘密或特权而形成的自然垄断；（3）那些由于业务上的特性而产生的自然垄断，如铁路和公共设施等最重要的垄断。他认为自然垄断可以定义为"不可竞争性"，而不可竞争性可能来源于规模经济状况，对于自然垄断行业而言，垄断更稳定、具有更高的效率。[1]

在经历了长期的发展后，自然垄断理论尽管仍在分歧，但也形成了一定的共识，如自然垄断通常都具有规模经济特征，即随着产出的增加，单位产品的生产成本随之下降，这时由两家或多家厂商共同提供产品是低效的。因此须将经营权授予特定企业，由其垄断经营某一行业，以尽可能高效地提供产品，提高社会公众的福利。

（二）公共基础设施及其特征

公共基础设施是为生产和生活而提供的必不可少的公共设施。公共基础设施可以分为两大类：一类是经济公共基础设施，另一类是社会公共基础设施。按照世界银行《1994 年世界发展报告》的定义，经济性基础设施包括：公共设施，如电力、电信、煤气、自来水以及卫生设施与排污系统等；公共工程，如公路、大坝和灌溉系统；其他交通部门，如城市和城市间铁路、港口、机场和城市交通等。[2] 而社会公共基础设施则通常包括

---

① 有关自然垄断理论的演进，请参见王俊豪《政府管制经济学导论》，商务印书馆 2001 年版，第 68 页以下。

② 世界银行：《1994 年世界发展报告：为发展提供基础设施》，中国财政经济出版社 1994 年版，第 2 页。

文教、医疗保健设施等。在本研究看来，公共基础设施不仅仅指与公共服务相关的硬件设施，如道路、桥梁、电信发射架、学校教学大楼及医院的医疗设备，更指使得这些设施能发挥其效用以达成其公共服务目的的整个体系，如就城市交通系统而言，不仅仅指城市道路与车辆，还包括人员、相应规章制度、运转方式等等。

公共基础设施具有以下特征：

1. 公共性

作为一种提供公众使用的物品，公共基础设施的根本性质在于其公共性，它存在的目的是为了满足公民、法人和其他组织的生产和生活需要。以公共交通为例，它为乘客提供方便，但其功能却不仅仅在于为具体的乘客服务，而在于其对整个社会生活的正常都有着巨大的意义。换句话说，公共基础设施是为整个市场或社会公众服务的，而不是为某一部分公众服务的，因而具有公共性。

2. 非排他性和非竞争性

公共基础设施具有公共性，在很多情况下，市场并不是有效提供这些设施，这决定于公共基础设施通常具有公共产品的基本特性：非排他性及非竞争性。所谓非排他性，即指在消费者的消费资格上，一项公共基础设施一旦建成，所有公共公众即可使用，如污水处理厂一旦建成，则将为整个社会所用，所有社会公众都将从经其改善的水质中得到好处，任何人都不能排斥他人从中获益。非竞争性则指：社会某一成员享用了公共基础设施后，他人并不因该成员的使用而不能再享用该设施。如一个城市广场一旦建成，公民甲可在其上散步，这并不影响公民乙也可在其上休息。

3. 自然垄断性

公共基础设施一般都具有网络性、投资巨大，且单位产品或服务的成本随着经济规模的上升而下降。这样，从经济效率出发，为避免重复建设和浪费，就要求尽可能由一个企业独家经营，以实现规模效益。正是在自然垄断性这一经济性质的要求下，实践中政府往往对公共基础设施实施垄断经营，赋予特定主体独占地位，禁止其他市场主体进入。

4. 一定程度上的可收费性和经营者的可竞争性

公共基础设施是公共产品，因此具有非排他性和非竞争性。然而，公共基础设施与纯粹的公共物品又有区别，这种区别首先体现在，与纯粹的公共物品相比，公共基础设施往往是可收费的，其非排他性是相对的。如国防作为一种纯粹的公共产品，是不能向具体的使用者收费的，而只能通过税收的形式获取资金。城市供水作为一种公共基础设施，却可以通过一定途径向具体的使用者收取费用。另外，与纯粹的公共物品相比，公共基础设施也具备一定的可竞争性，如城市治安由于其自身的特性，只能由政府负责，一个人享受良好治安并不影响他人享受这种良好治安，而公共基础设施如拥挤的高速公路，一定条件下部分车辆对其的使用会减少其他车辆对其的使用。在经营方面，公共基础设施也往往是可竞争的，如城市公共交通，可以在同一线路上由多家企业同时进行竞争性的经营。

（三） 公共基础设施与管制

管制并不是汉语中的固有词，它来自英文"regulation"，其字面含义有"（运用规则、条例）的管理、控制"之意。[①] 作为一个外来词，管制一词反映的是一种政府与市场或企业的关系，多指政府对企业的行为进行一定程度的控制。

关于管制的确切定义，经济学和法学界众说纷纭，但至今为止，"一个具备普遍意义的可有效运用的管制定义仍未出现"。[②] 有的经济学家指出，管制是政府针对工商企业的公共政策。有的强调，管制的实质是政府命令对竞争的明显替代；或者，是在一般法的正规执行之外，运用政府强制力来迎合某些特殊目的。有的干脆说，管制是管制者们的所作所为。[③]但值得注意的是，在这些有关管制的定义中，都包含一个共同的特征：即政府依据法规对企业的市场进入、价格决定、产品质量和服务条件施加直接的干预。基于此，理论上我们可以把管制界定为：政府在市场失灵的情况下，从维护社会公共利益的目的出发，为防止垄断企业滥用市场力量，保护消费者的利益，促进社会经济的健康发展，依据法定权限、方式和途径，采用行政手段直接控制经济主体活动的行为。

政府管制的特征在于：（1）政府管制的主体是政府，特别是专门的政

[①] 《牛津高阶英汉双解词典》（第四版），商务印书馆、牛津大学出版社2009年版，第1674页。

[②] ［美］丹尼尔·F. 史普博（Daniel F. Spulber）：《管制与市场》，余晖等译，上海人民出版社、上海三联书店1999年版，第28页。

[③] 周其仁：《竞争、垄断和管制——"反垄断"政策的背景报告》，国家体制改革办公室产业司委托研究项目研究报告（2001年）。

府管制部门。 （2）政府管制是通过行政性的手段实施的控制行为。（3）政府管制是一种直接的、事先的控制行为，政府事先直接规定企业的准入、价格、产品或服务的标准和质量等。（4）由于政府管制的最重要内容为对进入和退出该行业的严格限制，因此，在经常的情况下，受管制的行业都带有一定程度的垄断性，如电信、航空、铁路、城市供水等行业。（5）政府管制的目的在于抑制市场失灵的弊端，维护公共利益。①

通常，管制被分为经济性管制和社会性管制两类。经济性管制指在自然垄断和存在信息偏差的领域（如自然垄断领域），为了防止发生资源配置低效和利用者的公平利用，政府运用法律权限，通过特许和审批等手段，对企业的进入和退出、价格、服务的数量和质量、投资、财务会计等有关行为加以控制。② 社会性管制指在为保障劳动者和消费者的安全、健康、卫生，以及保护环境、防止灾害等，政府对物品和服务的质量和伴随着提供它们而产生的各种活动制定一定的标准，或禁止、限制企业的特定行为。③

经济性管制和社会性管制的最重要区别在于，在目的上，前者更加关注资源的合理配置和利用者的公平利用，维护社会公平；后者则注重直接的劳动者和消费者保护及消除经济行为所具有的外部性。在对象上，前者往往针对某个特定的行业或产业，而后者并不针对某一特定的行业或产业，而是针对所有可能产生外部不经济或内部不经济的行为。任何企业的行为如果不利于改进社会或个人的健康、安全，不利于提高环境质量，都要受到相应的政府管制。

就公共基础设施而言，由于公共基础设施以公共服务为基本目的，同时具有自然垄断性和一般公共物品所具有的非排他性与非竞争性，这个特性决定了公共基础设施从立项到投资到建设、投入使用，都不能完全取决于市场机制。因此，作为社会公众代表的政府，需要介入公共基础设施建设对其实施管制，一方面严格限定其进入条件，避免重复建设，节约社会

---

① 有关管制的具体目的或说理由，通常认为包括以下几方面的内容：市场不能自动实现有效竞争、市场不能自动实现信息对称、市场存在不能避免的外部性问题及市场不能自动实现社会公平问题等等。但这些理由都是理论上的假设，管制的实际目的为何，则又当别论。施蒂格勒的研究表明，政府管制原因在很大程度上在于维护"在位者利益"，即"管制者是被管制行业和企业的俘虏"。凭借这一发现，施蒂格勒获得了诺贝尔奖。参见［美］乔治·J. 施蒂格勒《产业组织和政府管制》，潘振民译，上海三联书店1989年版。
② 参见［日］植草益《微观规制经济学》，朱绍文等译，中国发展出版社1992年版，第27页。
③ 同上。

成本；另一方面又要在价格的服务质量、数量方面进行严格的控制，防止垄断企业利用其垄断地位，制定高价或通过其他手段攫取高额利润，损害社会公众利益。具体而言，在公共基础设施建设经营过程中，政府为克服市场失灵的弊端，将公共基础设施建设或经营权特许于某一家或数家企业，同时为防止这些垄断企业滥用市场力量，达到保护消费者利益、促进公共福利等目标，依法通过审批、许可等手段，对企业的价格、服务的数量和质量、投资、财务会计等有关行为进行事前、直接干预的一种机制。①如对城市供水、供热行业，基于该行业具有的必需性、网络性、成本递减性（规模经济性）、固定资本投资的巨额性和沉淀性的特征，一般情况下政府都规定一个城市由一家垄断性的公用企业负责经营；同时为了保证居民获得普遍的服务，又对该服务的价格、服务的质量、标准等方面进行严格的控制。

二 市场化与民营化的必要性和可行性

（一）公共基础设施市场化与民营化的必要性

按传统的理论，在政府的管制下，由政府特许的企业垄断公共基础设施的建设与经营，其目的往往有以下几个：克服市场失灵、改变经济中的支付结构、推动国家经济目标的实现以及改革经济性质等等。② 政府管制的一个重要理论前提是：这些行业或企业具有自然垄断性。在这个前提之下，政府为了维护公共利益的需要，才有必要对其实行管制。具体而言，这种必要性在于，在某一行业具有自然垄断性的情况下，会出现所谓市场失灵的情况：或者因为无利可图等原因，使得企业不愿或无力从事该项经营，以致不能为消费者提供普遍的有效的服务；或者在形成垄断之后，不

---

① 公共基础设施的提供多是在政府管制之下，由垄断的公共企业负责提供，由于垄断性公共企业与政府关系的密切性，也由于这种提供方式与市场提供方式的相对性，本书以下部分也将此种方式直接称之为"政府提供"。

② ［澳］欧文·E. 休斯：《公共管理导论》，彭和平、周明德、金竹青等译，中国人民大学出版社 2001 年版，第 134 页。

能有效达到特许经营的目的，不能保护消费者权益，也不能克服其他外部性问题。为此，政府一方面严格准入，特许特定的企业经营特定事业，另一方面又对其进行直接的控制和制约。

然而，制度的实施结果与设计目的往往背道而驰。政府欲通过管制直接或间接实现对公共基础设施实行垄断，从而达到履行其职能、为公民提供公共服务的目的，在很大程度上只是一种良好的愿望而已。随着社会的发展，政府管制下的公共基础设施垄断出现了大量的问题，越来越多事实证明，公共基础设施提供体制需要进行改革，特别是实行市场化和民营化改革。

改革的必要性首先在于，提供公共基础设施作为服务行政的一项重要内容，与所有其他的服务行政种类一样，都存在异化的可能，会背离其原来目的，造成效率低下、机构膨胀、浪费严重、腐败盛行等问题。然而，公共基础设施的问题并不仅限于此，政府管制下的垄断体制还存在着其他问题。

1. 对解决资金缺乏问题的无奈

社会是个不断发展的过程，在这个过程中，人们对公共基础设施的需求也是不断增长的，诸如对更为通畅的交通网络、更为价廉物美的医疗服务、更为周到细致的公用事业服务，以及更好的广播电视事业服务的追求在一定程度上是永无止境的，而这些公共基础设施的建设，无一例外地需要巨额的资金投入。与此同时，政府的财政收入的增长却受到诸多方面因素的制约，其增长是有限的。因此，从长远来看政府对公共基础设施建设的资金投入永远都是不足的。按照政府管制下的垄断模式，完全由政府直接或间接地承担公共基础建设的重任，也将因为财政的不堪重负而无法达到预期目标，社会公众对良好公共基础设施的需求也难以得到满足。例如，1978 年时，我国的公路总里程为 89.02 万公里，铁路为 5.17 万公里。改革开放后，我国继续实行对公共基础设施的管制，到了 1990 年，公路与铁路的部长度仍分别只有 102.83 万公里及 5.79 公里，增加极少，高速公路仅有区区 500 公里。① 而随着社会经济的发展，交通已经成了国民经济发展的主要瓶颈。这足以说明，在政府管制下实行公共基础设施的垄断，无法解决大规模公共基础设施建设所需要的资金问题。

---

① 数据来源：《中国统计年鉴 2014》，参见国家统计局网站。

2. 管制本身的失灵

理论上，管制是在垄断的前提下对垄断企业进行严格的控制，目的在于克服市场失灵，使被垄断行业服务于公众的需要。然而，在实际生活中，管制本身也存在严重的失灵问题。公共选择理论认为，期望将市场的失灵问题完全交由政府处理，这是一种不切实际的想法，因为组成政府的人员和市场中的每一个人一样，都是自利的、理性的人，"他们也是从个人的角度看待问题，并按个人面临的诱因行事。尽管投标人、政治家和官僚可能有反映'公众利益'的愿望，这种愿望也只不过是许多诱因之一罢了，而且很可能被强大的诱因所压倒"。① 他们也可能做一些客观上促进公众利益的事，但这样做的目的只是获取选民的支持，他们关注的只是选票和权力。而"当人们的政治行为被认为一如他们其他方面行为一样是追求私利之时，宪制上的挑战就成为这样一种挑战：构造和设计出能最大限度地限制以剥削方式追求个人利益，并引导个人利益去促进整个社会利益的制度和规章"。② 也就是说，不能指望政策制定者因为个人的良好秉性，一心为着他人着想而不是为自己着想。政策决定者和市场中的每一个人一样，都是自利与理性的人，因此政府的管制与市场一样可能存在失灵的情况，达不到设定管制最初的目的。不仅如此，施蒂格勒的研究还进一步表明，一些产业或者是行业管制没有达到预期的效果，是因为管制机构被管制对象所腐蚀，成为管制对象的俘虏，国家赋予他们手中强大的权力，没有被用来维护社会公共利益，反而成为被管制的利益集团的工具。③

从实现管制目标的现实可能性看，政府期望通过对垄断行业的管制达到其目的，有效实施干预政策，必须符合以下两个条件：一是政府能够全面掌握社会公众的偏好，就像市场发挥作用时体现出的对公众偏好的掌握一样；二是政府的干预能反映公众的利益。但实际上，这两个要求能否达到呢？人的有限理性决定了由人组成的政府的有限理性，指望通过决策者的理性进行精确计算，以达到实现资源配置的帕累托最优是不可能的。原因在于：

---

① ［美］詹姆斯·M. 布坎南：《自由市场与国家》，平新乔、莫扶民译，上海三联书店1989年版，第137页。
② ［美］詹姆斯·M. 布坎南：《自由、市场与国家》，平新乔、莫扶民译，上海三联书店1989年版，第39页。
③ 参见包万超《行政法与公共选择——论建立统一的行政法学实证理论》，博士学位论文，北京大学，2001年，第52—53页。

1. 在完全计划条件下，信息的任何不准确、不及时都能导致计划的不科学，从而导致资源配置的损失，中央计划局要想具备绝对的完备信息体系是不可能的；2. 把完全计划建立在投入产出的基础上，势必要求计划手段十分发达，要求经济计量和定量分析十分准确，但是，即使数学分析能够解释全部经济问题，依靠电子计算机能够求出最完美的计划方案，对于复杂多变的产品供求状况来说也不可能给出最精确的事先答案。3. 完全计划目标要求中央计划目标与消费者、生产者分散目标必须完全一致。但事实上，整体目标与个体目标、整体利益与个体利益、宏观要求与微观动机等之间的冲突在完全计划条件下也不能百分之百地全部解决与统一。①

　　总而言之，无论是从主观角度，还是从客观角度，政府对垄断行业的管制都不可能完全实现其最初目的，都有可能形成管制失灵的情况。这就使得期望通过管制下的垄断达到政府为公众提供公共服务的目标，在现实中看起来远远没有在理论上所设计的那样完善和具有可行性。

　　还须注意到，公共基础设施实行在政府管制之下的垄断，其原因是该行业有垄断的必要，垄断能导致出现更高的生产效率，能更好地促进社会公众的福利。但实际上，实行垄断经营的部分行业，其垄断的原因不在于其本身具有自然垄断性，而是纯粹地由于为追求垄断的利润，主动争取到的垄断与管制。也就是说，其垄断来自行政权力，而不是其自然特性。对于这些行业，则更有实行市场化与民营化的必要。

　　在现实生活中，这样的例子不在少数，如北京市的出租汽车行业。从行业性质上看，出租汽车行业是适合放松管制，特别是适合由司机个体经营的，但由于各种原因，该行业至今由部分出租车公司垄断经营，政府对出租车实行车辆总量控制和统一定价，司机向出租车公司交纳高额"份子钱"以取得经营权。在这种经营模式之下，出租车公司稳获收益；司机因价格管制和成本上升而收入降低；政府只取得少量税收收入，甚至因补贴支出不能获得收益；消费者则因出租车总量不足及司机不愿在高峰时段出车而导致面临严重的"打车难"问题。这一经营模式的弊端在2006年的

①　[美]詹姆斯·M.布坎南：《自由市场与国家》，平新乔、莫扶民译，上海三联书店1989年版，第169页。

涨价风波中集中得到了体现，通过这次涨价，运价被提高，消费者的利益受到了减损，出租车司机的收入暂时得到提高，但很快被油价上涨等因素抵消。得到好处的是作为垄断者的出租车公司，与原来相比，它们从司机手中取得的"份子钱"没有减少，但少支出了油价补贴。[①] 截至 2013 年，北京出租车总量已近二十年未有实质性增长而同期城市人口接近成倍的大幅增长，"打车难"问题越来越突出，同时出租车司机群体的相对收入越来越低，出租车行业及其管制成为一个社会普遍关注的问题。面对这一困境，管制者拟通过涨价提高出租车司机的收入，同时激励他们积极出车以缓解"打车难"问题，但并无放开管制的迹象。造成这一现状的原因就是行政垄断的力量，而其背后的更深原因，则是垄断者的利益和管制部门被俘虏。

（二）公共基础设施市场化与民营化的可能性

1. 对自然垄断的重新认识

在政府管制之下，公共基础设施的提供往往是垄断的。代表政府具体负责提供服务的组织因其自身的需要，则成了希望通过采取集体行动来增加其自身收益的组织——分利联盟，[②] 导致了社会体制的僵化，阻碍了经济的进一步发展，进而影响政府更好地为公民提供公共服务。事实上，由政府负责建设公共基础设施所具有的几乎所有弊端都是和垄断状态分不开的。

但是，公共基础设施提供的垄断是必然的吗？随着社会的发展，人们对自然垄断的性质有了新的认识：原先有关自然垄断的论证，大多是建立在一个有限市场的框架下进行的静态分析。在实践中，市场却是动态变化的，有时仅仅是市场需求本身的变化，也足以证伪人们对规模经济的认识。实际上，随着科学技术的发展，在越来越多的所谓自然垄断领域，已经具备了引入竞争的可能性。如科学技术的发展，使得在高速公路上进行

---

① 兰澜：《"黑手党"式封闭行业：北京出租车不能只涨不改》，载中国新闻周刊网，http：//finance. inewsweek. cn/20121130/detail－25027－1. html。有关出租车管制原因的分析，可参见《出租汽车"市场失灵"》，《经济观察报》2006 年 5 月 17 日。

② 有关分利联盟的论述，详见张宇燕《奥尔森和他的集体行动理论》，载刘军宁等编《市场逻辑和国家观念》，生活·读书·新知三联书店 1995 年版。

联网收费有了可能，因此在这一领域已经具备了排他性。现代通信技术的发展，使在同一线路上同时容纳多人通信成为可能，因此通信领域技术上的垄断性不再是新的技术条件下实行垄断的理直气壮的理由。在一些情况下，技术革命甚至事实上结束了过去垄断的状态，使得这一领域的公共服务具备了可替代性。例如，无线电通信技术的产生结束了有线通信的垄断地位。

除社会和科技发展本身对自然垄断产生的巨大冲击之外，人们还从理论上对自然垄断进行了重新定义，从而赋予了自然垄断以新的特质。夏基（Sharkey）和鲍莫尔（Baumol）等人指出，规模经济效应并不是自然垄断的唯一特征，有时候甚至不是主要特征。自然垄断最显著的在于其成本函数的弱增性。对于单一产品的自然垄断而言，规模经济效应是自然垄断的充分条件，只要有规模经济效应存在，就具有垄断性。但规模经济不是自然垄断的必要条件，在一些规模不经济的情况下，成本的弱增性也导致自然垄断性。即当规模经济达到其产出的峰值后的一定区间内，如果由一家企业再扩大产出，成本将递增，而此时若由两家或两家以上的企业进行生产，则总的成本将比一家企业生产更高，那么在这一区间内，该行业还是具备自然垄断的特性。而对于多种产品的生产而言，规模经济既不是充分条件，也不是必要条件，决定自然垄断性的是成本弱增性，而多产品的成本弱增性则决定于联合生产的经济性。[1]

对自然垄断的重新定义具有很大的理论和实践意义。按照传统的理解，由于规模经济存在，当平均成本下降时，政府需要对市场准入和价格体系进行严格的管制。但成本弱增性理论则指出，即使规模不经济，平均成本上升时，也存在自然垄断的性质。这就需要我们对不同类型的垄断产业实行不同的管制措施：有的要实行管制，有的可以放松管制或放弃管制。

2. 公共产品的分类与项目区分理论

公共基础设施实行垄断经营的一个重要理由是其属于公共产品，市场对此不能有效提供，因此应由政府负责组织提供。然而，并不是所有的公共物品都具备完全相同的特性。相反，公共产品根据其特性间的差异，特别是与竞争性的强弱进行不同的分类。第一类是纯粹的公共产品，同时具

<hr />

[1]　参见王俊豪《政府管制经济学导论》，商务印书馆2001年版，第79页。

备非竞争性与非排他性，如治安与国防、交通标志。第二类是具有非排他性，但不具备非竞争性的物品，称为公共财富，如公共草场。第三类是具有非竞争性，但不具有非排他性的物品，称为俱乐部产品。而同时具备竞争性和排他性的物品则被称为是私人产品，可由过市场予以提供（如图8－1所示）。纯粹私人产品之外的其他物品则根据其竞争性与排他性的强弱，还可作进一步的区分。

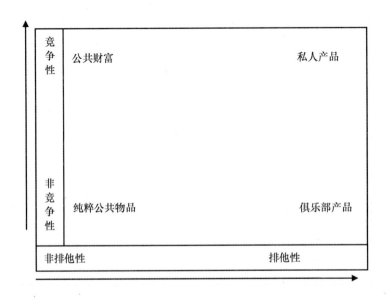

图 8－1

世界银行《1994年世界发展报告》也对基础设施做了分类，根据基础设施不同的特性，对基础设施进行了分类（如图8－2所示）。世界银行《1997年世界发展报告》根据产品排他性的程度以及使用公共物品的边际成本对由公共部门提供的物品进行了分类。第一类是非排他性和低边际成本类型，如国防、畅通的高速公路；第二类是排他性和低边际成本类型，如防火、防灾；第三类是非排性和高边际成本类型，如拥挤的高速公路；第四类是排他性和高成本类型，如个人保健和高等教育（如图8－3所示）。一般而言，对于第四类物品，应由私人和市场提供，或主要由私人和市场提供，或主要由私人市场以及公共部门共同提供。对于第一类物品，应主要由政府（公共部门）提供。对于第三类物品则可采取收费方式

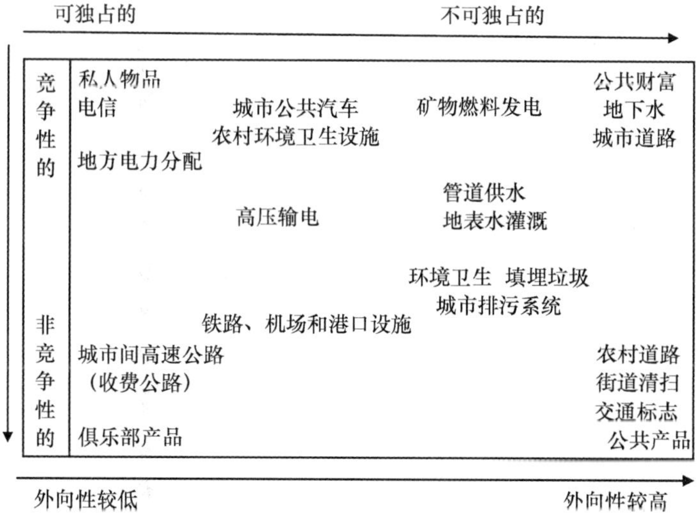

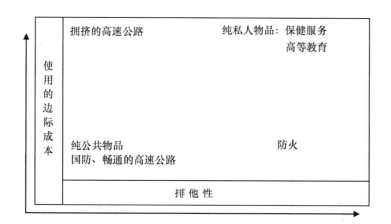

注：可独占性是指可使用户不能消费这类货物和服务；竞争性是指减少对一部分用户消费的供应可使另一些用户获得这种供应。

资料来源：世界银行：《1994 年世界发展报告：为发展提供基础设施》。

图 8－2

资料来源：世界银行：《1997 年世界发展报告：变革世界中的政府》。

图 8－3

即使用者付费方式。①

在对公共基础设施进行分类的基础上，主张对不同类型的公共基础设施实施不同建设与运营机制的项目区分理论出现了。② 这一理论将公共基础设施项目区分为经营性基础项目和非经营性项目，然后根据项目的属性决定项目的投资主体、运作模式、资金渠道及权益归属等。非经营性项目投资主体由政府承担，按政府投资运作模式进行，资金来源应以政府财政投入为主；经营性项目则属全社会投资范畴，可由政府之外的企业和私人担当投资主体，资金主要来源于非财政资金，运营机制上采用更为市场化的机制。

项目区分理论涉及产品或服务的分类以及投资行为的分类两大问题。前者根据产品或服务在消费上是否存在竞争性，供应上是否存在排他性，以及这种产品或服务的外部性特征，将其划分为三种基本类型：纯公共物品、纯私人物品和准公共物品。后者根据投资行为的目的，将投资分为营利性投资与非营利性投资。具体到公共基础设施项目，则按投资项目有无收费机制即资金流入分成二类，即经营性与非经营性项目，而对经营性项目则又分为纯经营性项目和准经营性项目（见表8－1）。项目区分理论认为，通过制定特定政策或提高其价格等手段提高可经营指数，可使准经营性项目变成纯经营性项目；非经营性项目在一定条件下也可变成准经营性项目，甚至变成为纯经营性项目。

表8－1　　　　　　　　　公共基础设施建设项目分类表

序号	项目属性		公共基础设施	投资主体
1	经营性项目	纯经营性项目	收费高速公路、收费桥梁、废弃物的高收益资源利用厂等	社会投资者
		准经营性项目	煤气厂、地铁、轻轨、自来水厂、收费不到位的高速公路等	政府投资与非政府投资同时共存
2	非经营性项目		敞开式城市道路等	政府投资

① 胡鞍钢、王绍光主编：《政府与市场》，中国计划出版社2000年版，第205—206页。
② 有关项目区分理论，请参见《确立项目区分理论，深化投融资体制机制改革——上海市政、公用公共基础设施投融资发展战略研究总报告》，http：//www. shucm. sh. cn/home/center_ Intro/lesson/06. asp。

项目区分理论的主要意义在于，在分清公共基础设施项目是否具有可经营性的基础上，确定哪些设施必须由政府（通过垄断企业）来直接提供；哪些项目可完成交由市场负责；哪些项目又可由市场承担，政府进行补贴或资助。这样，可促使政企真正分开，使政府和企业各尽所能、各司其职，有利于提高效率和管理水平；也有利于拓展筹资渠道，为公共基础设施新一轮建设打好基础。

3. 服务行政的垄断是否必然

在上述对自然垄断和公共产品的重新认识的基础上，我们可以发现，实际上，公共产品的提供并非非由政府负责不可。现实中由政府提供的理论依据在于市场机制不能有效地提供这些产品，如无力提供、不可收费、不能有效提供等等。但实际上，除确有一些这样的情况之外，垄断往往是出于特定团体的利益考虑及管制机构被俘虏等原因而产生的行政性垄断，即由于政府决策出现的垄断，与行业的自然垄断性及产品的公共产品性质并无必然联系。对政府事实上全面介入公共产品供给这一现象的一个合理的解释是：政府出于其自身的特殊利益，从私人手中抢夺公共产品的供给权。[①]

即使从政府直接提供（或通过管制由垄断企业提供）的理由来看，我们可发现，这不过是在市场无法解决提供问题前提下的一种无奈抉择或不得已作出的次优选择。因此，只要是市场有可能提供的，就应实行市场化和民营化，交由市场提供。

不仅如此，一些原先被认为必须由政府垄断提供的公共基础设施，事实上并非必然如此。"根据经验来看，存在着许多公共产品由私人供应的例子，例如对饥荒的救济、私人资助的医学研究、私人赞助的电台等。换句话说，可以说由自愿捐资提供公共产品的情况甚至可以在相当大的群体中发生。"在灯塔的例子中，灯塔常被引为纯公共产品的一个例子，在灯光所及范围内的任何一艘船都无法被排除在外，免费搭车是可能的，因此灯塔的提供应当由政府负责。然而事实恰恰与此相反，实际上灯塔并不总是由公共部门供应的，往往是船主出于自愿而捐资兴建的。在1610年至1675年间，英国的灯塔当局没有建造一座灯塔，而私人建造的灯塔当时已有10座。19世纪20年代处于使用中的46座灯塔，其中有12座最初是由私人建造和运营的。这种情况的出现，原因可能在于，一小部分人从公共

---

① ［英］弗里德里希·奥古斯特·冯·哈耶克：《法律、立法与自由》（第2、3卷），邓正来等译，中国大百科全书出版社2000年版，第352页。

产品中受益的量大大超出他们的成本，因而即使他人不愿意支付任何成本，他们也准备承担全部成本。①

考虑到这些因素，我们就可设想，既然公共基础设施并非非由政府提供不可，那么对于一些事实上由政府提供的设施，我们也可尝试由私人或市场具体负责提供这些设施。因为"人们有可能找到一些新的方法，使一种在过去不可能由那些愿意为之支付费用的人独享的服务成为一种可供买卖的服务，进而使市场方法能够在它此前无法适用的领域中得到适用。"②应该相信，无论是消费者还是提供服务的尝试者，他们都是理性的，都具有足够的对自身利益的判断力。如果通过私人和市场提供的服务不能给提供者带来利益，他们就会放弃尝试的努力；如果私人或市场的提供不如政府提供的经济，消费者就会拒绝这种服务。而一旦私人或市场原意提供，消费者也愿意接受，那么无疑说明在这一过程中我们找到了比政府提供更有效的方式。对此我们又何乐而不为呢？即使这种私人提供只是部分范围内有效，也可让它成为政府提供的补充。

三　公共基础设施的市场化与民营化

（一）20世纪90年代前中国公共基础设施的垄断与管制发展历程

中国的公共基础设施建设是一个逐步变革的过程，这个过程伴随着对国家责任和政府职能认识的改变，经历了由国家全面负责到由国家和社会（市场）分担职责的转变。

在计划经济体制下，国家奉行"全能主义"，政府被假定为全能的理性者，需要对公民的几乎一切生活负责，公民被全面同化于国家体系当中，消弭了国家与市民社会的界限。政府力图将自己的触角延伸至社会的

---

① ［英］C. V. 布朗、P. M. 杰克逊：《公共部门经济学》（第四版），张馨主译，中国人民大学出版社2000年版，第41—42页。

② ［英］弗里德里希·奥古斯特·冯·哈耶克：《法律、立法与自由》（第2、3卷），邓正来等译，中国大百科全书出版社2000年版，第338—339页。

每一个角落，直接承担一切的社会事务，公共基础设施建设自然也在其中。在这个时期，公共基础设施的提供被认为是纯粹的公共事务，是政府必须承担的职能之一。在提供形式上，尽管有时也由特定的公用企业负责，但这些公用企业并无独立的经营行为和经营责任，仅仅是国家或者是政府的分支机构，一切行为听命于政府，因此这一时期的公共基础设施的提供实质上由政府实施微观管理、直接承担的。政府——而不是公用企业——是特定公共产品或服务的提供者。可见，这一时期公共基础设施的提供本身就是政府对社会进行全面负责的一个环节，政府是提供主体，因此也就不存在对公共基础设施的管制。

从 20 世纪 70 年代末开始，我国实施了改革开放政策。然而就公共基础设施而言，一直到 90 年代，总体上仍然是铁板一块，直接或间接地由国家来承担建设与运营职责。① 与改革开放前不同的是，原来公共基础设施的提供是政府对社会进行全面控制的一个手段，政府是直接的提供主体，因而无所谓管制。在新的形势下，这一任务交由特定的垄断企业来具体负责，垄断企业是对提供行为负责的主体，而不是政府。垄断企业具有了以前所不能比拟的独立性，摆脱了政府行政机关延伸的地位，而成了相对独立的主体。政府则更多地从中立的角度，通过政治的、法律的、经济的与行政的手段进行控制和制约，而不是直接参与经营。这种控制和制约，更接近西方意义上的管制，接近管制的本来意义。

与在纯粹市场领域大力推行政企分开、确立企业的市场主体地位相比，政府对公共基础设施的管制十分严格：在准入方面，一般只能由特定的国有主体经营某一行业，竞争机制并未引入，民间资本并无参与的机会；在价格方面，实行严格的政府审批，由政府决定价格；在质量和数量方面，政府也进行了严格的控制。

（二）20 世纪 90 年代后市场化与民营化的起步与成就

90 年代之后，随着体制改革开放的深入和社会经济的发展，公共基础

---

① 这一期间也有引入私有资金进行公共基础设施建设的特例，如 1985 年深圳沙角 B 电厂、1990 年广西来宾电厂 B 厂等即以 BOT 方式进行建设。

设施建设的形势出现了一些新的变化。一些行业和地方开始引入民间资本和国外、境外资本建设公共基础设施，另一些行业和地方则将竞争引入到公共基础设施建设和运营中去，开始了民营化和市场化进程。如铁路方面，引入境外资本参股建成了金华至温州的铁路；电力方面，开始允许非国有资本建设电厂，并开始实行厂网分开，竞价上网。一些地方也积极将吸引民间资本作为城市基础设施建设的一个重要资金来源，并取得了成效。作为市场化与民营化的成果，中国基础设施从铁路到公路、从机场到港口、从电力设施到通信设施，各个方面都有了较大的改善。

公共基础设施建设可以引入市场机制，实施市场化和民营化，并取得良好效果的一个重要案例是电信业的发展。在实行市场取向的改革前，电信业一直被认为是属于自然垄断的行业，电信服务的提供由政府垄断。然而，尽管已经历了数十年的发展历程，电信业仍然十分落后，发展的速度极为缓慢，效率极为低下。20 世纪 80 年代后，随着理论的革新，国家对电信业严格的管制出现了松动，价格逐渐放开，电信业得到了较快的发展（尽管这种发展伴随着对消费者权利的侵害）。但电信业真正的大发展，却是在理论上对电信性的自然垄断性质观点有了大的改变，而政府也采取手段开始打破垄断。1994 年 1 月，中国电信业市场化取向改革正式启动，吉通公司和联通公司相继成立，与原中国电信展开竞争。竞争的引进，对这个原被认为属于自然垄断的行业产生了巨大的影响，电信业取得了极大的发展，截至 1997 年 12 月，我国固定电话、移动电话用户总数跃居世界第二位。此后，经过多次改革与重组，电信业竞争的范围进一步扩大，中国电信经营主体包括中国网通、中国电信、中国联通、中国移动等多家企业。这种扩大竞争的后果是：市场化之前的 1978 年底，我国固定电话用户数为192.5 万户；到 1993 年，我国固定电话用户数为 1733.2 万户，移动电话用户数为 63.8 万户。市场化改革之后，2004 年底，我国固定电话用户数为31175.6 万户，移动电话用户数为 33482.4 万户；2011 年底，我国固定电话用户数为 26698.5 万户，移动电话用户数为 122911.3 万户。①

在市场化与民营化方面取得显著进展另一个案例是公路交通行业。以高速公路为例，我国的高速公路直到 80 年代末才开始起步，与其他行业不同的是，高速公路建设起步之初就引入了市场机制，吸纳民间资金和国外资金进

---

① 参见《中国统计年鉴 2014》，国家统计局网站，http：//data. stats. gov. cn/workspace/index？m =hgnd。

入参与建设，大部分高速公路都实行收费方式。也正因如此，高速公路建设有了开阔的资金渠道，一直以加速态势发展着。1990 年年底我国高速公路通车里程仅仅为 500 公里，1995 年年底，通车里程为 0.21 万公里，2000 年年底增加到 1.63 万公里，到 2013 年年底，高速公路通车里程达 10.44 万公里。①

（三）公共基础设施市场化和民营化改革的趋势

中国是在计划经济向市场经济转型过程中推进公共基础设施建设市场化改革的，市场化和民营化的发展与政府的推动密不可分。这决定了市场化的广度和深度从根本上说都取决于政府的态度，只有政府才是真正起决定作用的力量。事实上，公共基础设施市场化与民营化至今所取得的进展都体现了政府在其中所起的作用，从中央政府到地方政府都成了市场化改革的积极推动者。从目前的情况看，这一趋势还在持续并将进一步深入。

2003 年 10 月中共十六届三中全会通过的《中共中央关于完善社会主义市场经济体制若干问题的决定》指出，要"加快推进和完善垄断行业改革。对垄断行业要放宽市场准入，引入竞争机制。有条件的企业要积极推行投资主体多元化。继续推进和完善电信、电力、民航等行业的改革重组。加快推进铁道、邮政和城市公用事业等改革，实行政企分开、政资分开、政事分开。对自然垄断业务要进行有效监管"。2004 年 7 月颁布的《国务院关于投资体制改革的决定》再次提出，要"鼓励社会投资。放宽社会资本的投资领域，允许社会资本进入法律法规未禁入的基础设施、公用事业及其他行业和领域。逐步理顺公共产品价格，通过注入资本金、贷款贴息、税收优惠等措施，鼓励和引导社会资本以独资、合资、合作、联营、项目融资等方式，参与经营性的公益事业、基础设施项目建设"。2005 年政府工作报告专门针对公共基础设施行业，提出"要深化电力、电信、民航等行业改革，推进邮政、铁路行业和城市公用事业改革，放宽市场准入，引入竞争机制"。2010 年，国务院下发《关于鼓励和引导民间投资健康发展的若干意见》，明确规定："政府投资主要用于关系国家安全、市场不能有效配置资源的经济和社会领域。对于可以实行市场化运作的基础设施、市政工程和其他公共服务领域，应鼓励和支持民间资本进入。"

---

① 参见《中国统计年鉴 2014》，国家统计局网站，http://data.stats.gov.cn/workspace/index? m = hgnd。

鼓励民间资本进入交通运输、水利工程、电力、石油天然气、电信等公共基础设施领域。2015 年 4 月，发改委、财政部等 6 部委经国务院同意，又下发了《基础设施和公用事业特许经营管理办法》，对作为市场化重要途径的特许经营进行规范。

在实践层面，公共基础市场化与民营化改革也经历了并且正在继续经历一个从表入里，由浅及深的不断发展过程，改革领域从纯粹的硬件设施发展到社会性基础设施，如医疗、教育等社会基础设施的市场化。有些地方甚至在尝试对殡葬服务这种特殊的公共服务行业实行市场化改革。如在大庆市，早在 2004 年，"向来被民政部门垄断经营的殡葬业，已向民营资本敞开大门。全市现有的 7 家殡仪馆、3 家公墓，有 2 家民营、1 家合营。在大庆市区，'民'字号天园殡仪馆与'国'字号大庆殡仪馆同台竞争，比价格、比服务，大有后来居上之势，既满足了群众需求，更有效遏止了殡葬业暴利势头"。[①] 而在一些原先看似铁板一块的行业，垄断的坚冰也开始融解。如邮政行业，多年来一直实行政企合一、垄断经营，但在市场化的浪潮下，民间快递业快速发展，邮政业开始了市场化改革。2005 年 7 月，国务院批准了邮政体制改革方案，决定重新组建国家邮政局，作为国家邮政监管机构；组建中国邮政集团公司，经营各类邮政业务，2007 年 1 月 29 日，中国邮政集团公司正式挂牌成立。在铁路系统，多年来铁道部既是国务院组成部门，也是铁路企业。在诸多因素的影响之下，铁路系统也终于 2013 年开始实行政企分开，进行市场化改革，铁道部被撤销，在交通部下成立副部级的国家铁路局负责铁路交通行业的监管，铁道部原有的企业经营职能转由新成立的中国铁道总公司承担。

四 市场化与民营化的方式及其中的行政法问题：以 BOT 为例

市场化与民营化是一个实践的过程，在社会经济发展的过程中，人们创造了将市场机制和非政府资金引入公共基础设施建设领域的多种模式，

---

① 袁英、陈兵：《大庆殡葬业告别垄断经营》，http://news.xinhuanet.com/focus/2004-04/04/content_1399727.htm。

主要包括：

（1）建设—运营—转移（BOT）模式

即由政府或政府授权机构将特定公共基础设施项目的建设和经营权通过特许协议特许给国内外的投资主体。由这些投资主体负责开发、建设项目，并在特许权期内经营项目获取利润，特许期满后政府无偿从投资者手中取得设施的所有权和运营权。

（2）建设—拥有—运营（BOOT）模式

政府通过特许协议授权特定投资主体负责公共基础设施的建设并拥有该设施，由其进行一定期限的经营，获取利润，特许期满后政府无偿从投资者手中取得设施的所有权和运营权。

（3）建设—转移—运营（BTO）模式

政府与特定投资主体签订特许协议，由投资主体负责建设特定公共基础设施，完工后将该设施转移给政府。然后，政府授权该投资主体在一定期限内负责运营该基础设施并获取利润。

（4）购买—建设—运营（BBO）模式

政府将既有的公共基础设施出售给私人企业，由私人企业负责对该公共基础设施进行改、扩建，其后对该设施拥有永久的经营权。

（5）租赁—建设—运营（LBO）模式

政府与相应主体通过签订一定期限的租赁协议，将业已存在的公共基础设施租赁予其经营，向其收取租赁费用。而租赁方通过运营该设施收取使用费而取得利润。

市场化的模式众多，下文以 BOT 模式为例对市场化与民营化的有关问题，特别是其中涉及的行政法问题进行讨论。

（一）BOT 的源起和发展

19 世纪后期，随着科学技术的发展，在法国等国家出现了铁路、水、电、煤气等需要由政府举办的新型公共基础设施，这些设施的提供需要大量的投资和技术力量，政府为了加快这些设施的建设，避免官办企业的风险，于是和私人签订合同，由后者在政府的监督下举办这些公务。① 这种

① 参见王名扬《法国行政法》，北京大学出版社 2007 年版，第 406—407 页。

政府通过合同特许私人举办公共工程的制度，已具备了 BOT 的基本特征。进入 20 世纪，特别是第二次世界大战以后，世界范围内的经济技术发展急剧加快，政府的行政职能迅猛扩张，大量的公共基础设施需要由政府筹资，由国营公司建设、运营。到了 20 世纪 70 年代末，一方面经济发展、人口激增给公共基础设施带来了前所未有的压力；另一方面经济危机、巨额赤字，政府对此已力不从心，原有的投资模式已不能满足需要。1984 年，土耳其正式提出了 BOT 投融资模式，并首先应用于该国公共基础设施的私有化项目。此后，BOT 在许多国家特别是广大发展中国家推广开来。迄今为止，BOT 已遍及各国公共基础设施建设的几乎所有领域，许多著名的大工程都是通过 BOT 方式建造的，如英吉利海峡海底隧道、悉尼港海底隧道，等等。

在我国，改革开放以来，BOT 这种基础设施投资方式也日益得以推广，较早的北京京通快速公路、上海延安路隧道工程、北京王府井商业区改造项目均以此方式进行。当前 BOT 在我国的公共基础设施建设中正在发挥着越来越重要的作用，在交通基础设施等领域，甚至已成为最主要的民营化与市场化方式。①

（二）BOT 的法律特征

与一般的公共基础设施建设方式相比，BOT 具有以下法律特征：

（1）BOT 一般不适用于普通的公共基础设施领域，而主要集中在一些可以通过收费获取收入的公共基础设施或服务项目上。

（2）在法律关系中，BOT 涉及的是一个复杂的法律关系群，其法律主体的多样性和复杂性是其他投资融资方式所不具备的，通常有：政府、项目公司、投资者、银行、项目建设承包商、设备材料供应商、保险机构、用户等等。这些法律主体在整个 BOT 实施过程中需相互合作、相互协调，各起着不同的作用。

（3）BOT 项目通常规模大，建设时间长，参加者多，协调程度要求高，加之比较容易受所在国政治经济形势影响，投资风险也比较大而且复

---

① 在国家发改委等六部委经国务院同意于 2015 年 4 月 25 日发布的《基础设施和公用事业特许经营管理办法》中，BOT 是列举的第一种特许经营方式，另外两种则分别是 BOOT 与 BTO。参见《基础设施和公用事业特许经营管理办法》第五条。

杂，包括商业风险、政治风险、工程技术风险、自然风险等。

（4）BOT 投资中的资金通常由来自项目投资者的直接投资和来自贷款人的间接投资两部分组成，而且直接投资部分所占的比例明显较小。换言之，其股债比例与通常情况相比显得极为悬殊，股本比负债要少得多，如英吉利海峡隧道 103 亿美元的总投资中，股债比例是 20:80 左右。[①]

（5）合同期满后，项目无偿移交政府所有和经营。BOT 项目最终移交作为国际惯例和法律制度，与合作企业中合作方自行约定的财产移交在性质、效力范围、移交方式等方面都是不同的。

（三） BOT 中的主要行政法问题

1. BOT 特许协议的法律性质问题

BOT 特许协议的法律性质问题关键在于其是行政合同还是民事合同。一般认为，行政合同指行政机关以实施行政管理为目的，与行政相对人就有关事项经协商一致而成立的一种双方行为。[②] 关于行政合同与民事合同的区别，我国学者多以合同目的作为区分行政合同与民事合同主要的和实质的标准，[③] 有学者干脆将此标准称为"行政目的说"。[④] 从 BOT 特许协议本身的特性看，此类合同完全符合行政合同的要件：（1）特许协议主体一方为行政主体，而另一方是作为行政相对方的投资方外商或其所成立的项目公司。（2）协议双方具有不完全平等性，政府方的行政特权在协议中有充分的体现。（3）特许协议标的物为公共基础设施，具有公共性质。（4）从协议目的看，作为协议主导缔约方的政府，理论上在协议中并无自身的特殊利益，而是为公共利益签订协议。因此 BOT 特许协议属于行政合同。[⑤]

---

① 余劲松主编：《国际投资法》，法律出版社 2007 年版，第 149 页。

② 马怀德丰编：《行政法与行政诉讼法》，中国法制出版社 2000 年版，第 352 页；姜明安主编：《行政法与行政诉讼法》，北京大学出版社、高等教育出版社 2011 年版，第 318 页。

③ 张树义：《行政合同》，中国政法大学出版社 1994 年版，第 92—96 页。

④ 余凌云：《行政契约论》，中国人民大学出版社 2000 年版，第 35 页。

⑤ 就行政合同而言，尽管行政法学界一直主张其独立性，但在立法上，行政合同却长期处在没有得到明确承认的境地。这种情况一直到了 2014 年的行政诉讼法修订案中才得以改变，修订后的《行政诉讼法》第 12 条第 11 项明确规定纳入行政诉讼范围的行政行为包括"认为行政机关不依法履行、未按照约定履行或者违法变更、解除政府特许经营协议、土地房屋征收补偿协议等协议的"。

从行政机关的角度看，BOT 特许协议还是一种行政许可行为。特许协议以公共基础设施为标的物，而公共基础设施的根本性质在于其公共性，这种公共性质要求其实行国家垄断，即国家对私人建设经营公共基础设施实行一般禁止。政府为解决其在公共基础设施建设经营方面面临的困境，通过 BOT 特许协议引入私人资本和经营力量，允许它们建设经营公共基础设施，这实质上是对一般禁止的解除，属于行政许可行为的一种。

2. BOT 中的政府保证问题

任何投资都有风险，在 BOT 中同样如此。特别是，由于 BOT 投资方或项目公司通过特许获得公共基础设施的建设经营权，政府在 BOT 中不仅是当事人，同时也是公共利益的代表和项目运作的管理者。这样，如何保证投资相关权益就成了投资方关注的问题。对于政府方而言，为有效吸引民间投资，加快公共基础设施建设，有必要在法律规定的范围内，对投资方的要求给予其一定的政府保证。

政府在 BOT 中的保证通常可包括以下内容：（1）手续协助，保证协助投资方办理有关的手续。（2）税费保证，保证税费收取的稳定性与可预见性。但实行税费优惠必须根据法律的规定，在合法的前提下和合理的范围内进行，而不能因此违反法律的强制性规定。（3）经营期保证。经营期一旦确定，政府就应保证项目公司在此期间内的合法经营权，不得无正当理由提前收回特许权。（4）限制竞争保证。一定区域、一定时间内，对某类公共基础设施的需求总是有限的。一旦同一地区出现超出约定数量的同类设施，则必然减少投资者的收益，影响投资者的积极性。因而政府有必要作出限制竞争保证。（5）经营缺口补助与财政补贴保证，如投资方向用户收费不足以覆盖特许经营建设、运营成本及合理收益的，可由政府提供可行性缺口补助，如授予特许经营项目相关的其他开发经营权益，或者在特定情况下予以一定的财政补贴。

值得注意的是，政府保证不应包括对投资回报率的保证。尽管对投资回报率的保证不属于民法上的保证范畴，然而，《担保法》第 8 条规定国家机关不得为担保人的立法本意在于，确保政府的公共资金用于公共目的，而不能用于为并无直接公共利益在其中的事项，确保公共资金的安全。若政府对投资回报率作出保证，那么，在投资者未得到预期的投资回报时，政府就不得不运用公共资金弥补其收益的不足，使公共资金遭受损失，这与担保法的立法精神相违背。不仅如此，2015 年 4 月 25 日发布的

《基础设施和公用事业特许经营管理办法》第21条也明确规定，政府"不得承诺固定投资回报和其他法律、行政法规禁止的事项"。

3. BOT中的行政特权问题

在行政法理论上，行政合同被视为依法行政原则与契约自由原则的矛盾统一体。行政方拥有相当的特权是行政合同中与民事合同的一大区别。在BOT特许协议中，政府的身份具有双重性，一方面是合同的当事方；另一方面又是公共利益的代表。因此，一旦出现违背公共利益的情形，就需要政府运用行政特权予以维护。实际上，政府的行政特权不仅是理论上的要求和法律的规定，它也是特许协议双方所约定的重要内容之一。①

行政特权的范围包括以下几方面：一是BOT项目的确定由政府主导，并由政府特许授予相对方建设与经营权。二是政府有要求相对方本人履行合同义务的特权，非经政府同意，不得由他人代为履行。三是政府拥有对合同的单方面变更权，相对方不得拒绝。四是政府拥有解除合同的行政特权。五是政府拥有BOT实施过程中的指挥权。六是政府拥有对BOT项目实施过程中相对方行为的监督检查权。七是政府拥有在BOT项目实施过程中，相对方违反约定时，对其进行制裁惩戒的特权。

---

① 参见《上海市延安东路隧道专营管理办法》，该办法总共50个条文，其中即有1、4、15、16、17、19、20、23、25、27、36、40、46共十余条条文涉及政府的行政特权问题。另可参见《基础设施和公用事业特许经营管理办法》第五章"监督管理和公共利益保障"。

第九章 服务行政中的权利救济

一 服务行政需要救济吗

（一）救济与行政救济

作为日常生活中耳熟能详的一个词，"救济"的本义是指在经济上帮助他人，特别是帮助面临困境的人。《现代汉语词典》对救济的释义为："用金钱或物质帮助灾区或生活困难的人。"[①] 这一用法在我国自古就有，如《三国志·吴志·吴主传》中有"思平世难，救济黎庶，口答神祇，下慰民望"的说法。因此当我们在日常生活中见到救济一词时，首先联想到的往往是灾害、贫困、慈善等相应状况与行为。

然而在法律上，救济一词的含义却与此不同，它是指当人们的权利遭受侵害时，采取一定的行动，对受损害或有受损之虞的权利进行捍卫、补救、弥补，使其恢复原来状态。《牛津法律大辞典》认为，"救济是纠正、矫正或改正已发生或业已造成伤害、危害、损失或损害的不正当行为。……更准确的分析可以这样表述：法律制度赋予特定法律关系中的当事人以两种权利和义务：第一与第二权利和义务，前者如取得所购买的货物和取得货物的价款，后者如强制对方交货，或强制对方就未交货一事给付赔偿；或在另一方面，强制对方支付货物的价款或强制对方就拒收货物而给予赔偿。虽然只有在第一权利未被自愿或未被令人满意地满足的情况下，第二权利或救济权利才能发生作用，但要求对方履行义务的权利，或

---

① 《现代汉语词典》（第6版），商务印书馆2014年版，第696页。

要求对方就未履行义务或不适当履行义务而给予救济的权利，却都是真正的法定权利。相应地，救济是一种纠正或减轻性质的权利，这种权利在可能的范围内会矫正由法律关系中他方当事人违反义务行为造成的后果"。①

一般来说，法律意义上的救济包含以下几层含义：第一，意味着权利冲突或纠纷的解决；第二，意味着解决冲突或纠纷的目的之一是实现合法权利并保证法定义务的履行；第三，意味着通过冲突或纠纷的解决，合法权利的实现以及法定义务的履行，使规范权利转化成现实权利。②

法律上的救济有时是法律所直接规定的，如通过诉讼程序对受损害的权利进行救济；有时是法律意义上对当事人采取补救行动的描述，如民法上所谓的"自力救济"。③法律意义上的救济与日常生活中的救济是有着根本区别的，后者为金钱上或物质上对他人的帮助，往往是基于人的善良秉性而作出的高尚行为；④而前者则是捍卫或弥补受损或有受损之虞的权利，它的前提是法律的规定。正是由于这些差别的存在，法律意义上的"救济"一词才往往与其他词联合起来使用，如"法律救济""司法救济""行政救济"，等等。

法律意义上的救济首先指公民采取救济自己权利的行为，如提起诉讼，要求侵害方赔偿自己损失的一系列行为，包括聘请律师、撰写诉状、准备证据、出席庭审、申请执行等等。但救济同时也指法律规定的相关制度，如诉讼制度、仲裁制度、行政复议制度等等。具备救济功能的制度有许多种，除了前述制度外，还有监察救济、信访救济等。但笔者认为，尽管从广义上讲，具有补救权利功能的制度都可叫作救济制度，但一项专门的、规范的法律救济制度须从其制度目的、功能、程序等多方面进行考察：它应该以救济为主要目的，实际上具备救济功能，相应程序可因当事人的申请而实际启动，只有符合这些条件的制度才是专门的、规范的救济

---

① 《牛津法律大辞典》，光明日报出版社1988年版，第764页。

② 程燎原、王人博：《权利及其救济》，山东人民出版社1988年版，第359—361页。

③ "自力救济是权利人依靠自己的力量强制侵害人，以捍卫受到侵犯的权利的权利保护制度。"参见张俊浩主编《民法学原理》，中国政法大学出版社1997年版，第87页。

④ 现代社会的发展，已经使得日常生活中所谓的救济不再仅仅是基于人们的善良品行，特别是以国家的名义对灾民进行救济时，这一救济行为的前提是国家对公民在法律上的义务，而不出于恩赐。但在习惯上，当人们提到诸如"吃救济粮"之类的说法时，"救济"仍有恩赐之意。并且，即使日常生活中救济已经成为国家的义务，这时的救济也与"法律救济"意义上"救济"有所不同，它不是对权利损害后的补救，而是义务的履行。

制度。在这个意义上，一些具备一定救济功能的制度如监察制度和信访制度，由于其主要制度目的不在于提供救济，相应程序也不会因为当事人的申请而必然启动，因此它们并不是专门的、规范的救济制度，而仅仅能称之为具备救济功能的制度。

权利需要救济，无救济即无权利。在行政法上，由于行政权力具有单方性、扩张性和强制性等特征，极易造成对相对人权利的侵害，而行政相对方则总是处在弱者的地位。这种关系决定了有行政权力的存在也必须有救济的存在，否则将无以保证相对人的权利，行政救济也就由此产生。

行政救济制度具有以下功能：（1）维护行政相对人的合法权益。这是行政救济制度最根本的功能，也是行政救济制度赖以存在的基础。（2）监督行政主体依法行政。维护行政相对人的合法权益和监督行政主体依法行政，要达到维护行政相对人合法权益的目的，就必然要求行政主体依法行政。（3）保障行政主体依法行使职权。行政救济制度在肯定行政相对人合法要求的同时，也否决其不合法的要求而肯定行政主体合法的行政行为，客观上起到了保障行政主体依法行使职权的作用。

从补救公民受行政权力侵害的权利角度着眼，目前行政救济的途径主要以下几种：一是权力机关救济，即行政相对人就行政机关及其工作人员的侵权行为，向人民代表大会申诉，请求人民代表大会发挥其作为权力机关的监督作用，对受到损害的合法权益予以救济。二是监察救济，即行政相对人向行政系统内部的行政监察机关申诉，请求其对违法的行政行为予以制止，对受到损害的合法权益予以救济。三是复议救济，即行政相对人认为行政机关的具体行政行为侵害其合法权益，依《行政复议法》的规定，向作出该具体行政行为行政机关的上级机关申诉，请求予以救济。四是诉讼救济，即行政相对人认为行政机关的行政行为侵害了其合法权益，向人民法院提起诉讼，由人民法院对该行政行为进行审查，从而对行政相对人受到损害的合法权益予以救济。五是信访救济，尽管信访不是一项规范化的法律制度，但在当前实践中，信访发挥着相当权利的救济功能。然而，按照前述规范的救济制度的标准，权力机关救济、监察救济与信访救济都不是规范的行政救济制度，只是实际上可发挥救济功能的制度。

行政救济除了上述对行政权力造成的权利损害进行救济的含义外，还有另外一层含义，即公民在权利遭受损害或有损害之虞时，可向行政机关寻求救济，而由行政机关依据法律规定，采取相应行动对公民权利进行保护、恢复或补救的制度。这是一种从救济的主体角度对行政救济的理解，下文将述及的"行政救济"在这一意义上的使用。

（二）服务行政救济的必要性

既然服务行政的宗旨在于为公民提供公共服务，那么在服务行政中还是否有必要采取救济制度对公民权利进行救济？答案肯定的，其理由如下：

首先，服务行政救济是由服务行政的性质决定的。对于行政机关或具体提供公共服务的主体而言，提供公共服务是它们的责任所在；而对于公民来说，服务行政是他们的权利，公民有权接受来自政府（直接或间接）提供的公共服务。"无救济即无权利"，在没有相应救济制度的情况下，所有权利都是脆弱的，不可能长久存立的，它随时可能受到来自各方面的侵害，不能得到真正实现。在这种状况下，权利将成为纸上画饼，徒具空文，对公民而言不具有任何实质意义。因此，当接受公共服务已经成为公民重要的法律权利时，就必须建立相应的救济制度，使公民的服务行政权利得到有效保护，不但是法律条文和书面上的权利，在现实生活中也成为真正可实现的权利。

其次，服务行政救济是由服务行政的实践决定的。尽管服务行政的宗旨是为公民提供公共服务，但在实践中，服务行政却可能偏离其宗旨，产生异化现象，不但没有给公民带来利益，反而可能给公民的权利带来严重的侵害，这一方面包括服务主体的行为直接侵害公民的权利，如强制服务、擅自提高价格等等，另一方面也包括服务主体怠于履行职责，使公民的权利得不到实现，如自来水公司不能提供符合国家标准的自来水。对上述服务行政实施过程中产生的侵害公民权利行为，若无相应救济制度，公民受损的权利将无以得到弥补，公共服务的提供者将从服务的主体蜕变成侵权的主体，公众将从服务的接受者变成侵权的对象，从主人变成奴隶。而在现实生活中，服务行政造成的对人们权利的侵害已经相当严重，从怠于履行职责到直接的侵权行为，从教育乱收费到电信乱收费，从医院的见死不救到救助站的遗弃待救助人员等等，不一而足。面对如此严重的服务行政侵权现实，更有建立救济制度的必要。

最后，服务行政救济是由当前救济制度的现状决定的。我们的救济制度经过改革开放以来三十多年的发展，已经有了长足进步。在秩序行政领域，救济制度从无到有，从起步到发展，目前正在逐步走向完善。但在服务行政领域，救济制度却相当不完善，从服务行政的领域来说，许多领域的救济制度尚没有建立，如当水灾发生后，行政机关未及时组织救灾，导致公民的死亡或重大财产损害，公民该如何寻求救济？对此并无相应的救济制度。从服务行政侵权行为的方式来看，对积极的侵权行为的救济制度相应完善，但对行政机关消极的侵权行为，则缺少相应的救济制度。如在救灾领域，若行政机关在具备条件时未及时预报即将到来的灾害，应承担什么样的责任？相应的救济制度也没有建立。另外，在一些通过公务法人提供的公共服务领域，当公民权利遭受侵害时，由于公民与该法人间存在所谓的特别权力关系，公民更是求助无门，无从寻求救济。如学校对学生的纪律处分可能会在档案中跟随学生一辈子，但学生通常无法通过有效途径寻求救济。总体上说，目前公民在服务行政领域遭受侵权之时，尚不具备有效的救济体系向其提供救济，在这种情况之下，讨论完善服务行政法律救济更具现实意义，更有必要性。

二 现行体制下的救济途径及存在的问题

（一）现行体制下的救济途径

服务行政是一种行政方式，其本身并不构成一项独立的法律制度，而是由一系列具体的法律制度所构成。从权利救济的角度，公民权利在内容广泛、种类繁多的服务行政中遭受侵害时，法律不可能规定统一的救济制度，而只能在具体制度中对救济进行规定。按我国现有的法律，服务行政权利救济共有以下途径：

1. 行政复议救济

服务行政中的行政复议救济是当公民在服务行政实施过程中权利遭受损害时，可以依据法律法规的规定，向行政复议机关提出申请，要求对所争议的行政行为的合法性与正当性进行审查，由行政复议机关在审查后作出相应决定的制度。我国《行政复议法规定》第6条第9款规定，公民申请行政机关履行保护受教育权利的法定职责，行政机关没有依法履行的，可以提起行政复议。第 6 条第 10 款规定，公民申请行政机关依法发放抚恤金、社会保险金或者最低生活保障费，行政机关没有依法发放的，可依法提起行政复议。保护受教育权利、发放抚恤金、社会保险金和最低生活保障费的行为无疑属于服务行政范畴，因此该款也是法律对服务行政侵害权利复议救济的明确规定。但是，对服务行政领域的具体行政行为不服可提起行政复议的并不局限于上述范围，根据《行政复议法》第 6 条第 11款的规定，公民认为行政机关的其他具体行政行为侵犯其合法权益的，也属于行政复议范围。这一规定意味着，对于行政机关的具体行政行为，无论其属于秩序行政领域还是服务行政领域，只要公民认为其侵犯自己的合法权益的，都可提起行政复议。据此，对于服务行政领域的任何具体行政行为，公民都可提起行政复议。

在可提起复议的行政行为方式方面，根据《行政复议法》第 7 条的规定，公民认为行政机关的具体行政行为所依据的规定不合法，还可在对具体行政行为申请行政复议时，一并向行政复议机关提出对该规定的审查申请。这些规定包括国务院部门的规定、县级以上地方各级人民政府及其工作部门的规定和乡、镇人民政府的规定，但不包括规章。也就是说，对于行政法规和规章之外的抽象行政行为，在提起行政复议时可附带地提出申请审查，比如公民不服县教育局根据省教育厅关于学校建设的一个规定作出的具体行政行为时，可在行政复议过程中附带地提出审查申请，要求有权机关审查该规定的合法性。

除《行政复议法》外，一些具体法律法规也对行政复议救济进行了规定，如《城市居民最低生活保障条例》第 15 条规定：城市居民对县级人民政府民政部门作出的不批准享受城市居民最低生活保障待遇或者减发、停发城市居民最低生活保障款物的决定或者给予的行政处罚不服的，可以依法申请行政复议。

2. 行政诉讼救济

行政诉讼是指行政相对人与行政主体在行政法律关系领域发生纠纷后，依法向法院提起诉讼，由法院依法定程序审查行政主体的行政行为的合法性，并判断相对人的主张是否妥当，以作出裁判，解决一定范围内的行政争议的活动。① 在服务行政领域，当公民的权利受到侵害，且相关法

---

① 姜明安主编：《行政法与行政诉讼法》，北京大学出版社、高等教育出版社 2011 年版，第 402页。

律有规定时，也可通过行政诉讼途径寻求纠纷的解决和权利的救济。

根据《行政诉讼法》第2条规定，公民、法人或者其他组织认为行政机关和行政机关工作人员的行政行为侵犯其合法权益的，可向人民法院提起行政诉讼。第12条则对哪些行政行为可提起行政诉讼进行了列举式和概括式相结合的具体规定。

对于服务行政而言，根据《行政诉讼法》第2条和第12条的规定，公民对行政机关在服务行政领域违反法律规定，侵害公民权益的行政行为，除法律有例外规定外，都可向法院提起行政诉讼。其中在《行政诉讼法》第12条对行政诉讼范围进行的列举性规定中，该条第10项"认为行政机关没有依法支付抚恤金、最低生活保障待遇或者社会保险待遇的"明确属于服务行政范畴，第12项"认为行政机关侵犯其他人身权、财产权等合法权益的"与服务行政密切相关，如卫生部门就公民接受医疗服务问题作出的一个行政行为，即可认为属于第8项所规定的情况。而根据第12项第2款"除前款规定外，人民法院受理法律、法规规定可以提起诉讼的其他行政案件"的规定，只要其他法律、法规有规定的，无论属于秩序行政还是服务行政范畴，都可纳入行政诉讼范围。如《行政诉讼法》尽管未直接规定公民对最低生活保障金问题可提起行政诉讼，但依据《行政诉讼法》第12条第2项和《城市居民最低生活保障条例》第15条的规定，公民在对有关行政行为经复议后仍不服的，可以提起行政诉讼。

3. 民事诉讼救济

民事诉讼是法院在当事人和其他诉讼参与人的参加下，通过审理、判决、执行等手段解决民事纠纷的活动。《民事诉讼法》第3条规定：人民法院受理公民之间、法人之间、其他组织之间以及他们相互之间因财产关系和人身关系提起的民事诉讼，适用本法的规定。与行政诉讼以解决行政纠纷为直接目的相比，民事诉讼的特点在于它所要解决的纠纷是民事纠纷，这种纠纷产生于平等主体之间，并不涉及公权力的运用，而行政纠纷则是行政主体与相对人间的纠纷，是由于公权力的运用而产生的纠纷。

秩序行政由其限制公民权利与自由的特性所决定，都是由行政主体自身直接承担的，即使在特定的情况可以委托他人作出，其行为效果也归于行政主体。服务行政则不同，尽管提供服务行政最终是行政机关的职责所在，但在多数情况下，公共服务都不是由行政机关直接提供的，而是由行政机关设立公法人或特许私法人负责具体提供公共服务，如通过自来水公司供水、通过电力公司供电、特许作为私法人的高速公路公司提供高速交通服务。这样，公民在接受公共服务的过程中，多数情况下体现为与服务的具体承担者打交道，两者间的法律地位在理论上和法律上是平等的，它们间形成的法律关系也是平等主体之间的法律关系。因此，公民在接受公共服务的过程中若遭受作为平等主体的服务提供者的权利侵害，也通过民事诉讼途径寻求救济。

事实上，目前在服务行政领域，大部分纠纷在诉讼中都是通过民事诉讼的方式解决的，如公民与电信服务提供者、与自来水公司、与电力公司、与煤气公司间的纠纷都需要通过民事诉讼方式寻求解决。只有在极少的情况下，才通过行政诉讼方式解决与公共服务具体提供者的纠纷，如针对高校开除学生的决定，有时可通过行政诉讼进行救济。

4. 其他救济

救济的目的在于捍卫、弥补、补救受侵害或有受侵害之虞的权利，基于这一目的，除了专门的救济制度之外，还存在其他的一些制度或手段，尽管其根本目的不在于权利救济，但实际上也发挥了救济功能，因而成为服务行政救济途径，如行政机关救济、信访（申诉）救济等，甚至包括刑事诉讼制度，有时也能救济公民受侵害的权利。

行政机关救济作为一种救济途径，是指当作为公共服务具体提供者的公法人或私法人的行为侵害公民的权利时，公民可向有关行政主管机关要求制止侵权行为，由该行政主管机关依法制止违法行为，对公民权利予以救济的一种方式。这一救济方式并不构成独立的救济制度，但它却在实践中发挥重要的救济作用。如根据《价格法》第 39 条的规定，当公共企业不按政府定价提供服务时，公民可要求价格主管部门进行干预，救济其受损害的权利；根据《义务教育法》第 56 条的规定，公民对于学校以向学生推销或者变相推销商品、服务等方式谋取利益等行为，可要求教育主管部门进行干预，处罚责任人员，救济受侵害的权利。

信访（申诉）救济是指公民、法人和其他组织采取书信、电话、走访等形式，向各级国家机关及其所属部门反映情况，提出意见、建议和要求，依法应由有关机关处理的活动。[①] 信访内涵宽泛，从受理主体看，有

---

① 任礼光：《何谓"信访"》，《人民信访》2003 年第 4 期。季卫东：《落实信访条例可在外部监督上另辟蹊径》，《新京报》2005 年 5 月 14 日。

立法机关的信访、司法机关的信访和行政机关的信访，还包括企业事业单位内部的信访。信访的宪法依据是《宪法》第41条的规定，中华人民共和国公民对于任何国家机关和国家工作人员，有提出批评和建议的权利；对于任何国家机关和国家工作人员的违法失职行为，有向有关国家机关提出申诉、控告或者检举的权利，但是不得捏造或者歪曲事实进行诬告陷害。在服务行政中，当公民的权利受到侵害时，也可依据上述规定，向有关国家机关进行申诉，要求予以救济，特别是当没有其他有效的救济途径时，信访救济实际上成了救济的最后一个选择。

刑事诉讼作为一种服务行政救济途径，所起的是一种间接的救济作用，体现在对犯罪人的惩罚上。如《邮政法》第35条规定，任何单位和个人不得私自开拆、隐匿、毁弃他人邮件；第82条规定，违反本法规定，构成犯罪的，依法追究刑事责任。若邮政从业人员私自拆开他人邮件，则可依照《刑法》第252条的规定追究刑事责任。尽管受害人的服务权利并不会因刑事诉讼本身而得到救济，但通过惩罚犯罪人能使受害人得到精神上的慰藉，并制止了犯罪人进一步侵害其他公民服务行政权利现象的发生。

（二）现行救济途径存在的问题

根据现行法律的规定，服务行政有着多种救济途径，但在总体上，当前的服务行政救济制度无论从制度本身看还是从制度实践角度看，都还存在较多的问题，这些问题包括：

（1）有效救济渠道不足。目前，对公民在服务行政实施过程中遭受的一些权利侵害尚没有效的救济途径，特别是对具有服务行政职责主体的不作为行为，尚没有专门的法律规定。例如，一些地方由于当地自然环境原因地方病盛行，政府对此无所作为，未采取有效措施进行防治；在某些外来人口聚集的地区，农民工的子女得不到教育服务，不能正常接受义务教育。从法理上讲，促进居民卫生状况的改善和保证儿童得到基础教育等，都是政府的职责所在；而对公民来说，得到这些公共服务是他们的权利。但实践中，当政府没有履行提供这些公共服务的职责时，公民却缺乏有效的救济渠道。在许多情况下，公民只能通过信访、申诉等方式要求政府履行职责，但这些制度却并不是专门的救济制度，公民通过这些途径能否有效启动救济程序、能否得到有效救济是不确定的。

（2）目前一些法律对公共服务提供者违反法律造成公民权利侵害的行为，规定了相应的法律责任和惩治措施，但这些惩治措施的直接目的在于公法秩序的维护，而不在对公民权利的救济，它不能因公民的救济请求而必然启动相应的程序，从而救济公民权利。即使侵权人的行为受到了法律的惩治，公民的权利是否就因此能得到相应救济也是不确定的。例如，对公民甲举报邮政人员乙私拆其信件的行为，有关机关可能对乙进行惩处，但甲遭受侵害的权利却不一定能得到有效救济。

（3）法律的规定未能得到有效执行。这一问题产生的原因可能是法律规定的不明确，导致了人们理解上的偏差，也可能是纯粹的有法不依。如按照《义务教育法》第 53 条的规定，对县级以上人民政府或者其教育行政部门将学校分为重点学校和非重点学校的及改变或者变相改变公办学校性质的行为，应由上级人民政府或者其教育行政部门责令限期改正、通报批评，情节严重的，还应对直接负责的主管人员和其他直接责任人员依法给予行政处分。但在实践中，却存在大量的将学校分为重点学校和非重点学校，以及将公立学校改成民办学校，形成所谓"校中校"的现象，[①] 有关行政机关并未对此类行为进行有效制止，也未见有法院受理这方面的起诉。法律的规定因得不到切实的实施而成了一纸空文。

（4）"特别权力关系"中公民的权利难以得到有效救济。特别权力关系是国家和公共团体等行政主体基于特别的法律原因，在一定的范围内，对公民有概括的命令强制之权，而公民则有服从义务。特别权力关系理论认为，普通公民与国家之间是一般权力关系，普通公民虽然也要服从国家的公权力，与国家之间地位不平等，但是这种公权力是一般权力，它的运用要受到"法治原则"的支配，要遵守法律优位、法律保留等原则，对于其行使过程中引发的行政争议，受侵害的行政相对人有向法院起诉，寻求司法救济的权利。但在特别权力关系中，行政主体的优越地位得到进一步的强调，其拥有对公务员、营造物之使用人等概括的规范权力，或称"法

---

① 所谓校中校，指的是公立学校将一部分资源进行剥离，改成所谓的民办教育。如一些原来同时拥有高中部和初中部的公立完全中学，在初中、高中分开办学的幌子之下，将原来的初中部剥离，注册成民办学校，形成"校中校"，向就读学生收取高额学费。而实际上其所谓的民办学校办学地点、师资力量、管理方式等方面都与原来作为公立学校的初中部毫无差别，这实际上是将公立学校改成民办学校，以公立学校的资源谋取小团体的利益，同时也通过收取高额学费形成了公民权利的侵害。

自由的支配权"，对市民权利与自由之限制不受法律保留原则之拘束。即在为达成设定特别权力关系之特定目的的必要范围内，行政主体可无具体之法律依据而限制市民的权利与自由，不适用法律保留原则。而为达成公行政的特定目标，所有加入特别权力关系之公民均处于比一般公民更加从属的地位，对在特别权力关系内引起的争执也不能遵循行政救济之途径寻求行政法院之救济。[①]

对于服务行政来说，公共服务在很多情况下都是通过一定的设施和组织提供的，其中最典型的为公民通过学校接受教育。按照特别权力关系理论，学校和学生之间形成了特别权力关系，学生应服从学校概括的管理权力，对于学生与学校间形成的争议，并不完全按照法治原则通过行政救济途径形成救济。尽管特别权力关系在 20 世纪 60—70 年代后在其发源地德国已经逐渐被抛弃，但在我国的实践中，对于诸如学校和学生之类的所谓"特别权力关系"领域的争议，却很难通过行政诉讼途径得到解决，甚至也难以通过民事诉讼途径进行解决。比如学校不颁发毕业证、学位证之类的决定，可能影响学生的人生道路，对学生权利具有极大的影响，但实践中学生面对此类可能严重侵害权利的决定却常常无可奈何，不能得到有效救济。[②]

三　服务行政的行政救济

（一）服务行政的行政救济及其意义

一般而言，行政救济是指当公民权利遭受行政权力的侵害时所寻求的救济，但此处的"行政救济"并不在这一意义上使用，它是指公民在服务行政实施过程中遭受权利侵害时，经向行政机关提出后，由行政机关实施的权利救济。

---

① 参见刘井玉《公务制度研究》，硕士毕业论文，中国政法大学，2002 年，第 63 页。

② 幸运的是，在所谓特别权力关系领域的这种不能得到有效救济的现象近年来似乎有了松动的迹象，一些法院开始受理学生就此提起的行政诉讼。如田永诉北京科技大学案、刘燕文诉北京大学案、"怀孕女生"诉重庆邮电学院案等。

与服务行政司法救济相比，服务行政的行政救济的特点在于：

（1）服务行政行政救济的主体是行政机关，即对于遭受的权利侵害，由行政机关负责进行救济。行政机关之外的国家机关所进行的救济，包括由法院实施的救济及立法机关实施的救济，都不是本研究所指的行政救济。

（2）服务行政行政救济的对象是在请求或接受公共服务过程中权利受到侵害的公民、法人或其他组织。

（3）服务行政行政救济的内容，是由一定的行政机关根据法定的职责和程序，根据公民的请求或在行政管理过程中主动对相关事实进行调查，纠正和惩处服务行政过程中的违法行为，弥补和补救公民遭受侵害的权利。

（4）服务行政行政救济并不是一项统一的制度，而是由多种具体制度综合而成，包括行政复议制度、行政处罚、行政监察制度等。这些种类繁多的具体制度并无统一模式，有的是专门的权利救济制度，有的是行政机关内部的监督制度，各种制度目的并不一致，程序也各不相同，但它们都具备救济公民在服务行政中遭受侵害权利的功能。

作为与司法救济不同的救济制度，服务行政行政救济制度有其优势所在，可在司法救济制度之外发挥其特有救济功能。这些优势在于：首先，行政救济制度程序较为简便。如在行政复议中，一般都通过书面方式对案件进行审理，公民只需要通过书信方式递交申请书和相关证据就可能得到复议救济，并不需要像民事诉讼那样出庭参与审理；在证据上也不像司法程序那样有严格的规则。行政救济这种简便的程序有利方便快捷地为公民提供权利救济，也有利于行政机关处理大量的服务行政侵权案件。

其次，服务行政行政救济并不都如司法救济那样需遵循不告不理原则，在很多时候，行政机关可依据其职责主动采取行动，处理服务行政过程中的违法行为，客观上起到了救济公民在服务行政遭受权利侵害的作用。如价格主管机关可在例行的价格检查中主动发现公共企业的违法收费行为，并采取措施予以制止，尽管行政机关的这种行为其直接目的在于维护公法秩序，但客观上也维护了公民权利。

再次，服务行政行政救济的费用较为低廉。无论是专门的行政复议制度还是具有权利救济功能的行政处分、行政监察制度，通常都不要求公民缴纳费用，而由于其程序的简便，公民在通过行政途径寻求救济时，实际所花费的金钱、时间等都较司法救济少。这种低廉的救济方式也有利于公民特别是那些经济条件较差的公民维护其服务行政权利。

最后，行政机关所具有的专业知识有利于解决服务行政实施过程中出现的各种问题。现代社会分工越来越细致，服务行政又涉及人们生活的各个方面，需要处理有关问题的人员具备专门的知识，与法官相比，行政官员在这方面具有相对的优势，因此更有助于处理服务行政实施过程中遇到的各种问题，从而能更好地维护和救济公民的权利。

（二） 国外服务行政的行政救济制度

在西方主要发达国家，服务行政的发展已经有相当的历史，包括行政救济制度在内的各项制度也相对完善。

在英国，公民对服务领域的侵权行为特别是社会保障侵权行为可向社会保障上诉裁判所寻求行政救济。英国行政裁判所历史悠久，但其大规模的设立，却主要是 20 世纪以来福利国家发展、行政权急速扩张的结果。自 1908 年的老年退休金法设立相关裁判所以来，英国建立了大量的行政裁判所。社会保障上诉裁判所最初是根据 1934 年英国《失业救济法》成立的裁判所，此后经长期的发展，合并了补助上诉裁判所、地方国家保险裁判所、医疗上诉裁判所、残疾上诉裁判所和防疫损害上诉裁判所等，形成了统一的社会保障上诉裁判所，专门负责社会保障领域内的行政纠纷。①当公民对行政机关有关社会保障的决定不服时，可以向社会保障上诉裁判所提出救济申请。社会保障上诉裁判所在以下三种情况下可以对相关行政决定进行审查并作出相应决定：（1）已经出现事实错误；（2）申请人的情况已发生变化或预期发生变化；（3）决定出现适用法律错误。根据1992 年《社会保障管理法》的规定，对于社会保障上诉裁判所决定中的法律问题，当事人还可向社会保障专员上诉。

在美国，有关社会保障的行政救济制度是社会保障申诉委员会制度。以残疾保障的行政救济为例，救济一般经过以下程序：申请人对相关机关的初步决定不服时，可以申请要求相关机关进行"再考量"（reconsidera-

---

① 参见［英］卡罗尔·哈洛、理查德·罗林斯《法律与行政（下）》，杨伟东等译，商务印书馆2004 年版，第 882 页以下。

tion）。当"再考量"申请被驳回后，申诉人可以启动由联邦行政法官主持的重新听证。如果对听证后的决定仍然不服，即可向社会保障申诉委员会申诉，由申诉委员会作出救济决定，申诉委员会的决定是行政救济的最后一个阶段。如对此决定仍不服，可以在 60 日内向联邦地方法院提起诉讼。①

　　在法国，负责发放福利以及其他社会保障事务的是全国性和地方性的社会保障和家庭给付所。如果对社会保障所的决定不服，申请者获得救济的一般途径是：（1）在收到社会保障所的决定通知书两个月内向社会保障所的行政管理委员会内设的调解委员会提出请求。由调解委员会向行政管理委员会提出意见，后者对之作出决定并将决定通知当事人。通常调解委员会也可根据行政管理委员会的授权自行作出决定。（2）调解委员会或行政管理委员会作出的决定生效之前，必须经过负责监督社会保障所的行政机关的认可，如果部长或地区行政首长认为该决定违法或财政上不适宜，可以撤销该决定。（3）如果对行政管理委员会的决定不服，申请人可以在接到决定通知一个月内向社会保障事务法庭（TASS）提起诉讼，社会保障事务法庭在性质上属于普通法院系统内的一审特别法庭。②

（三）我国服务行政的行政救济制度之完善

　　我国的行政救济制度体系庞杂、种类繁多，有专门以救济为制度目的的行政复议制度，也客观上具备行政救济功能的其他相关制度；有针对行政机关违法行为进行救济的制度如行政处分、行政监察制度，也有针对行政机关之外其他公共服务具体提供者的违法行为进行救济的制度，如相关行政处罚制度。从程序启动上看，有的制度可通过公民的申请启动救济程序，如行政复议制度；有的制度可由行政机关根据公民提供的线索或依职权启动，如行政监察、行政处罚等。然而，尽管有上述体系庞杂的行政救济，但我们仍然不得不承认，相较于公民在服务行政实施过程中遭受的权利侵害而言，现有的行政救济并没有很好地发挥其功能，没有做到对公民权利进行有效的救济。有鉴于此，从以下几个方面加强行政救济是有必要的：

---

① 宋华琳：《美国的社会保障申诉委员会制度》，《环球法律评论》2004 年第 1 期。

② 陈国刚：《福利权研究》，博士学位论文，中国社会科学院研究生院，2006 年，第 88 页。

1. 完善行政复议制度

行政复议制度是专门的行政救济制度，权利救济是其基本功能。这一功能不但体现在对公民与秩序行政有关权利的维护与救济，也体现于公民与服务行政有关权利的维护与救济。并且作为专门的行政救济制度，行政复议制度在诸多行政救济途径中应发挥"主力军"的作用，扮演"领导者"的角色。也正因如此，行政复议制度应针对其在制度和现实中的不足，更好地进行完善，尽可能使公民在服务行政过程中遭受的权利侵害通过行政复议即可得到有效的救济。

在复议范围方面，《行政复议法》与服务行政权利直接相关的规定仅仅在于，第6条第9项规定，公民申请行政机关履行保护受教育权利的法定职责，行政机关没有依法履行的，可以提起行政复议；以及第10项规定，公民申请行政机关依法发放抚恤金、社会保险金或者最低生活保障费，行政机关没有依法发放的，可依法提起行政复议。至于第6条第11项规定的"其他具体行政行为侵犯其合法权益"的情形，尽管也属于行政复议范围，由于执法实践中列举性规定对概括性规定的架空，因而实际上难以得到有效执行。鉴于服务行政涉及范围之广泛，仅仅将教育权事宜及抚恤金、社会保险金、保障金事宜纳入行政复议范围，明显太过狭窄，应予以进一步扩充。

在行政复议范围方面值得关注的另一个问题是，对于所谓的抽象行政行为的复议问题，《行政复议法》规定的是可通过附带方式提起复议，然而，有许多抽象行政行为并不成为具体行政行为的依据而是直接得以实施，那么在这个时候公民的服务权利遭受侵害就无法提起复议救济。例如，根据某县的《教育发展规划》，教育行政机关以提高教学质量为名，撤销了县内大多数农村的小学，集中到城镇办学。那么对于居住于偏远山乡的孩子而言，可能从此须翻山越岭到数十公里以外甚至更远的地方上学，其就近入学的权利受到了损害。而根据行政复议法的现有规定，对这一直接得以实施的而没有据以作出具体行政行为的《教育发展规划》是不能提出复议的。在这种情况下，对抽象行政行为附带提起复议的规定无疑不利公民权利的保护。笔者认为，可改变现有附带提起行政复议的做法，规定某些抽象行为可直接提起行政复议。

在复议程序方面，与同样作为行政行为审查程序的行政诉讼程序相比，现行行政复议程序的最大特点在于，行政复议审查和决定过程完全由行政复议机关主导，申请人和第三人在其中全无主动权。并且，《行政复议法》第22条还规定，"行政复议原则上采取书面审查的办法"。只有在申请人提出要求或者行政复议机关负责法制工作的机构认为有必要时，才"可以"（而不是"必须"）向有关组织和人员调查情况，听取申请人、被申请人和第三人的意见。而按照正当法律程序要求，行政复议机关在作出对当事人不利的决定时，须通过听证等形式，听取当事人的意见。对照这一要求，现有行政复议程序无疑不利于保护公民权利。笔者认为，可从下方面考虑对行政复议程序进行完善：一是废除"原则上采取书面审查的办法"的规定；二是建立行政复议听证制度，保证当事人提出证据和进行质证的权利；三是规定调查制度，对有关事实进行调查，而不局限于书面审查；四是健全回避制度，保证由无偏见的主持人对行政行为进行审查；五是建立健全案卷制度，保证复议决定根据案卷作出；六是进一步健全行政复议公开制度，尽可能避免出现"暗箱操作"的情况。①

在行政复议体制方面，按《行政复议法》规定，行政复议机关一般为被复议机关的上级机关，特定情况下为被复议机关本身。同时，《行政复议法》第3条还规定，行政复议机关负责法制工作的机构具体办理行政复议事项。由于我国目前的行政复议机关和作出具体行政行为的机关之间在经费、人员等方面都有着千丝万缕的联系，再加上部门主义、地方保护主义等因素的影响，它们之间并没有达到实质上相互独立的要求，也不能客观公正地审查。因此，笔者认为，完善行政复议体制的改革可从以下两方面入手：一是赋予现行行政复议机关"负责法制工作的机构"以相对独立的法律地位，由它们以自己的名义独立处理与行政复议有关的事务。二是对取得相对独立法律地位后的"负责法制工作的机构"中专门从事行政复议工作的人员，要赋予其以严格的身份保障，如非经法律特别规定的程序，他们不得被免职、停职、降级、降职、降薪等等。通过有效的身份保障，促使他们公正地履行职务。

2. 维护公法秩序时注重加强对公民服务行政权利的救济

服务行政所要求的大部分公共服务都不是由行政机关直接提供的，而是通过公务法人、公共企业或受特许的私法人等提供，对它们的行为无从提起行政复议，需要其他的行政制度发挥客观上具备的行政救济功能。然

---

① 参见张树义、蔡乐渭《全球化背景下的中国行政复议制度》，《国家行政学院学报》2005年第4期。

而，在行政复议制度之外，实际上发挥着行政救济功能的其他行政制度并不是专门的权利救济制度，也不以救济公民权利为根本制度目的。如行政处罚制度的目的是"保障和监督行政机关有效实施行政管理，维护公共利益和社会秩序，保护公民、法人或者其他组织的合法权益"；行政监察制度的目的是"保证政令畅通，维护行政纪律，促进廉政建设，改善行政管理，提高行政效能"。① 在这一现实之下，就要求这些行政制度在运行的过程中，不但要按照制度设计的本来目的，起到维护公法秩序的作用，同时也要注意对公民权利的维护。例如，当物价部门发现某一公共企业长期违法收费，则在依法对其进行行政处罚的同时，也要注意维护公民受侵害的权利，如要求其退还已经违法收取的超标费用，而不能一罚了之。又如，根据《义务教育法》第56条第2款规定，对学校以向学生推销或者变相推销商品、服务等方式谋取利益的，应由县级人民政府教育行政部门给予通报批评；有违法所得的，没收违法所得；对直接负责的主管人员和其他直接责任人员依法给予处分。这一规定的目的在于维护公法秩序，但教育行政部门不应仅仅着眼于此，还应对学生及家长在学校违法过程中受到的权利侵害进行补救，如退回相应款项等。

3. 通过惩治违法行为救济公民权利

现代社会中，行政的力量无所不在，涉及人们生活的几乎所有领域。按照法律的规定，对公共服务提供者的违法行为，有权行政机关都应该及时进行查处或纠正。但实际上，公民权利在服务行政过程中受损而得不到及时救济的情况却屡见不鲜，公共服务提供者的违法行为如入无人之境，长期存在而不受查处与纠正。例如，一些公立学校招收择校生、收取择校费，这种行为实际上是将公共教育资源，卖给那些不够条件但交纳了择校费的学生；某些情况下，这导致一些在不招收择校生的情况下本可正常进入这些公立学校的学生，也不得不因此而需交纳择校费才有机会入学。对于这些因收取择校费而受到影响的学生而言，他们利用公共资源接受教育的权利受到了侵害，但对这样的行为，行政机关却往往视而不见，实际上默许了择校生与择校费现象的存在。有鉴于现实生活中公民服务行政权利受侵害，行政机关视而不见甚至默许的现实，笔者认为，行政机关应按照行政法治的基本要求，切实履行职责，严格执行法律，惩处违法行为，发

---

① 参见《行政复议法》第1条，《行政监察法》第1条。

挥行政机关的行政救济功能，救济公民在服务行政实施过程中受到侵害的
权利。

四　服务行政的司法救济

司法救济是法院根据法律规定依司法程序对公民权利进行补救的一种
救济方式。服务行政作为一种行政方式，对于行政机关而言，是承担为公
民提供公共服务的义务；对于公民而言，则是一种接受行政机关提供公共
服务的权利。作为公民的权利，服务行政司法救济面临两种不同的情况：
首先，对公民的服务行政权利，当法律没有明确规定其在得不到实现时可
提起司法救济时，公民可否对此直接提起司法救济？如根据《宪法》第
46条的规定，中华人民共和国公民有受教育的权利，那么当公民因贫困而
失学时，可否直接请求法院判决政府提供义务教育条件？在上述情况之
下，实际涉及的是作为社会与经济权利的服务行政权利本身可否通过司法
途径获得救济即可诉性问题。

其次，在服务行政实施过程中，当公民的相关权利遭受到服务行政提
供者的具体侵害时所寻求的司法救济。此时的司法救济通常需要有法律的
明确规定（特别是行政诉讼中），一旦法律作出了明确规定，司法救济的
可得性自不待言。例如，城市居民最低生活保障条例规定城市居民在一定
条件下可申请领取最低生活保障金，一旦有关行政主管机关未依法予以发
放，或者被减少或停止发放，则申请人可在依法经行政复议后提起行政诉
讼，寻求司法救济。那么，在上述作为具体的法律权利的服务行政权利遭
受侵害的情况下，法律为何规定某些行为须通过行政诉讼的形式寻求司法
救济，而另外一些行为则需要通过民事诉讼的形式寻求司法救济？这两种
不同形式的司法救济区分的标准何在？仅仅因为具体提供者的不同可否构
成诉讼形式不同的充分理由？

（一）公共服务侵权司法救济的可得性

司法救济的可得性又称"可诉性"（justiciability），指某一事项可以由

司法机关进行裁判的属性。① 对于公共服务侵权而言，即指因该侵权而引起的纠纷是否可提请法院进行审理并作出相应裁决。由于侵权与公民既有的权利紧密关联，故侵权的可诉性往往与权利的可诉性可互相指涉。为论述的方便，下文也多以公共服务权利的可诉性指代公共服务侵权的可诉性。

对于公共服务侵权的可诉性问题目前在理论上存在争议。持反对观点者认为，公民基本权利可分为积极权利和消极权利两类，公民与政治权利属于消极的权利，是"绝对"和"即刻"的，也是"免费"的，不需要太多成本，并不涉及资源的重新配置问题，因此它是非政治性的，具有可诉性。② 与此不同，公共服务权利（经济和社会权利）③ 以政府为公民提供各种经济性、物质性与文化性的保障和服务，促进生活水准的提高和社会的发展为内容，需要高昂的成本，涉及社会资源的分配问题，事关价值判断，属于立法机关与行政机关的职责，以处理法律问题为职责的司法机关不宜介入。也就是说，公共服务问题不具有可诉性。

上述权利二分法受到了一些学者的反驳。反驳者认为，将基本权利分为消极权利和积极权利，并认为积极权利不适宜于司法审查是站不住脚的，因为任何权利的保护与实现都需要耗费大量金钱与其他资源，因而都是积极的、昂贵的权利；任何权利的实施，也都需要政府的积极作为，"几乎每一项权利都蕴含着相应的政府义务，只有当公共权力调用公共资金对玩忽职守施以惩罚时，义务才能被认真对待，没有法律上可实施的义务，就没有法律上可实施的权利"。④同时，以权利实现需要高昂成本作为其不具可诉性的理由，本身也是一种片面的认识。因为，"对国家义务的现实理解的基本点是，个人是一切经济和社会发展的积极主体，正如《发展权利宣言》（第2条）所陈述的。只要可能，个人通过他或她

---

① 通常，可诉性既可以指纠纷的可诉性，也可以指规范的可诉性（参见黄金荣《经济和社会权利的可诉性问题研究》，博士学位论文，中国社会科学院研究生院，2004年）。但囿于主题，本研究所指可诉性仅指纠纷的可诉性。

② 有关公民和政治权利的这一特性及下文相对应的经济和社会权利之特性的论述，请参见［挪］艾德：《作为人权的经济、社会和文化权利》，载［挪］艾德等《经济、社会和文化的权利》，黄列译，中国社会科学出版社2003年版，第10页。

③ 服务行政相关权利的内容大多都属于经济和社会权利的范围，为论述的方便，下文在必要的时候，视两者为可互相替代的概念。

④ ［美］史蒂芬·霍尔姆斯、凯斯·R.桑斯坦：《权利的成本——为什么自由依赖于税》，毕竞悦译，北京大学出版社2004年版，第26页。

自己的努力和利用自己的资源，都应为确保满足自己个人的需要找到各种方法"。① 换句话说，尽管所谓的积极权利需要成本，但这并不是意味着实现这些权利的责任全在于政府，恰恰相反，个人是首要的责任者，他或他们首先应"自求多福"，国家只是在个人无力实现这一目标时起到辅助作用。

论证公共服务权利具有可诉性的努力还来自于义务层次理论。这一理论认为，义务具有三个层次：尊重的义务、保护的义务和实现的义务，无论什么性质的权利都包含这三个层次的义务。认为公共服务权利仅仅是国家的一种积极义务，是将焦点集中于第三层次的简单化做法。实际上，它们也包含第一层次和第二层次的义务，在第一层次上，国家需尊重个人所拥有的资源以及必要的行动自由；在第二层次上，国家义务包括保护行动的自由和利用资源防备其他武装或侵略主体。② 可见，消极权利与积极权利在义务层次上实际上并不存在区别。

公共服务侵权的可诉性不仅在理论上得到论证，在实践中也得到了发展。当前各国有关公共服务权利的规定共有三种不同的类型：一是宪法明确规定一定范围内的公共服务权利，如德国基本法与南非宪法；二是宪法并没有明确规定公共服务权利，但也不否定这些权利，如美国、加拿大和澳大利亚等英美法系国家宪法；三是宪法规定一些公共服务权利作为国家政策指导原则，同时明确规定其不可诉，如印度、西班牙等国的宪法。③ 在宪法明确将公共服务权利作为主观权利进行规定的情形下，公共服务侵权的可诉性自不待言。即便在后两种情形下，20 世纪以来也呈现出认可和扩大公共服务权利可诉性，在其受到侵害时为其提供司法救济的倾向。

首先，一些英美法系国家宪法中并没有明确规定公共服务方面的基本权利，但在历史发展的过程中，它们通过司法审查机制，适用正当程序和平等保护等原则对公共服务权利进行保护，对公共服务侵权提供司法救济。例如在美国，传统上社会福利并不是公民的财产，因此并不受正当程

---

① ［挪］艾德：《作为人权的经济、社会和文化权利》，载［挪］艾德等《经济、社会和文化的权利》，黄列译，中国社会科学出版社 2003 年版，第 21—22 页。

② 同上。

③ 参见龚向和《社会权司法救济之宪政分析》，《现代法学》2005 年第 5 期。

序原则的保护。但 20 世纪 60 年代以来，通过"戈尔德伯格诉凯利"案，①福利权逐步被认可为公民的财产权，因此应受到正当程序原则的保护，"法律已使福利国家本身成为新权利的一种来源，并以一种与传统财产权利所享有的法律保障可比拟的保护，捍卫这些享受公共救助的权利。"② 在加拿大等国家，法院也都通过对正当法律程序的运用等途径扩大了对公共服务权利的审查，为遭受侵害的权利提供司法救济。

其次，在明确规定某些公共服务权利作为国家政策指导原则存在、不具可诉性的国家中，法院通过法律解释间接扩大了司法救济的范围。这一方法通常是对公民和政治权利作扩大解释，使其覆盖公共服务权利，从而依据前者的可诉性将后者纳入司法救济范围。如在"弗尔德布拉吉诉荷兰"案和"杜莫兰德诉德国"案中，欧洲人权法院将《欧洲人权公约》第 6 条第 1 款的保障拓展至社会保险福利方面。这两个案件中的决定性标准都表明，福利的私法特征与公法特征有着主要关联，这些福利权利都是"公民权利"，因此也都是可诉的。③ 印度最高法院则通过积极扩大对生命权、人格尊严权等公民权利和政治权利的解释，从而使其扩大到对经济和社会权利的保护。

（二）公共服务侵权诉讼模式的选择

诉讼模式指在诉讼的过程中，各参与主体所处的地位、发挥的作用及其相互之间的关系。与诉讼模式概念紧密关联的是诉讼种类概念，不同的诉讼种类有其不同的审理对象与规则，主体在其中的作用与地位也不尽然相同。诉讼模式与诉讼种类两者都涉及在诉讼程序推进的过程中，诉讼主体发挥什么样的作用、各主体间处于什么的关系及适用什么样的规则。有鉴于此，下文尝试超越诉讼种类的划分，讨论在公共服务侵权司法救济

---

① Goldberg V. Kelly, 397 U. S. 254（1970）. 该案基本案情为：原告起诉声称纽约州和纽约市终止家庭救济金计划没有事先通知和举行听证，因而侵犯了他们的法定的正当程序权。最高法院认为：福利是一种财产而非赏赐，这种财产利益对于有资格获取者来说具有一种法定权利，故判决纽约州终止救济金的行为违反了第 14 修正案的正当程序原则。

② ［美］伯纳德·施瓦茨：《美国法律史》，王军等译，中国政法大学出版社 1990 年版，第 273 页。

③ 参见［挪］M. 谢宁《作为法律权利的经济和社会权利》，载［挪］艾德等《经济、社会和文化的权利》，黄列译，中国社会科学出版社 2003 年版，第 37 页。

中，采取何种诉讼模式或适用何种诉讼规则，以更好地救济公民遭受侵害的公共服务权利。

1. 行政诉讼与民事诉讼的区分及意义

行政诉讼与民事诉讼两者同属司法救济制度，因而也具备共同的特点，如两者都是在法院的主导之下解决纠纷的制度，都需遵循基本的诉讼原则和诉讼程序，等等。然而，行政诉讼和民事诉讼之所以与刑事诉讼并列为三大诉讼方式之一，毕竟是有其特殊性所在的，在具体制度上也存在明确的不同之处：首先，就所解决的纠纷来看，行政诉讼针对的是行政争议，民事诉讼针对的是民事争议；其次，从当事人来看，民事诉讼是平等主体的当事人之间的诉讼，被告与原告可以互换，而在行政诉讼中，被告恒为行政主体；再次，就具体的审理组织看，尽管两者的最后判决或裁定都以法院的名义作出，但行政诉讼由行政庭负责，且通常合议审理；[①] 而民事诉讼由民事庭负责，并可独任审理；最后，两者所遵循的具体规则有所不同，如在证据规则上，行政诉讼由被告承担举证责任，而民事诉讼遵循"谁主张谁举证的"原则。

行政诉讼与民事诉讼在具体制度安排上存在的上述区别，其原因并不在于审理技术上存在区分的必要，也非人为的刻意安排，而纯粹在于两种不同的诉讼制度有着根本不同的制度目的。民事诉讼制度的目的在于解决民事争议，救济当事人受侵害的或有被侵害之虞的民事权利；行政诉讼制度的目的在于救济公民在行政法律关系中的权利。考虑到行政权力所具有的扩张性与强制性，以及行政机关与行政主体间事实上的不平等，行政诉讼的制度目的定位对行政诉讼具体规则不同于民事诉讼具体规则的特别要求就几乎是必然的。只有通过这种不同的制度安排，才可能补救当事人受侵害的权利，达到保护其权利的制度目的。

2. 现行法律有关公共服务诉讼的规定及划分标准

我国现行法律对公共服务过程中出现的侵权纠纷，在司法救济上规定了行政诉讼和民事诉讼两种模式。

根据《行政诉讼法》第 2 条第 1 款的规定，公民、法人或者其他组织认为行政机关和行政机关工作人员的行政行为侵犯其合法权益，有权依照本法向人民法院提起诉讼。同时，为了解决现实生活中许多组织尽管在性

---

① 在 2014 年通过的《行政诉讼法》修正案中，增加了行政诉讼简易程序的规定。参见《行政诉讼法》第七章第三节。

质上不属于行政机关，① 但却在实际上行使着行政机关的职权、从事行政管理事务的问题，《行政诉讼法》第 2 条第 2 款规定，前款所称行政行为，包括法律、法规、规章授权的组织作出的行政行为，换言之，法律、法规、规章授权的组织在作出行政行为时也属于行政主体。这样行政诉讼的范围得以初步界定，即：具有国家行政职权的机关和组织及其工作人员的行政行为。这意味着，一个行为只要不是"行政行为"或不是具有"国家行政职权的机关和组织"的行为，都不可提起行政诉讼。

相对于行政诉讼法对诉讼范围的规定，《民事诉讼法》第 2 条规定，人民法院受理公民之间、法人之间、其他组织之间以及他们相互之间因财产关系和人身关系提起的民事诉讼。通常的解释认为，民事诉讼是处理平等主体的公民之间、法人之间、其他组织之间及他们相互之间财产和人身纠纷的诉讼。与行政诉讼相比，最大的不同在于，其所处理的争议是"平等主体"间的争议。

对服务行政而言，公民是公共服务的接受方，而服务行政的具体提供方或者说在公共服务过程中与公民形成法律关系的则可能是行政机关（如社会保障机关），也可能是公务法人（如学校）、公共企业（如自来水公司），还可能是受特许的私法人企业（如私营高速公路公司）。对于在公共服务提供与接受过程中形成的有关争议，依据现行法律的规定，只有在行政机关或法律、法规、规章授权的组织作为公共服务具体提供方时产生的争议才通过行政诉讼的方式进行救济，如在城市居民最低生活保障过程中产生的争议可通过行政诉讼。对公务法人、公共企业或受特许的私法人企业作为公共服务具体提供方时所产生的争议，都通过民事诉讼的方式进行救济。如对公民与供电公司或公园间因服务问题产生的争议，即须通过民事诉讼的方式予以救济。

3. 民事诉讼救济方式面临的困境

将服务行政司法救济分为行政诉讼与民事诉讼两种不同的途径，是有其理由所在的，毕竟，行政诉讼与行政职权密切相关，但这一理由并不能说明这种划分完全合乎事物本质。事实上，这种划分带来了一些难以解决的疑难与问题：首先，即使按行政诉讼法的规定，对具有国家行政职能的机关和组织的行政行为不服，则可诉诸行政诉讼。那么，一个公共服务主

---

① 此处所谓的"性质"，指的是国家（通过特定机关如机构编制委员会）对这些组织的定性，确定它们的编制。

体，即便它不是"行政机关"，它是不是具有"国家行政职能"？它的行为是不是属于"行政行为"？比如，一所学校负责为学生提供教育服务，是否属于履行"国家行政职能"；一家自来水公司，它为公民提供不可或缺的供水服务，是否属于履行"国家行政职能"？特别是在服务行政视野之下，当我们将从总体上组织提供公共服务视为政府的职能时，对于具体的公共服务提供者来说，其提供行为难道不正是一个使政府的职能得以履行的过程吗？而如果将具体提供公共服务这一职能视为国家行政职能，则这些主体的行为为何不能视为"行政行为"？

其次，当前通过民事诉讼的方式解决大部分公共服务过程中产生的纠纷，事实上存在许多难以解决的困难。比如对于公共服务收费纠纷，目前多以民事诉讼的方式进行处理，但审理过程中同样被服务提供者的特殊身份及公共利益等问题所困惑。

4. 公共服务纠纷司法救济的模式选择

既然通过民事诉讼提供司法救济存在困难，那么是否可考虑通过行政诉讼解决公共服务侵权纠纷？与民事诉讼一样，企望通过行政诉讼解决全部问题也是不现实的。行政诉讼之所以成为独立的诉讼种类，根本原因在于其面对独特的纠纷：具有行政职权——而不是行政职能——的行政主体与相对人之间的纠纷。公共服务侵权纠纷尽管与行政职能密切相关，但在大部分情况下侵权主体并不直接拥有强制性的行政权力，将公共服务侵权纠纷全面纳入行政诉讼不仅不符合行政诉讼之制度目的，也会成为行政诉讼不能承受之重。

公共服务侵权纠纷是一类特殊的纠纷，尽管其中有完全属于行政性质的纠纷，也有完全属于普通民事性质的纠纷，但大部分公共服务侵权纠纷并不完全属于前者或后者，而是有着其复杂特性：首先，就主体性质而言，卷入纠纷的公共服务提供者与一般的主体不同，他们或者是专门为公共服务而成立的公务法人、公共企业，或者是被特许的私法人，在某些情况下甚至就是行政机关。其次，就主体的权利义务关系而言，争议双方在理论上平等的，但公共服务提供者往往肩负特定的职责，双方之权利义务往往在事实是上不平等的。再次，一项服务之所以成为"公共"服务而不是普通的市场服务，其原因恰恰在于服务具有"公共性"，因而公共服务侵权纠纷与公共利益密切相关。最后，就法律适用而言，行政纠纷适用公法、民事诉讼适用私法是明确无疑的，但在公共服务侵权纠纷中，应如何适用法律并没有明确统一的标准。

待决纠纷的特殊性决定了诉讼模式的特殊性。但囿于当前的司法制度现实，公共服务侵权司法救济中诉讼种类的选择仍是不可避免的。就此而言，德国行政法上的"两阶段理论"值得借鉴。这一理论是联邦法院为适应解决和调整国家补助和提供消费信贷问题而发展出来的，它将公共服务行政有关事宜分为两个法律阶段，一是公法上的准许（或不准许）给予，二是为实施这种准许而与官方自身、官方委托的银行或其他机构签订私法上的消费借贷合同。前者适用公法（行政诉讼），而后者适用私法（民事诉讼）。目前该理论已经扩张到包括公共设施的使用、国家补助和建房补助、公法上的设备购置等许多领域。① 这一理论虽然面对着许多质疑和挑战，但其对公共服务纠纷的解决仍起到了重要的作用，使得纠缠于公法与私法、行政诉讼与民事诉讼之间的公共服务侵权纠纷在一定程度和领域内得到了界分。

然而，即便通过援用上述理论确定了具体的纠纷应采用的诉讼模式，问题也并未完全解决，特别是对采用私法形式完成的公共服务，尽管须采用民事诉讼模式加以救济，但它也不能完全地享有"私法自治"，而必须遵守公法的约束，"被行政援用的私法规范仍然必须透过公法的条文加以补充与修正"。② 在诉讼的过程中，也同样应根据其自身与一般民事纠纷不同的特征，考虑适用不同的诉讼规则。以举证责任的分配规则为例，目前民事诉讼中贯彻的是"谁主张谁举证"原则，这一原则对于公共服务侵权诉讼中的原告而言是不公平的，在许多情况下，公民与公共服务提供者处于不同的地位，他们根本不具有举证的能力。从公共服务提供行为的合法性要求看，公共服务提供者所承担的职责要求他们必须根据相关的法律要求，合法地履行其职责，这决定了其行为在作出之时就必须是合法的，因而在诉讼过程中，由他们提供证据证明其行为的合法性也属理所当然。可见，在公共服务侵权纠纷民事诉讼过程中，至少对部分纠纷根据其自身的特性，由公共服务提供者承担举证责任是必要的。

司法救济制度的目的在于为被侵害的权利提供救济，不论是从合理性

---

① ［德］G. 平特纳：《德国普通行政法》，朱林译，中国政法大学出版社 1999 年版，第 99—100 页。

② 程明修：《行政法之行为与法律关系理论》，新学林出版股份有限公司 2005 年版，第 28—29 页。

角度，还是从现实可能性角度，我们都不应拘泥于不同的诉讼种类，在公共服务侵权司法救济应通过民事诉讼还是行政诉讼、适用公法还是私法之间纠缠不清，而应超越现行民事诉讼与行政诉讼的僵化划分，为公共服务侵权纠纷寻求合乎其自身特征的诉讼模式、构造合理的诉讼结构和诉讼规则，为被侵害的公共服务权利提供更有效和便利的救济。

参考文献

（以作者姓氏音序排列）

一 著作

陈端洪：《中国行政法》，法律出版社 1998 年版。

陈敏：《行政法总论》，（台北）神州图书出版公司 2003 年版。

陈新民：《行政法学总论》，（台北）三民书局 1997 年版。

陈新民：《公法学札记》，中国政法大学出版社 2001 年版。

陈新民：《德国公法学基础理论》，山东人民出版社 2001 年版。

程燎原、王人博：《权利及其救济》，山东人民出版社 1988 年版。

程明修：《行政法之行为与法律关系理论》，新学林出版股份有限公司 2005 年版。

城仲模主编：《行政法之一般法律原则（一）》，（台北）三民书局 1997 年版。

邓正来、J. C. 亚历山大编：《国家与市民社会：一种社会理论的研究路径》，中央编译出版社 1999 年版。

董炯：《国家、公民与行政法：一个国家—社会的角度》，北京大学出版社 2001 年版。

高秦伟：《行政法规范解释论》，中国人民大学出版社 2008 年版。

方世荣主编：《行政法与行政诉讼法学》，中国政法大学出版社 2002 年版。

贺林波、李燕凌：《公共服务视野下的行政法》，人民出版社 2013 年版。

胡鞍钢、王绍光主编：《政府与市场》，中国计划出版社 2000 年版。

黄恒学主编：《公共经济学》，北京大学出版社 2002 年版。

季卫东：《法治秩序的建构》，中国政法大学出版社 1999 年版。

姜明安主编：《行政程序研究》，北京大学出版社 2006 年版。

姜明安主编：《行政法与行政诉讼法》，北京大学出版社、高等教育出版社 2011、2015 年版。

江宜桦：《自由民主的理路》，新星出版社 2006 年版。

金自宁：《公法/私法二元区分的反思》，北京大学出版社 2007 年版。

李军鹏：《公共服务型政府》，北京大学出版社 2004 年版。

李传军：《服务行政与服务型政府》，中国书籍出版社 2013 年版。

刘飞：《德国公法权利救济制度》，北京大学出版社 2009 年版。

刘莘：《行政立法研究》，法律出版社 2003 年版。

刘宇飞：《当代西方财政学》，北京大学出版社 2000 年版。

陆伟明：《服务行政法论》，中国政法大学出版社 2012 年版。

罗豪才主编：《现代行政法的平衡理论》，北京大学出版社 1997 年版。

罗豪才主编：《现代行政法的平衡理论》（第二辑），北京大学出版社 2003 年版。

罗豪才主编：《现代行政法制的发展趋势》，法律出版社 2004 年版。

马怀德主编：《行政法与行政诉讼法》，中国法制出版社 2000 年版。

马怀德主编：《行政诉讼原理》，法律出版社 2003 年版。

莫于川等：《柔性行政方式法治化研究——从建设法治政府、服务型政府的视角》，厦门大学出版社 2011 年版。

苗静：《辅助原则研究》，中国经济出版社 2013 年版。

沈岿：《平衡论：一种行政法认知模式》，北京大学出版社 1999 年版。

沈岿：《公法变迁与合法性》，法律出版社 2010 年版。

石佑启：《论公共行政与行政法学范式转换》，北京大学出版社 2003 年版。

世界银行：《1994 年世界发展报告：为发展提供基础设施》，中国财政经济出版社 1994 年版。

世界银行：《2000/2001 年世界发展报告：与贫困作斗争》，中国财政经济出版社 2001 年版。

孙晓莉：《中国现代化发展进程中的国家与社会》，中国社会科学出版社 2001 年版。

孙晓莉：《中外公共服务体制比较》，国家行政学院出版社 2008 年版。

孙笑侠：《法律对行政的控制：现代行政法的法理解释》，山东人民出版社 1998 年版。

孙选中：《服务型政府及其服务行政机制研究》，中国政法大学出版社
　2009 年版。

唐铁汉、袁曙宏：《公共服务创新》，国家行政学院出版社 2007 年版。

王连昌主编：《行政法学》，中国政法大学出版社 1994 年版。

王珉灿主编：《行政法概要》，法律出版社 1983 年版。

王名扬：《英国行政法》，中国政法大学出版社 1987 年版。

王名扬：《法国行政法》，北京大学出版社 2007 年版。

王名扬：《美国行政法》，中国政法大学出版社 2005 年版。

王名扬主编：《外国行政制度》，人民法院出版社 1991 年版。

王万华：《行政程序法研究》，中国法制出版社 2000 年版。

王锡锌：《行政程序法理念与制度研究》，中国民主法制出版社 2007 年版。

翁岳生主编：《行政法》，中国法制出版社 2002 年版。

吴庚：《行政法之理论与实用》，（台北）三民书局 2001 年版。

夏勇：《中国民权哲学》，生活·读书·新知三联书店 2004 年版。

杨海坤、关保英：《行政法服务论的逻辑结构》，中国政法大学出版社
　2002 年版。

杨解君：《走向法治的缺失言说——法理、行政法的思考》，法律出版社
　2001 年版。

杨建顺：《日本行政法通论》，中国法制出版社 1998 年版。

杨晓民、周翼虎：《中国单位制度》，中国经济出版社 1999 年版。

应松年：《中国走向行政法治探索》，中国方正出版社 1998 年版。

应松年主编：《行政法学新论》，中国方正出版社 1998 年版。

应松年、袁曙宏主编：《走向法治政府——依法行政理论化研究与实证调
　查》，法律出版社 2001 年版。

应松年主编：《行政诉讼法》，中国政法大学出版社 2002 年版。

应松年主编：《行政法与行政诉讼法》，中国政法大学出版社 2011 年版。

余凌云：《行政契约论》，中国人民大学出版社 2000 年版。

张贵成、刘金国主编：《法理学》，中国政法大学出版社 1992 年版。

张弘：《公共行政与服务行政下中国行政法的结构性变革》，法律出版社
　2010 年版。

张静主编：《国家与社会》，浙江人民出版社 1998 年版。

张俊浩主编：《民法学原理》，中国政法大学出版社 1997 年版。

张树义：《行政合同》，中国政法大学出版社1994年版。

张树义：《行政法与行政诉讼法学》，高等教育出版社2002年版。

张树义：《中国社会结构变迁的法学透视》，中国政法大学出版社2002年版。

张树义主编：《行政法学新论》，时事出版社1991年版。

张树义主编：《行政法学》，北京大学出版社2005年版。

章剑生：《行政程序法基本理论》，法律出版社2003年版。

赵秀玲：《中国乡里制度》，社会科学文献出版社2002年版。

郑永流：《法治四章》，中国政法大学出版社2002年版。

周志忍：《当代国外行政改革比较研究》，国家行政学院出版社1999年版。

中国发展研究基金会：《中国人类发展报告2005》，中国对外翻译出版公司2005年版。

中国社会科学院财政与贸易经济研究所编：《中国财政政策报告2004/2005》，中国财政经济出版社2004年版。

［美］E.博登海默：《法理学：法律哲学与法律方法》，邓正来译，中国政法大学1999年版。

［美］伯纳德·斯瓦茨：《行政法》，徐炳译，群众出版社1986年版。

［美］詹姆斯·M.布坎南：《自由市场与国家》，平新乔、莫扶民译，上海三联书店1989年版。

［美］丹尼尔·F.史普博：《管制与市场》，余晖等译，上海人民出版社、上海三联书店1999年版。

［美］费正清：《美国与中国》第四版，张理京译，世界知识出版社2000年版。

［美］罗纳德·德沃金：《认真对待权利》，信春鹰、吴玉章译，中国大百科全书出版社1998年版。

［美］欧内斯特·盖尔霍恩、罗纳德·M.利文：《行政法和行政程序概要》，黄列译，中国社会科学出版社1996年版。

［美］史蒂芬·霍尔姆、凯斯·R.桑斯坦：《权利的成本——为什么自由依赖于税》，毕竞悦译，北京大学出版社2004年版。

［美］约翰·罗尔斯：《正义论》，何怀宏等译，中国社会科学出版社2009年版。

［美］朱迪·费里曼：《治理与新行政法》，毕洪海、陈标冲译，商务印书

馆 2010 年版。

［英］亚当·斯密：《国民财富的性质和原因的研究》，郭大力、王亚南译，商务印书馆 1972 年版。

［英］C. V. 布朗、P. M. 杰克逊：《公共部门经济学》（第四版），张馨主译，中国人民大学出版社 2000 年版。

［英］戴雪：《英宪精义》，雷宾南译，中国法制出版社 2001 年版。

［英］弗里德里希·奥古斯特·冯·哈耶克：《法律、立法与自由》，邓正来等译，中国大百科全书出版社 2000 年版。

［英］弗里德里希·奥古斯特·冯·哈耶克：《自由秩序原理》，邓正来译，生活·读书·新知三联书店 1997 年版。

［英］霍布豪斯：《自由主义》，朱曾汶译，商务印书馆 1996 年版。

［英］卡罗尔·哈洛、理查德·罗林斯：《法律与行政》（下），杨伟东等译，商务印书馆 2004 年版。

［英］洛克：《政府论》，叶启芳、瞿菊农译，商务印书馆 1964 年版。

［英］弗里德里希·奥古斯特·冯·哈耶克：《通往奴役之路》，王明毅、冯兴元等译，中国社会科学出版社 1997 年版。

［英］威廉·韦德：《行政法》，徐炳等译，中国大百科全书出版社 1997 年版。

［法］孟德斯鸠：《论法的精神》，张雁深译，商务印书馆 1961 年版。

［法］莱昂·狄骥：《公法的变迁/法律与国家》，郑戈译，辽海出版社、春风文艺出版社 1999 年版。

［法］卢梭：《论人类不平等的起源和基础》，何兆武译，商务印书馆 1962 年版。

［德］弗里德里希·李斯特：《政治经济学的国民体系》，陈万煦译，商务印书馆 1997 年版。

［德］汉斯·J. 沃尔夫、奥托·巴霍夫、罗尔夫·施托贝尔：《行政法》，高家伟译，商务印书馆 2002 年版。

［德］罗尔夫·斯特博：《德国经济行政法》，苏颖霞、陈少康译，中国政法大学出版社 1999 年版。

［德］奥托·迈耶：《德国行政法》，刘飞译，商务印书馆 2002 年版。

［德］G. 平特纳：《德国普通行政法》，朱林译，中国政法大学出版社 1999 年版。

［德］威廉·冯·洪堡：《论国家的作用》，林荣远、冯兴元译，中国社会科学出版社 1998 年版。

［日］大桥洋一：《行政法学的结构性变革》，吕艳滨译，中国人民大学出版社 2008 年版。

［日］和田英夫：《现代行政法》，倪健民、潘世圣译，中国广播电视出版社 1993 年版。

［日］米丸恒治：《私人行政——法的统治的比较研究》，洪英等译，中国人民大学出版社 2010 年版。

［日］盐野宏：《行政法》，杨建顺译，法律出版社 1994 年版。

［日］植草益：《微观规制经济学》，朱绍文等译，中国发展出版社 1992 年版。

［澳］欧文·E. 休斯：《公共管理导论》，彭和平、周明德、金竹青等译，中国人民大学出版社 2001 年版。

Ernst – wolfgang bockenforde：*state*，*society and liberty*：*studies in political theory and constitutional law*，berg publishers ltd.，1991.

Bernard Schwartz：*Administrative Law*，3rd edition，Little Brown and Company，1991.

二　论文

蔡定剑：《国家权力界限论》，《中国法学》1991 年第 2 期。

蔡乐渭：《BOT 中的行政法问题研究》，《行政法学研究》2003 年第 2 期。

蔡立辉：《政府部门的自我扩张行为分析》，《人文杂志》1999 年第 6 期。

陈国刚：《福利权研究》，博士学位论文，中国社会科学院研究生院，2006 年。

黄金荣：《经济和社会权利的可诉性问题研究》，博士学位论文，中国社会科学院研究生院，2004 年。

李昕：《公共服务理念下现代行政的特征》，《行政法学研究》2002 年第 4 期。

刘轶：《福利行政法观的经济学基础》，《政法论丛》2002 年第 2 期。

刘俊生：《服务行政：理念及其基本内涵》，《学术探索》2004 年第 8 期。

路风：《中国单位体制的起源和形成》，《中国社会科学季刊》（香港）

1993 年第四卷。

刘井玉：《行政公务研究》，硕士学位论文，中国政法大学，2002 年。

马怀德：《行政程序法的价值及立法意义》，《政法论坛》2004 年第 5 期。

马怀德：《公务法人问题研究》，《中国法学》2000 年第 4 期。

莫于川、郭庆珠：《论现代服务行政与服务行政法——以我国服务行政法律体系建构为重点》，《法学杂志》2007 年第 2 期。

邱基峻、邱铭堂：《论行政法上之平等原则》，载城仲模主编《行政法之一般法律原则（二）》，（台北）三民书局 1997 年版。

任礼光：《何谓"信访"》，《人民信访》2003 年第 4 期。

沈荣华：《论服务行政的法治架构》，《中国行政管理》2004 年第 1 期。

时宪民：《中国社会的结构分化与双二元结构》，《中国社会科学季刊》（香港）1993 年第四卷。

宋华琳：《美国的社会保障申诉委员会制度》，《环球法律评论》2004 年第 1 期。

谭宗泽、黎学基：《形式、实质与整合：服务行政阶段论——以德国模式为路径》，《国家行政学院学报》2009 年第 2 期。

吴邦国：《加强立法工作　提高立法质量　为形成中国特色社会主义法律体系而奋斗》，《求是》2004 年第 3 期。

吴敬琏：《建设一个公开、透明和可问责的服务型政府》，《领导决策信息》2003 年第 25 期。

王锡锌：《正当法律程序与"最低限度的公正"——从行政程序角度的考察》，《法学评论》2002 年第 2 期。

谢圣远：《农村合作医疗制度的历史回顾与发展反思》，《中国卫生经济》2005 年第 4 期。

熊光清：《从辅助原则看个人、社会、国家、超国家之间的关系》，《中国人民大学学报》2012 年第 5 期。

亚洲开发银行驻中国代表处经济部：《从实行农村免费义务教育入手，进一步减轻农民负担》，《亚洲开发银行驻中国代表处经济部观察与建议》2004 年 12 月。

杨临宏：《服务行政理念下的行政法》，《法治论丛》（上海政法学院学报）2008 年第 6 期。

张春莉、杨解君：《论行政法的平等理念——概念与观念》，《文史哲》

2005 年第 5 期。

张书克：《"服务行政"理论批判》，《行政法学研究》2002 年第 2 期。

张馨、袁星侯：《公益性·垄断性·收费性·竞争性——论公共基础设施投资多元化》，《厦门大学学报》（哲学社会科学版）2000 年第 1 期。

张树义、蔡乐渭：《全球化背景下的中国行政复议制度》，《国家行政学院学报》2005 年第 4 期。

张桐锐：《补充性原则与社会政策》，《黄宗乐教授六秩祝贺·公法学篇（一）》，（台北）学林出版社 2002 年版。

周其仁：《竞争、垄断和管制——"反垄断"政策的背景报告》，国家体制改革办公室产业司委托研究项目研究报告（2001 年）。

［法］Trescher Bruno：《法国行政法精要》，沈军译，载浙江大学公法与比较法研究所编：《公法研究》（第四卷），中国政法大学出版社 2005 年版。

金灿荣：《简析美国联邦行政机构的政治地位》，http：//www. ciapl. com/ news. asp？Newsid＝6681&type＝1007。

华迎放：《"福利国家之父"的传世之作写在〈贝弗里奇报告〉中文版问世之际》（http：//www. class. com. cn/share/newsdetail. cfm？iCntNo＝941）。

吴双：《公共服务型政府的研究综述》（http：//www. tonghai. gov. cn/pub-news/doc/read/sxjyjl/340468328. 162897572/index. asp）。

三　辞典、经典与其他文献

《现代汉语词典》（第 6 版），商务印书馆 2014 年版。

《牛津法律大辞典》，光明日报出版社 1988 年版。

《牛津高阶英汉双解词典》，商务印书馆、牛津大学出版社 2009 年版。

《政治经济学大词典》，经济科学出版社 1998 年版。

《马克思恩格斯选集》第三卷，人民出版社 1995 年版。

《邓小平文选》第三卷，人民出版社 1993 年版。

江泽民：《在中国共产党第十四次全国代表大会上的报告》。

江泽民：《在中国共产党第十五次全国代表大会上的报告》。

江泽民：《在中国共产党第十六次全国代表大会上的报告》。

胡锦涛：《在中国共产党第十七次全国代表大会上的报告》。

胡锦涛：《在中国共产党第十八次全国代表大会上的报告》。

赵紫阳：《1982 年政府工作报告》，中央人民政府网站。

李鹏：《1998 年政府工作报告》，中央人民政府网站。

温家宝：《2006 年政府工作报告》，中央人民政府网站。

温家宝：《2010 年政府工作报告》，中央人民政府网站。

温家宝：《2012 年政府工作报告》，中央人民政府网站。

温家宝：《2013 年政府工作报告》，中央人民政府网站。

薄一波：《关于一九五八年度国民经济计划草案的报告》，中央人民政府网站。

《中共中央关于完善社会主义市场经济体制若干问题的决定》。

国务院研究室编写组：《十届人大三次会议政府工作报告辅导读本》，人民出版社、中国言实出版社 2005 年版。

审计署：《部分城市基础设施国债项目建设效果的审计结果》（2004 年第 3号（总第 04 号）审计报告），审计署网站。

卫计委：《2015 年我国卫生和计划生育事业发展统计公报》，卫计委网站。

交通运输部：《2015 年交通运输行业发展统计公报》，交通部网站。

国家统计局：《中国统计年鉴》，国家统计局网站。

索　引

第五批《中国社会科学博士后文库》专家推荐表1

推荐专家姓名	俞可平	行政职务	院长
研究专长	政治学、中国政治	电　话	
工作单位	北京大学政府管理学院	邮　编	100089
推荐成果名称	服务行政的原理与制度研究		
成果作者姓名	蔡乐渭		

（对书稿的学术创新、理论价值、现实意义、政治理论倾向及是否达到出版水平等方面做出全面评价，并指出其缺点或不足）

　　蔡乐渭博士的研究成果"服务行政的原理与制度研究"运用多学科的思维与方法，从政府职责行使的角度对公共服务进行了深入系统的研究，明确公共服务乃是现代社会政府的重要职责、政府对公共服务的提供具有不可推卸的责任，对公共服务提供的原理与制度进行了较全面系统的研究与论证，在研究视角、研究方法、研究内容等方面都具有较大的创新性。全文坚持正确的政治立场，探讨了公共服务提供制度的基本理论，考察了公共服务提供的现状，指出了其中的问题与不足，并提出了相应的对策与建议，具有相当的理论价值与现实意义，对促进公共服务相关制度的完善，促进公民公共服务权利的维护，以及促进社会的和谐稳定发展，都具有积极的意义。本研究的待改进之处在于，公共服务涉及社会生活的方方面面，本文在内容上尽管努力做到触及服务行政的各个主要方面，但以一本专著的内容篇幅，欲对服务行政的各个方面问题进行全面研究是不可能的，希望作者继续努力，进一步进行深入研究。

　　综而言之，本文达到了出版要求，特予推荐。

签字：

2016 年 1 月 10 日

说明： 该推荐表由具有正高职称的同行专家填写。一旦推荐书稿入选《博士后文库》，推荐专家姓名及推荐意见将印入著作。

第五批《中国社会科学博士后文库》专家推荐表 2

推荐专家姓名	薛刚凌	行政职务	院长
研究专长	行政法学、公共行政	电　话	
工作单位	中国政法大学法学院	邮　编	100088
推荐成果名称	服务行政的原理与制度研究		
成果作者姓名	蔡乐渭		

（对书稿的学术创新、理论价值、现实意义、政治理论倾向及是否达到出版水平等方面做出全面评价，并指出其缺点或不足）

　　本文是蔡乐渭同志从事博士后研究期间的成果，文章从行政法学视角对公共服务的基本原理和重要法律制度进行了研究，将公共服务纳入了行政法研究的视野。在经济发展与社会转型的大背景下，重新审视传统的行政法理论体系，将服务行政视为与秩序行政并列的行政方式，对促进行政法理论体系的完善具有重要的价值。文章在研究的过程中并没有囿于法学思维与方法，而是本着问题中心的意识，同时综合相关学科的思维与方法，力求从多学科的角度开展研究，对行政法学研究而言，这是非常难得的，不仅完善了行政法研究的内涵，也丰富了行政法学研究的方法。同时，本文着力明确政府的服务行政职责和具体的服务提供者的法律义务，并针对现实中的问题提出了具体对策建议，对完善服务行政制度和促进公民相关权利的实现都具有积极的意义。文章的政治理论倾向方面是正确的，立场是明确坚定的。需要进一步完善之处在于：服务行政面多量广、研究不可能全面触及，作者在研究中为触及服务行政的各主要问题，对具体服务行政相关论题的研究难以做到全面深入，建议在进一步的研究中予以加强。

　　特此推荐。

签字： 薛刚凌
2016 年 1 月 12 日

说明： 该推荐表由具有正高职称的同行专家填写。一旦推荐书稿入选《博士后文库》，推荐专家姓名及推荐意见将印入著作。